U0153891

中原、域外與歷史交流

張廣達文集 4

政大出版社
Chengchi University Press

國家圖書館出版品預行編目（CIP）資料

中原、域外與歷史交流 / 張廣達著. -- 初版. -- 臺北市：
國立政治大學政大出版社, 2024.05
　　面；　公分. -- (張廣達文集；4)
　　部分內容為英文、法文

　　ISBN　978-626-98247-9-3（平裝）

　　1.CST: 中國史　2.CST: 文集

　　617　　　　　　　　　　　　　　113006797

張廣達文集4
中原、域外與歷史交流

作　　　者｜張廣達

發 行 人　李蔡彥
發 行 所　國立政治大學政大出版社
出 版 者　國立政治大學政大出版社
主　　編　汪娟、周志煌
協助編輯　鄭佑瑩
總 編 輯　廖棟樑
執行編輯　林淑禎
地　　址　11605臺北市文山區指南路二段64號
電　　話　886-2-82375669
傳　　真　886-2-82375663
網　　址　http://nccupress.nccu.edu.tw

經　　銷　元照出版公司
地　　址　10047臺北市中正區館前路28號7樓
網　　址　http://www.angle.com.tw
電　　話　886-2-23756688
傳　　真　886-2-23318496
郵撥帳號　19246890
戶　　名　元照出版有限公司

法律顧問　黃旭田律師
電　　話　886-2-23913808

初版一刷　2024年5月
定　　價　520元
I S B N　9786269824793
G P N　1011300611

政府出版品展售處
• 國家書店松江門市：104臺北市松江路209號1樓
　電話：886-2-25180207
• 五南文化廣場臺中總店：400臺中市中山路6號
　電話：886-4-22260330

目　次

外文

附錄

訪談

《中原、域外與歷史交流》
新序

　　2007 年 9 月初，我從法國來臺北，參加在國立政治大學召開的一次名為「基調與變奏‧七至二十世紀的中國」的國際學術會議。在此次由日本中國史學會、政治大學歷史學系、中央研究院史語所、臺灣《新史學》雜誌協同舉辦的學術會議上，我發表了題為〈從「安史之亂」到「澶淵之盟」——唐宋變革之際的中原與北方〉的論文，論述從七世紀中葉至十一世紀之初，中原皇朝與北方遊牧族群政權的互動及其在生計狀態、軍事、政治、社會、文化習俗等諸領域的相互影響。此文稍後收入黃寬重教授主編、國立政治大學歷史學系於翌年（2008 年）7 月刊行的本次學術會議論文集《基調與變奏‧七至二十世紀的中國》的第三冊中。當年，我為能來到政大參加此次學術會議至感歡欣，沒想到，2009 年獲得更大的榮幸，受聘於國立政治大學，到歷史學系開課任教。

　　任教於政大歷史系期間，我參加了當時由歷史系周惠民教授主持的政大「人文研究中心」的專題計畫，與研究歷史上胡漢異同和胡漢互動有關課題的一些校內外老師，和中研院史語所等學術機構的學者定期聚會。聚會期間，除了聽取各位專家學者報告各自研究的不同課題的進展情況和取得的相關成果之外，常常就中國歷代的中原體制與邊陲的諸多胡漢族群的互動如何促進中華意識的形成、改朝換代時期一些名流面對民族認同（ethnic identity）問題如何表態、個人的社會地位又如何隨之產生名分等問題進行議論。諸多專家和教師平日各自努力，在定期學術會議上熱烈討論，促成了政大的「人文研究中心」和政大出版社刊出了許倬雲院士主編的《唐宋時期的名分秩序》（2015 年）、藍美華教授主編

的《漢人在邊疆》、《邊民在內地》等專著，收入政大人文系列叢書。

　　在此期間，我追隨師友，從事與我原來專業相關的課題研究，也寫出幾篇文章，論述隋唐以來中原與內陸亞洲的遊牧族群互動、胡漢認同和確定不同族群的名分秩序、邊民在內地、清代內地長官在邊陲等問題。承蒙汪娟教授、周志煌教授費心盡力，不辭自己承擔的繁重教學與專題研究的辛勞，代我搜集已刊諸文，編成《張廣達文集》第四冊《中原、域外與歷史交流》。但是，我深感在本文集第四冊的〈新序〉中理應明確指出拙作的重大闕失，即收入本文集第四冊的文章沒有觸及近年來海內外研究歷史上族群互動的重要著作。

　　時至今日，人們看到，國別史仍然重要，但是地域史和全球史顯然越來越引發世界各國史學家和廣大讀者的關注和重視。大家開始從諸多新視野、新論據出發，研究和探討許多新時代所關注的歷史課題，族群互動如何進一步取向與革新。

　　舉例言之，政治大學民族系趙竹成教授的大作《俄羅斯民族國家建構中蒙古金帳汗國的影響》（蒙藏專題研究叢書之九十六，蒙藏委員會，民國八十八年刊行），就簡明扼要地闡明了過去歷史上的東歐諸國和通過歐亞內陸大草原西來的金帳汗國，怎樣經過若干世紀的族群互動而形塑出來今天的俄羅斯聯盟中的俄國。

　　再舉一例，日本的大學者岡田英弘（1931-2017）撰述的《世界史的誕生　蒙古帝國與東西洋史觀的終結》一書，也以蒙古帝國為例論述了前近代的族群對立的過程。岡田通十四種語言，得以根據多種語言文獻研究和探討歷史上歐亞草原地帶的族群互動，展現族群互動的複雜性。

　　目前在巴黎南泰爾大學（Paris Nanterre University）任教的法國歷史學家瑪麗・法維羅・杜門茹（Marie Favereau Doumenjou），專門研究蒙古帝國和伊斯蘭歷史。她也曾任教於牛津大學歷史系。2021 年 4 月，美國麻省的哈佛大學的出版社 The Belknap Press 為她出版了《汗

帳：蒙古人怎樣改變了世界》（*The Horde: How the Mongols Changed the World*）一書，此書得到了學界的高度評價和讀者大眾的讚賞。

最後再舉一例。面臨蘇聯解體前的氛圍，昔日叱吒風雲、如今政經文化仍然發達的韃靼族群，在 1990 年 8 月 30 日通過主體宣言，更改國名為韃靼斯坦共和國，並加入俄羅斯聯邦。韃靼斯坦共和國科學院以 Sh. Marjani 命名的歷史研究所於 2002-2014 年間在首府喀山刊出了《自遠古以來的韃靼通史》俄文版七鉅冊，其中的第一冊為《古代歐亞草原諸族群》（刊於 2002）、第二冊為《伏爾加河流域的不里阿耳人和大草原》（刊於 2006）、第三冊為《十三世紀─十五世紀中葉　朮赤兀魯斯（金帳汗國）》（刊於 2009）、第四冊為《十五至十八世紀　韃靼人諸國》（刊於 2014）、第五冊為《十六世紀下半期至十八世紀　俄羅斯國轄境內的韃靼人》（刊於 2014）、第六冊為《十九世紀至二十世紀初　韃靼民族的形成》（刊於 2013）、第七冊為《二十世紀至二十一世紀初的韃靼人和韃靼斯坦》（刊於 2013）。[1] 值得注意的是，在 2016 年，韃靼斯坦共和國科學院歷史所（研究金帳汗和韃靼的）烏斯曼諾夫研究中心（Usmanov Center for Research on the Golden Horde and Tatar Khanates）更進一步與英國牛津大學進行合作，邀請了全世界知名的有關學者（包括趙竹成教授在內），合作刊出書名為《世界史中的金帳汗國史》，本書的〈前言〉即由拉斐爾・哈基莫夫和上文提及的瑪麗・法維羅・杜門茹（Marie Favereau Doumenjou）兩位總編輯執筆分寫，合為一篇。

作為本文集第四冊的〈新序〉，謹向讀者再次強調本書的缺陷。世界史學家越來越關注從時、空二元觀（或曰時、空二維）來考察和體驗中外歷史上生活在不同時代、不同地域的不同族群或種族的相互接觸與互動；尤其是從事遊牧生活的族群在長、中、短的不同時間階段內的移徙和相互對抗，及其與農耕地區政權體制下的編戶齊民的接觸、

1　第一冊由茹希雅姆出版社；第二冊由 RyhIL 出版社；第三至七冊由韃靼斯坦共和國科學院以 Sh. Marjani 命名的歷史研究所出版。

衝突與互動。僅就世界近代史而言，現在人們認識到，在西方，民族國家（nation-states）的形成和資本主義的興起，實際上乃是由西方的宗教改革和啟蒙運動所促發、所帶動的；但是此前歐亞草原遊牧族群之間的互動，及其帶給定居地域的諸多政治體制、生計形態、宗教信仰、社會習俗、文化教養等多方面的傳統和影響，同樣起了促發和形塑作用。總之，世界各國的史學界刊出這方面的重要著述和期刊論文，其數量之多，殆已不能備舉；其品質之高，也不可能擇要縷述，我個人在這方面期待著讀者惠予教誨和啟示。

　　最後，在本文集第四冊即將付梓之際，我要衷心感謝汪娟教授、周志煌教授協助編輯定稿、統籌出版和聯繫事宜，也要感謝編輯小組確立了繁體中文和簡體中文分別出版的方針，張倫教授一再的敦促，蔡長廷博士多方協助校訂稿件；還有本書附錄所收的祝壽論文集篇目及導言、學思訪談的採訪稿，無論是撰者、編者、採訪者，感恩眾多師友給予我一介老人的濃情厚誼，我深致謝忱。於今繁體中文版得以順利出版，特別要感謝政大出版社廖棟樑教授及林淑禎助教的全力支持與協助。

張廣達

2024 年 4 月 30 日於政大學人宿舍

唐宋變革

從「安史之亂」到「澶淵之盟」：
唐宋變革之際的中原和北方

　　唐朝的「安史之亂」（755-763）爆發於 755 年末，遼宋之間的「澶淵之盟」達成於 1005 年初。對於這兩起重大事件，學界前輩和當代同行已有全面深入的研究，就事論事，似難再有發揮的餘地。從「安史之亂」到「澶淵之盟」，歷時整整二百五十年。「安史之亂」以叛黨餘部被唐廷收編而告結束，河朔三鎮及其周邊從此演化為強藩領域。藩鎮割據是統一的大唐帝國碎片化（fragmentation）的開端，割據的慢性擴散終於導致形成五代十國的局面。這一分崩離析的局面在北方和南方分別經由遼朝和宋朝收拾而得到整合，此後四十五年的遼宋歷史便步入雙方對峙的階段。在幾番軍事較量之後，雙方基於現實利害的考量而結成「澶淵之盟」。此後，由於雙方的實力大體上維持著均勢，「澶淵之盟」得到百年的遵守。宋先與遼、後與金對峙的格局延續到 1279 年元世祖忽必烈滅宋而結束，從 960 年到 1279 年，凡三百二十年，中國再次經歷了南北朝對峙的局面。

　　本文就「安史之亂」「澶淵之盟」這兩個課題本身談不出多少新意，擬僅就這一期間的民族盛衰與互動所造成的政治格局略作探討。

一、邊陲的民族雜居與安史之亂

　　618 年開國的唐朝，從太宗的「貞觀之治」到玄宗的「開元之治」，為時大約百年，繁榮強盛，成為周邊國家和域外民族傾心嚮往的對象。「貞觀之治」的政治意義在於，太宗於建國（state-making）之同

時，也在擊潰突厥汗國過程中構築了帝國（empire-building）。唐太宗既是中原農耕地區居民的皇帝，又被內附的北方草原遊牧的鐵勒等部共同尊奉為「天可汗」。他問道：「我為大唐天子，又下行天可汗事乎？」群臣和四夷君長皆呼萬歲。[1]唐朝達到這一恢弘規模並非偶然，國力日益壯大當然是主要原因，此外，李唐王室與胡族在血統上有某些淵源；唐朝繼承了西魏、北周以來的尚武傳統；西魏重臣宇文泰於西魏文帝大統十六年（550）前後建立的府兵制度在唐初似乎還在發揮征戰功能；太宗本人及其謀臣如溫彥博等對外蕃有某種平等相待的真誠，贏得蕃將如阿史那社爾、契苾何力等蕃部酋長歸心，願意統率本部蕃兵捨命效力等等因素，也都起了程度不等的作用。李唐皇室的胡系淵源，太宗的祖母和母親的鮮卑血統，有助於某些蕃將和外族酋長對太宗的認同。

　　在這裡，我們看到是僅從唐廷角度敘事的一種文本。事實上，無論是在唐朝近鄰的「蕃域」，還是在遠方「絕域」，許多處於建立部落聯盟和建立國家的不同階段的民族都很活躍，根據各自的社會生活方式而有各自的獨立活動，並視其勢力的消長時而「內附」時而對抗唐廷。但是，民族之間互動的豐富內容往往是在化約為「內附」和朝貢之後方纔進入史官視野，並被納入以冊封制和羈縻制建構起來的敘事體系之中，這一體系在今天也常被人們表述為當時東亞的國際秩序。實際上，民族之間的互動還有其他的側面。例如，唐高祖李淵起事之前，曾經稱臣於突厥。[2]又如，契丹也干預過武則天的繼承人問題。[3]下文即將討論的粟特族群在中原和邊陲的活躍也是一例。

1　〔宋〕王溥，《唐會要》（京都：中文出版社，1978），卷 73，頁 1312；〔宋〕司馬光，《資治通鑑》〔標點本〕，卷 193，太宗貞觀四年三月條，頁 6073。

2　〔宋〕司馬光，《資治通鑑》，卷 184，恭皇帝義寧元年六月條，頁 5735；《資治通鑑》，卷 193，太宗貞觀三年十二月條，頁 6067。

3　692 年，契丹的君長孫萬榮攻陷營州，翌年進圍幽州，移檄朝廷曰：「何不歸我盧陵王？」吉頊、張易之等藉此而反復勸說則天武后歸政唐廷，使武后終於同意中宗復位。〔宋〕司馬光，《資治通鑑》，卷 206，聖曆元年二月條，頁 6526-6527。

　　與「貞觀之治」相比，「開元之治」的特徵是三十年繁榮與平安，海內富庶、民間不識兵革、行者雖行萬里不持寸刃。然而，繁榮之下掩蓋著許多嚴重問題。

　　唐代初期，上下官員處理日常行政作業，有隋代和唐初設定的律令體系可資遵循和依據。到玄宗時期，隋唐以來不斷修訂的律令和律、令、格、式規定的各項制度，日益展現出來「彰顯的功能失效」（manifest dysfunctions）和「潛在的負面功能」（latent dysfunctions）。[4]開元七年（719）、開元二十五年（737）兩度重修多達百卷、條文數千的律令，[5]同時又反復編纂格、式，這一事實本身傳達給後人的訊息是，時代的變化已經導致律令體系、至少是其中許多規定，因與現實生活脫節而日益弛廢。經濟的發展、全國人口的增長和內遷民族的生齒日繁、貧富分化之後缺少對他們的生計的適當安置，導致均田制下的田令、賦役令無從實施。敦煌、吐魯番出土的有關文書表明，均田制下的土地分配制度和稅收制度實際上已經瓦解。行之將近兩百年的用於征防、戍役、上番的府兵制度也名存實亡。據開元二十五年敕令，招募丁壯，長充邊軍，[6]這就是說，由於戍邊的府兵不起作用，只好以招募長充邊軍的丁壯取代府兵，募兵取代府兵戍邊，證明府兵制的功能到此終結。天寶八載（749），折衝府雖有名額，實際上已無兵可交，府兵制於是廢除。[7]安史之亂的前夕，唐代前期律令制規定的經濟和軍事條例大多成為具文。

　　政治舞臺上出現了一系列角色的變換。宇文融、裴耀卿等人相繼為相，說明朝廷而今而後最需要的將是具有理財技能的官員，以應對社會

4　參看 Robert K. Merton 的結構功能論專著：Merton, Robert King, *Social Theory and Social Structure* (Glencoe, Ill.; New York: Free Press, 1957)。

5　〔宋〕王溥，《唐會要》，卷39，頁703-704；北京中國國家圖書館藏敦煌文書河字十七號。

6　〔宋〕司馬光，《資治通鑑》，卷214，開元二十五年五月癸未條，頁6829。

7　〔宋〕王溥，《唐會要》，卷72，〈府兵〉，頁1299。

經濟正在經歷的、令人預感到前景不妙的變化。宇文融的登用，代表著律令體制之外的財政專職人員的崛起，裴耀卿很大程度上是在填補宇文融離去後朝廷財政官員的空闕。他們的登場，預兆著南北朝以來體現貴族政治的豪門閥閱出身的上層官員之被更替也為時不遠。開元二十四年（736），中書令張九齡就任命出身於涇州鶉觚縣吏的牛仙客為尚書一事向唐玄宗進行了抗辯。朔方節度使牛仙客前在河西，能節用，勤職業，倉庫充實，器械精利，玄宗想啟用他為尚書，張九齡則以出身寒微的一介河湟使典牛仙客个宜驟居清要而拒不同意。[8]君臣之間有關用人的這種爭辯，大概是不會發生在北宋，因而我們可以認為具有反映時代特徵的意義。

　　內政如此，邊陲形勢的演變也同樣要求當局應對新局面。唐代立國於關中，以關中為本位。在唐代前期，由於突厥和吐蕃兩個民族強大，為了確保關中無虞，唐廷把防線設在隴右、河西，並遠遠伸延到安西四鎮，以與被稱為「二蕃」的突厥和吐蕃相周旋。在唐與吐蕃反復爭奪西域的過程中，則天武后於長壽元年（692）決定以漢兵三萬戍守安西四鎮，藉以隔離突厥和吐蕃，嚴防「兩蕃」聯手，威脅朝廷的腹心之地——關中。關於這一戰略方針，崔融、郭元振、唐休璟等人在奏章中留下了明確的表述。

　　正是在朝廷竭盡全力對付突厥、吐蕃的時候，東北部的奚、契丹伺機崛起，東北戰事頻發，奚、契丹漸漸成為朝廷的心腹大患。則天后萬歲通天元年（696），契丹的李盡忠自稱無上可汗，攻陷原本目的在於扼制奚、契丹而設置的營州，殺營州都督趙文翽。盡忠死，孫萬榮代之，攻陷冀州，進圍瀛州，河北震動。正是為了應付契丹的挑戰，唐廷把征討吐蕃，收復龜茲、于闐、疏勒、碎葉等安西四鎮中屢立殊功的名將王孝傑東調攻打契丹，則天后神功元年（697）王孝傑戰敗身死。[9]一代名

8　〔宋〕王溥，《唐會要》，卷 52，〈忠諫〉，開元二十四年條，頁 908、909。

9　〔宋〕歐陽修、宋祁，《新唐書》〔標點本〕，卷 111，〈王孝傑傳〉，頁 4148；〔後

將王孝傑西勝東歿，表明唐朝邊疆又一危機的降臨，不僅西邊的「二
蕃」──吐蕃、突厥是重大威脅，東北新起的「兩虜」──奚、契丹也
行將成為朝廷的強韌勁敵。到了玄宗朝，唐廷被迫東西同時設防，在確
保西域、捍衛關中的同時，逐步設置河北軍鎮，以禦奚和契丹。玄宗開
元四年（716），北突厥第二汗國的默啜可汗輕敵遇伏，被鐵勒九姓的
拔野古部殺害，國勢驟衰，臣服於突厥的契丹款塞向唐輸誠，重被編入
唐羈縻州。玄宗考慮乘機在當地恢復營州都督府故城及其建置，侍中
宋璟固爭，由於出身明經、但是熟悉邊境事務並饒有治事能力和經驗的
宋慶禮極陳重建之利，玄宗決計在柳城（今朝陽）重建營州，並以宋慶
禮檢校營州都督。宋慶禮開屯田八十餘所，追拔漁楊、淄青沒戶返回舊
日田宅。他還招輯商胡，為他們建立邸肆。不出數年，倉廩充實，居人
蕃輯。開元初，此地設置了平盧軍，令幽州節度兼本軍州經略大使。從
此，唐朝在河北和東北地區建立了以幽州為指揮中心，以契丹、奚兩蕃
為主要防禦對象的軍事體制。

　　邊疆形勢的變化促使唐廷不得不更多起用蕃兵蕃將，一改開元前期
在邊防上也任用文臣為節度的情況。在開元前期，進士出身的郭元振、
宋璟，明經出身的張嘉貞、王晙、杜暹，制科出身的張說，可能靠門蔭
入仕的蕭嵩、李適之等文臣皆因邊疆立功而入相朝廷，「自唐興以來，
邊帥皆用忠厚名臣，不久任，不遙領，不兼統，功名著者往往入為宰
相。」[10] 可是，恰恰在這時候，即在唐朝立國一百餘年、內政外交都發生
深刻變化、需要唐廷對變化中的形勢認真應對、認真調整的時候，玄宗
的精神面貌卻因為在位日久而起了變化，倦勤情緒取代了開元初期勵精
圖治的意志，他醉心沉緬於追求歡樂和享受。他越來越多地將用人決策
權移交給了外廷，宰相之間的紛爭日趨激烈。在邊疆形勢的變化促使唐
廷不得不更加依靠蕃兵蕃將的形勢下，提拔胡人登場，並非完全出於宰

晉〕劉昫，《舊唐書》〔標點本〕，卷93，〈王孝傑傳〉，頁2977。
10　〔宋〕司馬光，《資治通鑑》，卷216，玄宗天寶六載條，頁6889。

相李林甫意欲以胡人為邊將來杜絕邊帥入相的一己私念。因邊疆形勢嚴峻而設置的節度使職在開元時期漸次增加，到了天寶年間，唐廷全賴周邊的九節度、一經略（通稱十節度）為屏障，以策邊疆安全。[11] 在增設的節度使體系中，出任節度使的以蕃胡占大多數。

在唐玄宗的心目中，安祿山是在防範奚與契丹上可以信賴的人物，「東北二虜，藉其（安祿山）鎮遏」。[12] 契丹人不僅作戰勇敢，而且戰術多變，善於誘敵深入，進行伏擊，王孝傑的遇難就是先例。唐朝利用安祿山抵擋契丹，安祿山也曾經慘敗於契丹之手，幾乎送命。但是，就整體而言，安祿山麾下的蕃兵蕃將有王朝為後盾，具有對契丹反復作戰的實力，而為了抵禦北方民族的南下，唐廷只能藉安祿山的武力為屏障。

史載安祿山為「營州柳城雜種胡人」，所謂「雜種胡」，殆指他父胡，母突厥，系出不同部落。記載中說，安祿山本姓康。記載中又說，祿山的母親因夫死而改嫁粟特人安延偃，祿山隨母之再嫁而冒姓安氏。實際情況是否這樣，頗可懷疑，從安思順是他的叔伯兄弟看，安延偃可能是他的親父。至於安祿山的摯友，彼此生日只相差一天的史思明，也系出粟特，他所以被稱為「雜胡」（「營州寧夷州突厥雜胡人也」），大概是因為他雜居在他族之中的緣故。

安祿山最初是一名邊境貿易的互市牙郎，活動在宋慶禮招輯了大批商胡的營州。他大約是在開元二十四年見到玄宗，逐漸得寵。開元二十八年（740），安祿山被任命為平盧兵馬使，天寶元年（742），任設置在營州的平盧節度使。天寶三年，安祿山兼范陽節度使。史稱安祿山陰蓄異志，殆將十年，那麼，安祿山為叛亂進行的積極準備，將幽州建成基地和搬演叛亂劇的舞臺，當始於此時前後。天寶十載，安祿山再被唐廷任命為河東節度使，從此安祿山兼領范陽、平盧、河東三鎮，並兼領民政等使職。無待贅言，安祿山一人而兼領十節度之中的三節度，數

11　〔宋〕司馬光，《資治通鑑》，卷215，天寶元年正月壬子條，頁6847-6851。

12　〔宋〕司馬光，《資治通鑑》，卷217，天寶十四載二月辛亥條，頁6930。

量上握有三個軍鎮的重兵；質量上養有最具戰鬥力的勁卒：一是收編河曲地區原阿布思所屬餘部，二是由奚、契丹降眾和鐵勒系統的同羅部眾八千餘人組成的曳落河（壯士），絕非唐廷之福。在此之前，唐廷雖然任命了許多蕃將蕃帥，但徵調、用兵的全權由朝廷掌握，蕃將蕃帥被賦予的只是局部統兵之權，換言之，唐廷雖然重用蕃將，唐廷在軍權上並不失控。而今安祿山由於獲得玄宗的個人恩寵而掌握逸出朝廷控制的兵力，可以自行處置三鎮的軍事、民政、財政大權，這便為昇平已久的唐廷的未來權力結構平添了變數。

玄宗在天寶年間（742-755）的作為，為安史之亂的突然爆發栽下禍根。從開元末年開始，以節度使的身份在京城獲得社會威望的蕃將，還有哥舒翰（父突厥，母胡）、[13] 安思順等人，作為蕃將，他們並沒有作為顯宦捲入宮廷鬥爭，因而也無從顯現任何逆反的動機和傾向。安史之亂導源於玄宗的寵臣李林甫、楊國忠和安祿山出於固寵、爭權而結成的個人恩怨，此外，太子與安祿山之間也存在著深深的嫌隙。在政治舞臺上，當權者們無時無刻不在進行角逐權勢的格鬥。正因為安祿山依仗的只是君主一人的歡心，所以他一方面向玄宗竭力表明「赤心」，一方面總在惴惴不安，唯恐因為失掉玄宗的一人的寵信而隨時被對手消滅。這也就是為什麼他在等待玄宗老死的同時總在窺測時機　動叛亂的原因。

在這裡，我們應該略作補充。安史之亂以前，開元初居住在唐朝關內道北部農牧交錯的混合經濟地帶的的粟特人——六州胡——也發動過連年的叛亂，前後牽延的時間不比安史之亂為短。但是，六胡州只是唐廷安頓歸化粟特人的羈縻州，作為武化粟特人的一个活動場所，六州胡的叛亂　有影響唐代全局。安祿山以河朔　發動叛亂的舞臺，由於河朔地區在多民族互動上的重要性，由於這個地區富庶，並且由於從北齊時代以來就有不同於關中地區的胡化特色，所以產生的後果至為深遠。可

13　〔宋〕司馬光，《資治通鑑》，卷216，玄宗天寶十一載條，頁6916；〔後晉〕劉昀，《舊唐書》，卷104，〈哥舒翰傳〉。

以說，這場叛亂揭開了唐代由盛入衰的序幕。顯然，探討安史之亂的始末，應該考慮更多的因素。

二、從安祿山、史思明的起事看東來的粟特人

如上所述，在安祿山、史思明的起事之前，六州胡作為一個族群，已經有過叛亂的經歷；安史起事之後，某些地區的粟特人也予以響應，例如，涼州的九姓商胡安門物於 757 年正月，即安祿山起事一年後，也發動叛亂，殺節度使周泌，聚眾六萬。[14] 安史之亂過程中，不少參加者來自六州胡，安史之亂後，六州胡在河朔三鎮中繼續起重要作用。凡此種種，讓我們看到粟特人的重要性。現在讓我們在這裡簡單回顧一下粟特人——一種不屬於被納入冊封和羈縻體系之列的民族——東來的歷史。

據阿拉伯編年史家塔巴里（At-Tabari）記述，在粟特本土，城鎮之大量湧現是在五至七世紀。在六世紀六十年代，西突厥聯合薩珊波斯的力量，從嚈噠人（Ephthalites）手裡奪取了撒馬爾干，導致 Abrui 統治粟特時期的一次新的移民潮。[15] 正是在這個時期，大批粟特人來到北魏，將他們在東方的商業活動帶入一個高潮。[16] 此後兩個世紀，直到八世紀初粟特本土為大食侵佔為止，一批批粟特人沿著七河流域（Semirechie）、塔里木盆地和河西走廊源源不斷地東向遷移，結成橫跨歐亞內陸的商業網。一度是唐代安西四鎮之一的碎葉城就是粟特人建立的重要的移民城邑之一。隋朝和唐朝建立之後，粟特人成為河西走廊、

14　〔宋〕司馬光，《資治通鑑》，卷 219，肅宗至德二載正月丙寅條，頁 7015。

15　J. Marquart, *Êrânsahr nach der Geographie des Ps. Xorenac'i* (Berlin, 1901), p. 309; Boris I. Marshak, "Sogdiana", in *History of Civilizations of Central Asia*, part I, vol. III (Paris: UNESCO Publishing, 1996), p. 236.

16　荒川正晴，〈唐代粟特商人與漢族商人〉，收入法國漢學叢書編輯委員會（編），《粟特人在中國（第十輯）》（北京：中華書局，2005），頁 101。

中原和河北地區經營轉運貿易的最主要的興販商胡。與此同時，另外一
批批粟特人沿著草原之路東來，參加遊牧民族的生活。

今天，我們還說不清楚，東來的粟特人從什麼時候開始使用漢式的
安、康、史、何、曹、石、畢、穆等姓氏。敦煌障燧下發現的粟特語古
信札表明，四世紀時，東來的粟特人建立了故土與漢地之間貿易往還網
路，但是那時候來到漢地的粟特人還沒有採用安、康、何、史等漢姓。
有意思的是，迄今為止，人們知道的粟特語佛經均轉譯自漢語，唯一一
部八世紀譯自梵文的粟特語佛典是《誡酒經》。這份流傳到敦煌的題
為《誡酒經》的粟特語佛經，是於 728 年在洛陽從梵文譯成粟特文的。
該經有一條跋語，稱該經「開元十六年（728）正月譯於洛陽」，由安
氏（"n kwttr'k）的 ctβ'r'tsr'n 受命康氏（x'n kwtr'y）的 cwr'kk（čurak）
所造。[17] 就是這樣，我們看到，粟特語中正式出現了安姓和康姓兩個名
稱。這條跋語的意義在於，漢地稱姓的風俗影響到了粟特僑民，漢式的
安姓（"n kwttr'k）、康姓（x'n kwtr'y）反饋到了粟特人的母語之中。這
裡的 kwt'r 一詞，義為 race, family, lineage 。[18]

近年來不斷出土的墓誌、特別是近年來發現的唐末五代一些重要角
色的墓誌銘（如康達志墓誌銘、何弘敬墓誌銘、王處直墓誌銘、李克用
墓誌銘、安重榮德政殘碑）和早期文物（如固原南郊史族墓葬、西安北

17　W. B. Henning, 'The Sogdian Texts of Paris,' *BSOAS*, XI, 1946, p. 736, 為巴黎藏粟
　　特語 P8 號文書 167-168 行所加的注釋；W. B. Henning, 'The Date of the Sogdian
　　Ancient Letters,' *BSOAS*, XII, 1948, p. 603, 注 2；D. N. MacKenzie ed., *The Buddhist
　　Sogdian Texts of the British Library* (Leiden: Diffusion E. J. Brill; Téhéran-Liège: Édition
　　Bibliothèque Pahlavi, 1976), pp. 7-11, plates 4-7; 吉田豐，〈ソグド語佛典解說〉,《內
　　陸アジア言語の研究（VII）》（神戶：神戶市外国語大学外国学研究所，1984），
　　1991，頁 113；吉田豐，〈粟特語資料記載的粟特人的活動〉，收入樺山紘一（等
　　編），《岩波講座・世界歷史 (11)：中央ユーラシアの統合》（東京：岩波書店，
　　1997），頁 240。

18　B. Gharib, *Sogdian Dictionary: Sogdian-Persian-English* (Tehran: Farhangan
　　Publications, 1995), 第 5061 條。

郊安伽、史君、康業墓葬等）促進了人們的相關研究。輔以先前已有的
文獻記載、漠北突厥回鶻碑刻銘文、敦煌吐魯番文書，人們可以看到，
這些在漢文文獻中被籠統地稱為昭武九姓胡的東來粟特移民，既在不等
程度上還保留著他們的族群共性或潛在集體意識，也隨他們的移居地點
和入境隨俗的生活方式，明顯地區分為兩種不同的類型。

　　一種類型是移居到中原農耕地區的粟特人及其後裔。他們最早沿
著絲綢之路東來，多以商胡身份見知於人。唐代早期，從事興販貿易的
商胡，除了聚居於長安和洛陽兩京諸坊之外，多半僑居在便於興販貿
易的交通要衝，如西州（唐代吐魯番的首府）、伊州（今哈密）、敦煌、
肅州（今酒泉）、甘州（今張掖）、涼州（今武威）、[19] 金城（今蘭州）、
原州（今固原）、靈州、鄴、太原、幽州、營州等地。之外，人們也可
以在許多中小城鎮，如藍田，看到他們的蹤跡。到了八世紀上半期，粟
特人的本土被阿拉伯人征服，失掉故國、流落在漢地、操東伊朗語的的
粟特人成為中亞粟特原來各城邦居民的遺裔。從現有的文獻和考古文物
提供的資料分析，唐代粟特人在漢地的職業選擇早已多樣化，他們參與
了中原地區生活的方方面面。例如，唐初的安金藏，唐末五代時期的張
承業（本姓康），進入了宮廷，捲入了宮廷政治。但是，就粟特移民的
主體而言，他們多半轉化成為編戶齊民，與漢地百姓分享鄉里間的平靜
生活。吐魯番和敦煌出土文獻中大量粟特人名的存在證實了這一點。
據吐魯番文書，粟特人在西州大多住在崇化鄉，在敦煌集中住在從化
鄉。707 年的一份《崇化鄉點籍樣》，按戶列出居住在西州崇化鄉的粟
特人名。[20] 敦煌文書反映，在敦煌的城東一里的安城有人口密集的粟特
社區。藏於巴黎的三份差科簿文書（伯希和收藏品編號 P.3018、P.2657

19　粟特語 Kc'n，漢文轉寫為姑臧。唐代的涼州大城之內，有小城七個，見〔宋〕司
　　馬光，《資治通鑑》，卷 219，肅宗至德二載正月丙寅條，頁 7015。在這座由於多
　　民族雜居而富於異國情調的城市，入夜，半是中亞樂曲悠揚於空中。
20　國家文物局古文獻研究室、新疆維吾爾自治區博物館、武漢大學歷史系（編），
　　《吐魯番出土文書》（北京：文物出版社，1986），冊 7，頁 468-485。

和 P.3559），開列了八世紀中葉敦煌東廂的安城粟特社區——「從化鄉」的成丁所應承擔的勞役和為地方官府服役的種種項目。[21]

　　另一種類型是上面提到的東來進入草原遊牧部落的粟特人。他們發揮他們「通六蕃語」的特長，協助當地部落酋長或各級部落聯盟首領處理文字、行政、貿易、外交等事務，同時借助於遊牧部落的軍事力量達到他們自己的需求或目的。他們往往也按遊牧民族的方式結成部落，積以時日，與草原遊牧部落建立了某種相互依賴的共生（symbiosis）關係，習慣於「十歲騎羊逐沙鼠」、長大之後弓馬嫻熟、驍勇善戰的尚武生活。我們看到，北突厥第一汗國（552-630）、第二汗國（682-741）、漠北回鶻汗國（744-840）以及奚和契丹諸部之中，都有這樣的粟特族群。對這樣的突厥化、回鶻化的粟特人，我們姑且稱之為與牧民相互為用的尚武型粟特。

　　這些尚武型粟特社群既然與草原遊牧部落聯盟休戚與共，它們的命運也必然與草原遊牧部落聯盟的盛衰聯繫在一起。當北突厥第一、第二汗國相繼崩解，餘眾南下投奔唐廷的時候，他們被稱為「降胡」。「降胡」包括突厥降人和粟特人，通常被唐廷一　安置在邊陲或邊塞，保持著部落體制，例如 630 年的康蘇密、639 年阿史那思摩率領下的突厥與胡部。突厥、回鶻汗國消失後，粟特部落群體轉而與同羅、奚、契丹、沙陀等部落協同動作，直到五代。唐末五代號稱「沙陀三部落」中的沙陀、索葛（薩葛，薛葛）、安慶三個部落，仍然屬於尚武型的「粟特胡」。現在讓我們簡單回顧一下安史之亂以前唐廷安置「降胡」的情況。

　　唐代安置「降胡」最多的地帶是河曲（今河套／Ordos 迤南地帶）靈、夏地區。這裡在長時間內活躍著所謂九姓六州胡，粟特人當在其中占相當大的比例。李吉甫《元和郡縣圖志》卷 5〈關內道新宥州〉條、

21　池田溫，〈八世紀中葉敦煌的粟特人聚落〉，收於池田溫，《唐研究論文選集》（北京：中國社會科學出版社，1999）；鄭炳林，〈唐代敦煌粟特人與歸義軍爭權〉，《敦煌研究》，4（敦煌，1996）。

新舊《唐書・地理志》相應條、宋代樂史《太平寰宇記》卷 39,〈關西道 15・長澤縣〉「六胡州」條下的按語,都記載了六胡州的情況。其中以《太平寰宇記》轉述《周書》的記載最值得人們注意:大約是在北周武帝建德二年(573),「武帝曾立六胡州於靈、夏兩州界,以按諸胡。至隋,又分魯、契、依等三州,於馬嶺縣界置 州,亦以處胡人。至唐永徽以前,七州之名猶存。」[22] 由此可見,六胡州一名的來歷很早,見於北周時期。入唐,高宗調露元年(679),置魯、麗、塞、含、依、契六州,總為六胡州。[23] 見於北突厥第二汗國碑銘中的 altï-čub Soɣdaq,非常可能是河曲的「粟特六州」或「六州粟特」的對音,如果州字在唐代的讀音屬於章聲幽韻並還保存著收聲的話,「州」字對應 čub 可能不成問題。

　　如上所述,開元四年(716),突厥第二汗國大汗默啜輕敵遇伏被害,默啜手下許多酋長款塞降唐,唐廷把他們安置在河曲之內。降胡中有粟特人。來降的粟特人苦於賦役,於開元九年聚眾叛亂,這就是河曲六胡州的蘭池州胡康待賓等粟特首領發動的反叛,叛亂隊伍有眾七萬,進逼夏州,並與黨項通謀,攻城掠地,據其倉廩,叛亂被王晙平定。[24] 開元十年,上年曾經追隨康待賓的康願子再叛,被張說平定,六胡州被廢除,河曲六州殘胡五萬餘口被遷往河南江淮諸州。到了開元二十六年,唐廷允許因康待賓之亂而被南遷、散隸諸州的粟特人返還故土,返還的粟特人在鹽州夏州之間新設的宥州得到安置。

　　安史之亂導致唐朝境內各地軍事化的加強。武將作為國家的柱石,

22　〔宋〕樂史,《太平寰宇記》,卷 39,〈關西道 15・長澤縣〉,「六胡州條」按語。

23　〔後晉〕劉昫,《舊唐書》,卷 38,〈地理志一〉,靈州大都督府條,頁 1415。

24　〔宋〕王欽若(等),《冊府元龜》,卷 986,〈外臣部五〉,開元九年四月五月條:「九年四月蘭池州叛胡顯首偽葉護康待賓、安慕容為多覽殺,大將軍何黑奴,偽將軍石神奴、康鐵頭等據長泉縣,攻陷六胡州。命兵部尚書王晙發隴右諸軍及河東九姓掩討之,殺三萬五千騎。擒康待賓,送至京師腰斬之。」「五月,既誅康待賓,下詔曰:『蘭池胡久從編附,皆是淳柔百姓,乃同華夏四人(民)。康待賓等敢亂天常,俱為禍首,驅率羣眾,嘯聚沙泉。』」

成為登進入權力場域的新貴。對立的雙方——唐廷與安黨——都藉重於蕃兵蕃將。唐廷依賴蕃將的情況自不需要多說，為了平定安史叛亂，唐廷不僅依賴僕固等部蕃將，而且以嫁出真正的公主和聽任洗劫收復的城池為代價，借兵於回紇，於 762 年引進回紇助收洛陽。同樣，唐代末年，沙陀、黨項等外族被引進中原討伐成德軍節度使王承宗、平定龐勳等多次亂事可以說都是援引這一先例，儘管唐廷相對於太平年代而言對沙陀等外族充滿戒心。在安史方面，安史軍中許多將領從姓名看是來自粟特、奚、契丹各部落的武人。史載 757 年安慶緒從洛陽潰退，隨同潰退的曳落河、同羅、六州胡達數萬人之多。[25]

河朔三鎮時期以及五代沙陀王朝中的沙陀化粟特武人或粟特化沙陀人的活動，值得重視。森部豐先生繼蒲立本（Edwin G. Pulleyblank）教授之後的研究，有助於我們更加全面地瞭解參予安史之亂的昭武九姓胡的活動及其對後世的影響。[26]

三、契丹興起前河朔三鎮的胡化

史籍記載，自安史之亂以來，「兵難薦臻，天子播越，親衛戎柄，皆付大閹」。就安史亂後的中央朝廷而言，情況確是如此。至於經歷了八年叛亂的河朔地區，又該怎樣概括其變化的特點呢？根據傳統的史籍記載的一些情節，可以看出河朔地區的面貌發生了如下改變。

在安史亂後的河北地區，政治上形成了藩鎮割據的局面。安史之亂

---

25 「安慶緒之北走也，其大將北平王李歸仁及精兵曳落河、同羅、六州胡數萬人，皆潰歸范陽，所過俘掠，人物無遺。史思明厚為之備，且遣使逆招之，范陽境曳落河、六州胡皆降，同羅不從。思明縱兵擊之，同羅大敗，悉奪其所掠。餘眾走歸其國。」〔宋〕司馬光，《資治通鑑》，卷 220，至德二載十二月條，頁 7047。

26 Moribe Yutaka, "Military officers of Sogdian origin from the late Tang Dynasty to the period of Five Dynasties," in É. De la Vaissière et É. Tro; bert, eds., *Les Sogdiens en Chine* (Paris: École française d'Extrême-Orient, 2005), pp. 243-254；森部豐，〈唐後期至五代的粟特武人〉，收於《粟特人在中國》，頁 226-234。

行將結束之際，肅宗剖分河北之地，付授表面歸順朝廷的安史叛將。763 年，人稱「佛法天子」的代宗設置河朔四鎮，稍後四鎮成為魏博、成德和盧龍三鎮，代宗敕授叛將以節度使職。這些原在安史叛營的武夫，而今成為割據一方的強藩節帥，日本學者日野開三郎形容之為軍閥，實際上是一批政治上不受朝廷約束、財政上不供王賦的地方暴君（tyrants）。本文開頭指出，大唐帝國的碎片化以此為開端。

　　藩鎮割據之下，社會胡化的程度迅速加深。早在安史亂前的開元年間，世家大姓已經越來越多地遷出河北地區，依傍長安洛陽兩京；與此同時，異族則越來越多地遷入河北地區，從而使當地日益胡化。魏晉以來的一等山東士族大家崔、盧、李、鄭、王五姓七望等著房，在河朔原有崔、盧、李三姓。安史之亂後，博陵崔氏、清河崔氏、范陽盧氏、趙郡李氏的著房加速撤出他們世代家園，背離鄉里，依傍兩京，或在許、鄭、潤、亳等地重立門庭，改葬祖墳，詳見陳寅恪先生的〈論李棲筠自趙徙衛事〉。天寶（742-756）以後，留在故土的世家子弟，在胡化氛圍中，不消兩三代的時間，就不再知道周公、孔子為何人，語言風習所矜尚的，也和胡人一樣，無非蹴毬飲酒，射馬走兔，挽強擊劍，攻守戰鬥之事。[27] 下文即將提到魏博節度使史憲誠、史孝章父子，史孝章對父親分析藩鎮割據的形勢說：「大河之北號富強，然而挺亂取地，天下指河朔若夷狄然。」[28]

　　當然，由於安史之亂，中原周邊地區的許多民族也都乘機積極活動起來，胡化情況並不限於我們現在所討論的河北地區。唐朝為了平定安史之亂而撤回西部戍軍，吐蕃乘虛而入，進軍關中，763 年，吐蕃一度進入長安。此後吐蕃自東向西開拓，相繼佔領隴右、河西、安西四鎮。隴右以西地區的吐蕃化也隨之開始。限於我們的課題，在這裡只強調河北地區的情況。

---

27 〔唐〕杜牧，《樊川集》〔文淵閣四庫全書〕，卷 9，〈唐故范陽盧秀才（霈）墓誌〉。
28 《唐書》，卷 148，〈史孝章傳〉，頁 4790。

　　藩鎮割據所依靠的是武裝力量，安祿山留給強藩節帥們的最重要的經驗是在戎馬倥傯的時代如何駕御強梁之眾。安祿山麾下的粟特將領和蕃兵雖多，[29] 但他認識到仍然需要收編同羅、奚、契丹等部落的精壯組建曳落河為作戰主力，之外更締造一支由家僮、身側親隨構成的親兵作為嫡系中堅，應對危難。他的親信之中有的是契丹人，例如孫孝哲，他在安祿山的文武親信之中用事的地位僅次於嚴莊。又如，安祿山的貼身奴僕李豬兒，亦「出契丹部」。當然，這種結合的基礎是共享物質利益，主帥要想獲得驕兵悍將的效力，必須盡量顧及他們的要求，滿足他們的願望。

　　安史之亂以後，節帥在募集流亡、選拔親兵、牙兵之外，更建立起結成親屬關係的養子／假子隊伍。這一現象說明藩帥越來越認識到親黨膠固的重要性。被收為義兒假子的是部將和家兵，義兒軍日益普及。原來是李忠臣養子的淮西李希烈至少有養子千餘人，[30] 澤潞盧從史有義兒三千。[31] 在將領和長行士兵並不勠力同心的關鍵時刻，只有義兒與盧從史相唱和。由於義兒軍人數眾多，甚至需要設置「義兒軍使」加以統率。李克用即先後以李嗣本、李存進、李存璋、符存審等人擔任這一職務。[32]《新五代史》為此而專立〈義兒傳〉。在「世道衰，人倫壞」，親疏之理反常的時代，「干戈起於骨肉，異類合為父子」，[33] 成為胡化地區的又一特色。

　　在這樣的背景下，亂後的河北地區產生了許多契丹、奚和突厥化粟特人出身的節度使。例如，穆宗長慶二年（822），奚部中的突厥化粟特

29　同注 25。

30　〔宋〕司馬光，《資治通鑑》，卷 228，建中四年正月條，頁 7339。

31　〔唐〕杜牧，《樊川集》，卷 8，〈上李司徒相公論用兵書〉。

32　《舊五代史》，卷 52，〈李嗣本傳〉，頁 709；《舊五代史》，卷 53，〈李存進傳〉，頁 717；《舊五代史》，卷 53，〈李存璋傳〉，頁 720；〔宋〕歐陽脩，《新五代史》，卷 25，〈符存審傳〉，頁 263。

33　〔宋〕歐陽脩，《新五代史》，卷 36，〈義兒傳·序〉，頁 385。

人史憲誠任魏博節度，子孝章繼之，上文提及，史孝章認為河朔之地有如夷狄。又如，829 年，突厥化的粟特人何進滔、何弘敬、[34] 何全皞三代俱為魏博節度使，「子孫相繼，四十餘年」，直到 912 年，該鎮方被後梁太祖朱溫兼併。在成德，762 年成為成德節度使的李寶臣（原名張忠志）出身內屬奚，782 年成為成德節度使的王武俊（王沒諾干）出於契丹怒皆部。

當德宗企圖消滅強藩，但由於朝廷實力不足而失敗，被迫轉而實行綏靖政策的時候，「河朔舊事」已然形成了新傳統。所謂「河朔舊事」，就是擁兵自重的各鎮節帥，轄境賦稅私有，不上供朝廷，文武將吏自署，不容朝廷過問，最後，土地承襲，自傳子侄，或由悍將牙兵擁立，不聽朝命。憲宗消滅河南藩鎮取得成功，因而獲得河北藩鎮口頭上的放棄「河朔舊事」，但是，這一成就隨即被穆宗試圖推行的弭兵政策所斷送。這樣，經過德宗、憲宗幾朝與地方強藩的幾度較量，除了憲宗時期一度佔得上風外，較量的結果是朝廷日益屈居劣勢。隨著唐末中央王朝內憂外患紛至沓來，地方割據擴及更多地區，「河朔舊事」開始了浸潤式的擴散，直至唐朝滅亡。從這個意義上講，正是安史之亂最終導致了唐朝的瓦解。

773 年，安史之亂結束十年之後，魏博節度使田承嗣為安、史父子立祠堂，謂之「四聖」。[35] 這不僅是對朝廷權威的公然挑釁，也表明安史

---

34 何弘敬，《新唐書》、《舊唐書》均有傳。1973 年，河北省大名縣萬堤農場出土了唐魏博節度使何弘敬墓誌，現藏邯鄲市叢台公園西北側邯鄲碑林。該墓誌為正方形，邊長 1.95 米，厚 0.53 米。是已出土的唐代墓誌中形制最大的一方，這是強藩僭越逾制的絕佳物證。參看陳光唐、邯鄲市文物管理所，〈河北大名縣發現何弘敬墓誌〉，《考古》，8（北京，1984）；〈魏博節度使何弘敬墓誌銘〉，《隋唐五代墓誌彙編·河北卷》（天津：天津古籍出版社，1991）；森部豐，〈魏博節度使何弘敬墓誌銘〉，收入吉田寅先生古稀論文集編集委員會，《吉田寅先生古稀紀念アジア史論集》（東京：吉田寅先生古稀記念論文集編集委員會，1997），頁 125-147；任乃宏，《何弘敬墓誌銘點注暨有關資料薈集》（北京：中國文史出版社，2007）。

35 〔宋〕司馬光，《資治通鑑》，卷 224，頁 7222；陳尚君（輯），《舊五代史新輯會

的影響仍然存留在當地民眾心目之中，田承嗣試圖加以利用。憲宗元和七年（812），田弘正試圖依據中原慣習行事，放棄「河朔舊事」而束身入朝，他歸順朝廷的這一微弱努力的成果，不到十年，就被周圍藩鎮習慣勢力掃除淨盡。

　　821年，安史之亂結束之後將近六十年，朝廷根據盧龍節度使劉總的請求，署名臣張嘉貞之孫弘靖為幽州、盧龍等軍節度使。「幽州俗本兇悍，尤不樂文儒為主帥。」[36]此前，劉總奏分所屬為三道，以幽、涿、營為一道，請除張弘靖為節度使。張弘靖於憲宗元和十一年坐鎮河東的時候，以寬簡得眾贏得名望，劉總看到「燕人桀驁日久」，[37]所以薦舉弘靖自代。當張弘靖來到幽州的時候，他和他的隨員在幽州的舉止行為與當地習俗形成巨大反差：「弘靖之入幽州也，薊人無老幼男女，皆夾道而觀焉。河朔軍帥冒寒暑，多與士卒同，無張蓋安輿之別。弘靖久富貴，又不知風土，入燕之時，肩輿於三軍之中，薊人頗駭之。」張弘靖尤其不得當的措施是，「弘靖以祿山、思明之亂始自幽州，欲於事初盡革其俗，乃發祿山墓，毀其棺柩，人尤失望。」「從事有韋雍、張宗厚數輩，復輕肆嗜酒，常夜飲醉歸，燭火滿街，前後呵叱，薊人所不習之事。又雍等詬責吏卒，多以『反虜』名之，謂軍士曰：『今天下無事，汝輩挽得兩石力弓，不如識一丁字。』軍中以意氣自負，深恨之。劉總歸朝，以錢一百萬貫賜軍士。弘靖留二十萬貫，充軍府雜用，薊人不勝其憤，遂相率以叛，囚弘靖於薊門舘，執韋雍、張宗厚輩數人，皆殺之。」[38]

　　最後，附帶一提，河朔地區面貌的變化還受到了唐代各地經濟發展不平衡和經濟重心南移的影響。河朔本來是富庶地區，亂後，顯然南

　　證》（上海：復旦大學出版社，2005），冊7，頁2271-2272。

36　〔後晉〕劉昫，《舊唐書》，卷193，〈列女傳・韋雍妻〉，頁5150。

37　〔宋〕司馬光，《資治通鑑》，卷241，頁7792。

38　〔後晉〕劉昫，《舊唐書》，卷129，〈張延賞傳〉，頁3611。參看《資治通鑑》，卷241，頁7793；〔宋〕司馬光，《資治通鑑》，卷242，頁7794-7795。

部中國發展得更加繁榮。史稱商賈之盛,揚為首而蜀次之。「揚州富庶甲天下,時人稱『揚一益二』。」當然,人們也知道,隨地方割據的擴展,「揚一」的繁榮盛況「及經秦(彥)、畢(師鐸)、孫(儒)、楊(行密)兵火之餘,江淮之間,東西千里,掃地盡矣!」[39]

四、漠北回鶻汗國的解體與契丹和代北集團的興起

武宗時期,北方民族關係形成新局面。

安史之亂後,奚、契丹受到回鶻汗國的強大壓力,臣服於回鶻將近百年,期間受回鶻使者管轄,很少侵擾河北和河北邊境。840 年前後,漠北回鶻汗國遭到北方的黠戛斯的攻擊而解體,回鶻諸部向東、向南、向西遷徙,原屬回鶻汗國的遼闊版圖騰空,契丹開始獲得興起的外部條件和崛起的機會。[40] 842 年前後,奚、契丹、室韋先後擺脫回鶻羈絆。[41] 841-847 年,鶻戍稱契丹王。[42] 868 年之後,契丹勢力日益強大,奚只能走避,不敢對抗。其後,奚舉部受契丹役屬。到十世紀初契丹建國的時候,奚基本上已被契丹吸收。

與契丹興起之同時,沙陀、黨項等外族進入了代北漢地。沙陀族從西域沙陀磧輾轉遷徙,東來過程中經受了絕大的犧牲,練就了強勁的戰鬥力,最後,沙陀餘部投奔范希朝,遷來代北,被安置在雁門關以北地區,「保神武川之黃花堆」。「陘北沙陀素驍勇,為九姓六州胡所畏伏。(柳)公綽奏以其酋長朱邪執宜為陰山都督、代北行營招撫使,使居雲

39 〔宋〕司馬光,《資治通鑑》,卷 259,昭宗景福元年條,頁 8430;《資治通鑑》,卷 877,〈鹽鐵諺〉。

40 〔日〕松井(等著),劉鳳翥(譯)、邢復禮(校漢譯本),《契丹勃興史》,收於《民族史譯文集》,第 10 輯(北京:中國社會科學院民族研究所,1981)。

41 〔宋〕司馬光,《資治通鑑》,卷 246,武宗會昌二年九月條,頁 7967。

42 〔唐〕封敖,〈與契丹王鶻戍書〉,收入《文苑英華》,卷 471。

朔塞下，捍禦北邊。」[43] 這當是沙陀形成代北集團、與粟特人結合為沙陀三部落之始。時唐廷疲於藩亂民變，乞援於沙陀。沙陀部長李克用少年隨父平定龐勛，開始樹立威望。881 年，黃巢軍攻陷長安，李克用奉「敕」，統兵南下勤王，鎮壓黃巢，從此插足中原事務，被即將覆滅的唐廷任命為河東節度使。李克用自此以河東為基地，奉唐朝正朔，割據一方。及見「契丹阿保機始盛」，主動示好，邀阿保機至雲州，「結為兄弟」。[44] 同時與幽州的盧龍軍節度使劉仁恭、汴梁的朱溫展開角逐，為此後的後唐、後晉、後漢、三個沙陀王朝的建立和北漢的殘存開闢了道路。[45]

　　唐代藩鎮割據時期的積習在五代更加發展。殺父奪位，屢見不鮮。馮道「事四朝，相六帝」，恬然自稱「長樂老」；後梁太祖朱溫的首席大臣崇政院使敬翔之妻劉氏，先後委身尚讓、時溥、朱溫，對第四任丈夫敬翔照樣頤指氣使，盛氣淩人。[46] 所有這些在宋人看來「世道衰，人倫

43　〔宋〕司馬光，《資治通鑑》，卷 244，文宗太和四年三月條，頁 7870。

44　《舊五代史》，卷 26，〈武皇紀下〉；陳尚君（輯），《舊五代史新輯會證》，冊 3，頁 706。

45　1989 年 9 月，李克用墓在今代縣西南七里鋪村發現並發掘。發掘後，除墓誌銘石移放山西省博物館外，其餘葬品葬具以「李晉王墓」專題形式陳列在代縣博物館。李氏祖塋在雁門，李克用墓誌當是近年出土的三十件五代墓誌中最重要的一方。石見清裕，〈「晉王李克用墓誌銘」錄文與沙陀的系譜〉，「第九屆中國唐史年會」論文；森部豐、石見清裕（撰），〈唐末沙陀「李克用墓誌」訳注・考察〉，《內陸アジア言語の研究》，18（豐中，2003.8）。

46　敬翔妻劉氏，「父為藍田令。廣明之亂，劉為巢將尚讓所得。巢敗，讓攜劉降於時溥。及讓誅，時溥納劉於妓室。太祖平徐，得劉氏，嬖之。屬翔喪妻，因以劉氏賜之。及翔漸貴，劉猶出入太祖臥內，翔情禮稍薄。劉於曲室讓翔曰：『卿鄙余失身於賊耶？以成敗言之，尚讓，巢之宰輔；時溥，國之忠臣。論卿門地，辱我何甚？請從此辭。』翔謝而止之。劉恃太祖之勢（原本下有缺文）太祖四鎮時，劉已得『國夫人』之號，車服驕侈，婢媵皆珥珠翠，其下別置爪牙，典謁書幣聘使，交結藩鎮。近代婦人之盛，無出其右。權貴皆相附麗，寵信言事，不下於翔。當時貴達之家，從而效之，敗俗之甚也。」參見《舊五代史》，卷 18，〈敬翔傳〉；陳尚君（輯），《舊五代史新輯會證》，冊 2，頁 488；〔宋〕歐陽脩，《新五代史》，卷 21，〈敬翔傳〉略同。

壞」的極端失序行為，無非是唐末五代藩鎮割據以來的時代風氣使然。

在五代十國時期，粟特胡與沙陀突厥人關係進一步密切，所以在三個沙陀王朝之中有粟特人或有粟特血統的人在位，實屬必然，例如後唐莊宗李存勗（母曹氏）、明宗李嗣源（祖母何氏）、後晉高祖石敬瑭（祖母米氏，母何氏）、後漢高祖劉知遠（母安氏）以及劉知遠從弟北漢世祖劉崇。在節度使和將相之中，沙陀化的粟特人為數至夥，如安重榮、安重誨、康福，舉不勝舉。迄至宋朝，太祖趙匡胤即位後迎娶宋偓長女為后，這位出自顯赫家庭的皇后，祖母是後唐莊宗的女兒義寧公主，母親是後漢高祖的女兒永寧公主。

五、遼、宋澶淵之盟

遼、宋開國之君都是英主，由於面臨的挑戰不同，用心和精神狀態頗有差異。

契丹的耶律阿保機於 907 年正月燔柴告天，自立為「天皇帝」。這是他第一次建立國家，與朱溫篡唐同年。他的這次建國，是以政治原則取代血緣原則，旨在廢除契丹可汗的「世選」制，確立皇權世襲制。他的廢除「世選」制的變革遭到包括胞弟耶律剌葛在內的契丹諸帳貴族的強烈反抗。阿保機通過強硬手段，用了八、九年的時間，鎮壓部族內的反抗勢力，叛亂三起三伏，歷時數年，方纔消滅對手。而後在 916 年仿照中原方式建元神冊，再次建立了更嚴格意義上的國家體制。

趙匡胤登基的過程比阿保機簡單，但是，他與阿保機回應契丹諸部諸帳的舊貴族挑戰不同，面臨的潛在對手不只是未來「黃袍加身」的候補者。從唐宋變革的角度著眼，他的任務遠比阿保機嚴重，他需要消除唐代藩鎮割據以來形成傳統的「河朔舊事」和五代時期孕育生的「黃袍加身」機制。

阿保機建國，有他的英武善戰的回鶻裔夫人述律皇后——淳欽皇后和最親信的於越曷魯作為得力輔佐。他們共同製定了突顯自身文化、

民族個性的政策：立國號為契丹國，堅持不講漢語，[47] 積極製定契丹文字，捨棄喜愛漢文化的長子李倍而立善於征戰的次子耶律德光——未來的太宗——為太子。順便提及，有遼一代，在 916-947 年期間使用「契丹國」為國號，983-1066 年期間再次使用「大契丹國」為國號。凡此種種，表明契丹皇室和貴族雖然與漢族臣民頻繁接觸，在不少地方吸收漢地文化，但是念念不忘維護本族個性，清醒地保持自成國家的集體意識。

阿保機有非常明確的征服計畫，即他的「未終兩事」：一是征服漠北，二是滅掉渤海。[48] 他經常南侵，強行遷移山南漢人，用半和平的滲透方式來達到最終征服的效果。他的繼承者耶律德光也致力於開疆拓土，交替使用石敬瑭和趙延壽，作為開拓南下局面的得力工具。[49]

阿保機從 916 年再次建國到 926 年去世，凡十一年，前八年用以征服周邊民族奚、女真、黨項、室韋以及遼闊的漠北地區；後兩年用於消滅渤海國，從而建立了一個地域遼闊、統轄多民族的以遊牧為主的開拓型帝國。遼的疆域西抵中亞，有多國來貢。今天，內陸亞洲的民族仍稱中國為「契丹」，就是源於建立了這一時而稱遼、時而稱契丹的帝國族稱。中亞穆斯林文獻所記十一世紀的中國，例如馬哈穆德・喀什噶里的《突厥語詞典》，就把中國分為三大部分：分為秦（Chīn，河北）、摩秦（Machīn，江南）、契丹（Catai / Kitai）三部，這可以說是遼代建立帝國以來的反映。[50]

47　〔宋〕歐陽脩，《新五代史》，卷 72，〈四夷附錄一〉，頁 890。

48　《遼史》，卷 2，〈本紀二〉，頁 19、21。

49　趙延壽為幽州節度使趙德鈞子，後唐明宗李嗣源婿，後降遼太宗耶律德光，耶律德光應許「滅晉後，以中原帝延壽。」故趙延壽對遼忠心效勞，摧堅破敵，身先士卒。後來求為皇太子，被耶律德光斷然拒絕。而德光在汴梁所立為石敬瑭。見《舊五代史》，卷 98，〈趙德鈞傳〉；陳尚君（輯），《舊五代史新輯會證》，冊 8，頁 3020；《遼史》，卷 76，〈趙延壽傳〉。

50　Paul Pelliot, *Notes on Marco Polo*, vol. I (Paris: Imprimerie Nationale, 1959), pp. 216-229（126 CATAI 條）；pp. 264-278（155 CIN 條）；鄧尼斯・塞諾（Denis Sinor），

　　趙匡胤也有得力的輔佐，即他的弟弟趙光義和謀士趙普。在建國過程中，「太祖平蜀之後，取地圖觀之，乃以玉斧劃大渡河曰：『與夷為界。凡我疆吏，固守封圻而已。』此閉之之始也。」[51] 他的玉斧劃河，意味著除了滅北漢，收復燕雲十六州外，不再有其他拓土掠民的計議。宋朝從此主動放棄了大渡河外的雲南，也告別了西域，西部邊界退到秦州，西域開始穆斯林化。由此可見，與阿保機明確地大力建立開拓型的帝國相反，趙匡胤所致力追求的是鞏固自我劃定界限的王朝。

　　阿保機建國後，不斷南下擄掠農耕的漢地居民，在他的勢力範圍所及的邊境居民面臨著生活方式的選擇。他採納漢人的建議，「因俗而治」，針對轄下人口的不同的生活方式構建一種雙元體制，即設立南院、北院，包括頭下／投下軍州，以分別統治契丹原有的民族和南方的漢人。「北面治宮帳、部族、屬國之政；南面治漢人州縣、租賦、軍馬之事。」[52] 這樣，大契丹或大遼帝國便開創了一種統治多民族和跨界人口的的模式。這種特點的政治制度或官制需要引用一批漢人參加管理，如何處理不同政權統治下的不同民族的效忠問題日益凸顯出來，於是韓延徽、韓知古、王郁、魯文進、張礪，還有粟特後裔康默記等備受重用，進入遼朝政府乃至決策核心擔任要職。可以說，契丹開啟了北方王朝立國的空間佈局，領先規劃了未來千年異族統治中國的雙元體制乃至多元體制。

　　在「因俗而治」的方針下，阿保機及其後繼者保持著故有的習俗，例如，四時捺鉢／納鉢。1055 年宋朝使臣畢仲游奉使契丹期間詠「酪粥」、詠「　城」等詩作，留下了對當時契丹人生活場景的生動描繪。[53]

　　〈契丹的名稱〉，見塞諾，《內亞研究文選》（北京：中華書局，2006），頁 246-250。

51　〔明〕曹學佺，《蜀中廣記》，〈邊防記第四〉。

52　《遼史》，卷 45，〈百官志一〉，頁 685。

53　〔宋〕畢仲游，《西臺集》〔山右叢書〕，卷 18，頁 7 及以下頁；轉引自 Wittfogel, Karl A.（魏復光）and Feng Chia-sheng（馮家昇）, *History of Chinese Society: Liao (907-1125)* (Philadelphia: American Philosophy Society, 1949), p. 126, n.6; p. 134, n.72.

　　與阿保機用心建立帝國雙元體制不同，趙匡胤建構了分權體制：軍政分權，宰相分權，地方長官分權，並竭力設法使他們彼此鉗制，以便於實現皇帝掌控的集權統治。

　　有一個方面，趙匡胤及其輔弼趙光義和謀士趙普的謀劃，遠遠勝出阿保機及其得力助手夫人述律皇后和親信於越曷魯。社會學家 Amitai Etzioni 指出，複雜結構社會具有強制（coercive）、受益（remunerative）、正名（normative）三功能，按照 Etzioni 的意見來審度，趙匡胤並不是不使用強制手段，而是在更有效地發揮複雜結構社會的正名功能之同時，讓更多的行為者（actors）受益，直接間接受到恩賞，也就是更多地運用利益分享的方式和贖買的方法以輔助強制功能。這一內政上使臣下受益的治理方式和贖買方法，行將被真宗及其謀臣加以引伸，在外交方面用於對契丹的交涉。

　　在契丹與宋朝開始新一輪交往的時候，沙陀等外族在中國正史中的身份變成了內蕃。中國歷史上中原與北方民族交往中「外蕃」變「內蕃」、「內蕃」變「漢人」的過程的又經歷了一次輪迴。正是在這樣的背景之下，沙陀人建立的後唐、後晉、後漢被中原王朝的敘事文本納入了正統序列。也正因為是這樣，我們研究的這一時段的南北交涉史，一些案例可作為考察中國史上諸多民族在最初發跡過程中反復出現的一些屢發現象（recurrent origins）及其變異（varieties）與歸宿（teleology）的例證。宋真宗、寇準所應付的對手契丹，並非一個單純的北方民族政權，而是一個開國已經九十八年、統轄著多元文化的民族、奄有漠北草原的龐大帝國。然而，從民族交涉角度考察，遼國輪到了它的後方也開始受到一些民族侵擾的時刻，從契丹的整體國力看，聖宗[54]時期，「大契丹國」開始由征服向守勢轉折。承天太后時年五十三歲，她在談判中提出的要價，是基於對契丹面臨的全局的估計和而對宋遼雙方實力的考

54　遼聖宗年十二歲時即位，「國事皆決於母」。〔宋〕王稱，《東都事略》，卷123。

量，從而對眼前的利弊做出權衡。至於宋朝，長期處在北方民族威脅之下，防禦重點是遼、西夏、金，為此消耗了絕大國力。朝廷內與北方民族的「戰」「和」討論，總是高踞於宋朝「國是」日程之首，宋朝一直存在的主戰、主和兩派，基本上似以採取守勢的主和意見，即「以銀、絹換和平」的贖買派的主張在絕大部分時間內占上風。宋代君臣用銀絹購買和平的考慮，不禁令人感到近似唐代李絳勸說憲宗許嫁公主給回鶻可汗的論據，[55] 也令人隱約感到宋太祖趙匡胤開國後的一系列措施正在形成新傳統。

北宋景德元年、遼統和二十二年十二月，遼軍與北宋訂立「澶淵之盟」，宋朝每年給遼絹二十萬匹，銀十萬兩；雙方結為兄弟之國，宋為兄，遼為弟。這樣，1005 年初，宋真宗、寇準為一方，契丹承天太后、韓德讓為另一方訂立的盟約中止了契丹的南下，此後雙方在「貢」、「納」、「獻」等用語上雖然爭執不斷，但是由於軍事上的勢均力敵而基本上保持了百年和平。條約成就了宋、遼在此期間各自進一步形成各自的立國特徵和個性。

澶淵之盟不能納入冊封制和羈縻制下民族關係的範疇，它是八世紀至十一世紀這一時期北方民族政權與中原政權往來交涉的一樁新型案例。不僅如此，它也有助於理解此後金、蒙元和兩宋的對峙的來龍去脈，或許還有助於研究滿清入主中原之後一些施政措施的間接由來。

與我國學者努力之同時，從 .K Wittfogel、O. Lattimore、田村實造、愛宕松男到今天的 T. J. Barfield、N. Di Cosmo、E. Rawski、P. K. Crossley、S. Harrell、D. S. Sutton、N. Standen、D. C. Wright 等大批海外學者也一直在認真探討前近代時期的中國及其鄰邦的交往和互動的模

---

55 「元和九年禮部尚書李絳勸憲宗許回鶻之請婚：『或曰，降主費多，臣謂不然。我三分天下賦，以一事邊。今東南大縣賦歲二十萬緡，以一縣賦為昏貲，非損寡得大乎？今惜昏費不與，假如王師北征，兵非三萬、騎五千，不能扞且馳也』。」《新唐書》，卷 217 上，〈回鶻傳上〉，頁 6127；〔宋〕司馬光，《資治通鑑》，卷239，憲宗元和九年五月庚申條，頁 7704。

式。筆者感到，在這方面，上文處理的歷史階段能夠給人們提供不少啟
示。

本文原載於黃寬重編：《基調與變奏：七至二十世紀的中國》3（臺北：國
立政治大學歷史系，2008），頁 1-20。

從隋唐到宋元時期的胡漢互動
兼及名分問題

前言

　　十九世紀四十年代初，陳寅恪先生相繼刊出《隋唐制度淵源略論稿》（完稿年份為 1940）和《唐代政治史述論稿》（作序於 1942）兩部名著。在兩部書中，陳先生一再強調，「種族」與「文化」兩個問題乃「研究李唐一代史事關鍵之所在」，兩書也緊扣著「漢化」、「胡化」兩個主旨而展開論述。陳先生表達的意見非常明確，李唐繼承的是西魏、北周以及隋朝的世業，初唐統治階級的變遷升降，也就是宇文泰以「關中本位政策」鳩合起來的「關隴集團」的興衰及其分化過程。七十多年來，陳先生的這一論述一直引導著唐史學界人士的思考，雖然中外學界對於陳先生的「關中本位」說和「關隴集團」說的一些具體表述不乏異議。七十多年後的今天，繼陳寅恪先生二書，我們非常喜悅地讀到了啟發我們進一步認真思考的著作，這就是許倬雲先生和葛兆光先生接連刊出的論述華夏概念的一系列新著。特別是倬雲先生的最新著作《華夏論述：一個複雜共同體的變化》，[1] 運用系統論的方法分析歷史現象，從政治、經濟、社會、文化四方面，論證了華夏共同體是一個以「人」為中心的複合體系，對華夏這一多元文化的通體建構做了條理分明的闡述。書後附有葛兆光先生對本書的《解說》，葛先生幫助我們通過歷史記

1　許倬雲，《華夏論述：一個複雜共同體的變化》（臺北：天下文化，2015）。

憶，理解「華夏」的形成與流變的繁複過程。在許、葛兩位先生的精審論述的啟示下，本文試圖僅就由唐入宋階段南北多族群政權互動下的政治秩序及其統治者的身份演變略述淺見，作為國立政治大學人文中心主持的五年「現代中國形塑」研究計畫課題的子目〈唐宋變革〉的報告之一。

　　在華夏／中國的分分合合的歷史上，居住在不同地區的族群，因應生態環境的區域性差異，各自形成各自的生活方式，分別在適當時機發揮作用，作出各自的正面貢獻。聚集於中原農耕地區和內陸綠洲地區的族群建立王朝較早，分佈於草原、以遊牧為主或從事半牧半農的北方族群或建國稍晚，或建國不晚但見於記載稍遲。起家於朔漠、松漠、西域的遊牧族群或半耕半牧族群，先由各級酋帥經過激烈乃至殘酷競爭統合內部，建成部落聯盟（ethnic confederation），再經過兼併鄰部和對外擴張，建立多族群草原遊牧帝國（multi-ethnic nomad／steppe empire）。與農耕定居社會的編戶齊民相比，遊牧族群的放牧畜群、追逐水草的生活方式，使之嫻熟於騎射，尚武習戰，展現著更充沛的活力。在人類使用冷武器時代，相繼馳騁於草原的遊牧帝國之向外擴張，所藉助的正是富於機動性能的騎卒勁旅。它們進取的主要方向有二：一是沿草原路線和綠洲路線西進，啟動內陸亞洲民族的連鎖性遷徙，帶動相關地區的歷史演進和文化交流；一是南下，特別是侵襲陰山山脈以南、西起「河曲」、東到遼河流域的農牧接壤地區，促進漠北漠南的多族群互動與歷史發展。在這一東西、南北互動過程中，軍事拮抗和政治交涉並沒有長期遮斷相互的經濟往來和文化交流，實際上，正是在農牧接壤地區起家、成長壯大的南北諸多政權的多種方式的互動，促進了族群渾融和多元文化混同體（a multicultural conglomerate）發育成型。

　　華夏／中國歷史上的例證之一是五胡十六國（304-439）和魏晉南北朝（220-589）時期的族群對抗與融合。誠然，這一時期的族群對抗造成政局的分崩離析，一些地區備遭蹂躪，但也正是由於「五胡亂華」，促使匈奴、鮮卑、羯、氐、羌等無數族群從血緣到經濟生活方

式、從習俗到文化無不由於混雜而交互影響，消融著胡漢之間以及胡族內部彼此之間的生態隔閡。與此同時，在長達三百年的混亂擾攘中，中原地區的世族門第社會孕育著山東與關中的「郡姓」、南下中原的北方胡族部落大人構成的貴族集團孕育著代北的「虜姓」。所謂「虜姓」，指的是 495 年隨魏孝文帝從平城遷到洛陽的鮮卑貴族集團，計「有八氏十姓，三十六族九十二姓」。「八氏十姓，出於帝宗屬，或諸國從魏者；三十六族九十二姓，世為部落大人。」所有這些「虜姓」中的氏姓和族姓，從移居洛陽之後，在華夏／中國歷史上同樣「並號河南洛陽人。」[2]其後不到三十年，北魏孝明帝正光五年（524），外禦柔然、內制高車與山胡的邊防戍卒——六鎮鎮民——因種種不滿的積累而聚眾暴亂，沃野鎮的破六韓拔陵、柔玄鎮的杜洛周、懷朔鎮的鮮于修禮及葛榮、北秀容的酋豪爾朱榮相繼反叛，揭開魏分東西和北齊、北周相繼登場的序幕。這一華夷互動過程以隋之簒周（581）滅陳（589）而告一段落，天下重歸一統。

殷實的隋朝（581-617）、輝煌的唐朝（618-907）相繼登場，兩者因為先後揭開中國歷史上一個氣象恢弘、文化昌盛的時代而經常被相提並論。史學研究的進展使人們越來越清楚地看到，楊隋和李唐兩朝開基建業者不僅在族群上同源，兩者的上代出身於代北集團，近世祖、父輩出自北周八柱國；即便在典章文物制度方面，兩者對前代的因襲也同出一轍。這令人聯想，隋唐時期當政的菁英人物身上是否融匯著前一時期（北魏北齊、江左梁陳、西魏北周）諸多族群的文化基因。顯而易見，大唐帝國的創業規模已然與宇文周朝不可同日而語，唐代前期統治者的開闊視野和政治舉措已經超脫關中本位的侷限。多元因素的匯聚與折衷

2　以上引文，併見：〔宋〕歐陽脩等撰，《新唐書》（北京：中華書局，1975），卷199，〈列傳一百二十四〉，頁 5678。參見姚薇元，《北朝胡姓考》，修訂本（武漢：武漢大學出版社，2013）。此修訂本計收《魏書・官氏志》內外諸胡姓一百九十三姓。

（eclecticism）造就了大唐帝國在經濟和文化上空前的繁榮，展現了「華夷一統」、「寰宇一家」的恢弘氣象（cosmopolitanism）。[3] 唐代是靠完備的律令體系、健全的官制、繁榮的經濟、發達的文化贏得內外交口贊譽、激發了鄰邦效法的意願。唐代長安的建制與規模，至今令人贊歎，唐代長安的絢麗可以說是這個多族群帝國的縮影。

就唐朝前期而言，亦即就其開國（618）到安史之亂（755-763）之前的一百四十年而言，唐廷建立了名符其實的華夷一統秩序。安史之亂是唐代史上的一個轉捩點。經此大亂，大唐王朝由盛轉衰。中央政權越來越無法整治地方強藩的僭越勢力，根本沒有實力扼制異族割據傾向，唐廷從強盛的巔峰繼承下來的正統名分，日益乖離其實質。李唐被內外尊為共主的時代漸次結束，由於頻頻面臨諸多災難，中央不得不時時乞求強藩與異族的支助。到了晚唐，在大唐帝國境內蜂起林立的地方割據勢力，特別是在農牧接壤地區興起的契丹、沙陀、黨項等諸多族群，已經具備了建國意識，只是等待適當時機宣告各自皇朝的建立。907年，契丹與朱溫同年分別建國，殆非偶然。

經過五代十國（907-960）、下迄遼、宋、金、元，中原政局迥然有別於六世紀末到八世紀中期的大唐帝國時代。1005年初，大契丹／遼（907-1125）與北宋（960-1127）締結了澶淵誓約，共同建構了史無前例的國與國的對等關係，並且由於雙方實力相當，得以將這種對等關係維持百年有餘。1127年，金劫徽、欽二帝及后妃三千人北上，史稱靖康之難，南宋（1127-1279）與金（1115-1234）時戰時和的關係又與北宋與遼的相對平和的關係不同。而後是南宋受制於異族政權大元（1260-1368）。簡言之，從907年契丹與後梁同時立國起，到1276年（是年年初，宋朝末代太皇太后向忽必烈交出國璽）和1279年（是年，南宋末代小皇帝夭折）大元皇朝統一天下，華夏／中國經歷了275年的列國

3　D. Twitchett and A. F. Wright（杜希德、芮沃壽）合編，*Perspectives on the Tang*,（《展望唐代》）(New Haven: Yale University Press, 1973)，導言，頁 1。

制時期。處在多國併立體系中的幾個當政皇朝，皆視各自實力的消長而在彼此之間不斷切換著主從地位。正是在這一時期，列國體系促進了一系列制度的形成，同時併立的皇朝通過反復折衝以確定彼此的名分，而後按各自的名分締結種種「誓約」，遣使往來，交換誓書、國信、劃定雙方交界區域、強制對方歲輸銀絹等貢賦。主從地位的交替既直接影響著各自國家的政治秩序，也影響著不同地區不同狀態下的人們的名分意識。

一、北朝以來的漢化胡族後裔：陳寅恪劉盼遂師生的研究

隋、唐兩朝的統治者，系出鮮卑的拓拔氏，但皆在不同程度上自託於漢族。對這一點，為司馬光（1019-1086）的《資治通鑒》做音注的胡三省（1230-1302）早有敏銳的觀察，他說：「嗚呼！自隋以後，名稱揚於時者，代北之子孫十居八九矣。」[4]

關於這一點，陳寅恪（1890-1969）先生的高足劉盼遂（1896-1966）先生也有同樣的覺察，他寫道：「李唐蕃姓之說，唐人蓋深知之。然率自為尊者諱莫如深，如終唐之世率無人訟言攻之。至宋代始有敢論其事者，如光、寧間松陽項安世即其人也。」參見劉盼遂先生所引用的《永樂大典》采輯本項安世（1129-1208）《項氏家說》卷八〈說事篇〉〈王氏李氏〉條：

柳芳《唐曆》言：「王珪曾祖神念在魏為烏桓氏，仕梁為將。祖梁太尉王僧辯遂為王氏。至珪始為儒。」按，此則《文中子》謂其上世世皆有著述者，妄也。又，《唐曆》高祖卷首言：「唐之祖為後魏金門鎮將，鎮武州（當作武川），遂為武州

（當作武川）人。至虎為西魏柱國，賜姓太野氏。隋文帝作相時，始復本姓，為隴西李氏。」則唐之本系蓋可知矣。按《姓氏書》載，虎之兄曰起頭，弟曰乞豆。起頭之子曰達摩。其名皆與太野相稱。《唐六典》宗正寺猶有定州刺史乞頭一房，則其祖涼武昭王，是亦珪之祖王僧辯也。史臣於珪直書本姓，於唐則先曰賜姓，後曰復姓，蓋微而顯云。[5]

關於隋朝建立者楊堅，鐵函《心史》的作者鄭思肖（1241-1318）於宋末元初寫道：「普六茹堅，小字那羅延，僭稱隋，普六茹譯姓曰楊，奪偽周宇文闡之土，而並僭陳之天下，本夷狄也。」[6]

至於李唐系出夷狄，今天已為人所熟知，顯然，這是由於陳寅恪先生的緣故。陳先生引用朱熹的話已經成為人們的常識：「唐源流出於夷狄，故閨門失禮之事不以為異。」[7]

關於李唐的氏族認同問題，在上個世紀三十年代初，陳寅恪、劉盼遂師徒接連發表文章，力主「李唐為蕃姓」之說。陳先生從 1932 年起，三次為文加以討論，三文分別見於《中央研究院歷史語言研究所集刊》第三本第一分（〈李唐氏族之推測〉）、第三本第四分（〈李唐氏族之推測後記〉）、第五本第二分（〈三論李唐氏族問題〉），[8] 三文發表的時間還在陳先生 1942 年發表其名作《唐代政治史述論稿》之前。劉盼遂先生比老師略早，於 1930 年在《女師大學術季刊》上刊出〈李唐為蕃姓考〉、〈李唐為蕃姓續考〉二文，1934 年再發〈李唐為蕃姓三考〉。三

5　轟石樵輯，《劉盼遂文集》（北京：北京師範大學出版社，2002），頁 658-659。

6　鄭思肖，〈古今正統大論〉，轉引自饒宗頤，《國史上之正統論》，參見：饒宗頤，《饒宗頤二十世紀學術文集》（臺北：新文豐出版社，2003），卷 6 之 1，頁 163。

7　〔宋〕黎靖德編，《朱子語類》，卷 13，〈歷代類〉三，參見：陳寅恪，《唐代政治史述論稿》（臺北：臺灣商務印書館，1994），頁 1。

8　〈李唐氏族之推測〉、〈李唐氏族之推測後記〉、〈三論李唐氏族問題〉三文，分別再刊於：陳寅恪，《金明館叢稿二編》（臺北：里仁書局，1981），頁 281-294，頁 295-303，頁 304-309。

文根據老師提示的唐代釋彥悰《唐護法沙門法琳別傳》記載，外加個人搜集的新舊《唐書》、《資治通鑑》、《酉陽雜俎》、《太平廣記》等眾多文獻中的有關史料，前後列舉了 17 條立論的依據，證成「李唐為蕃姓」之說。[9] 今天再讀陳、劉師徒二人於 1930-1934 五年之內反復討論這一問題的文章，不得不為他們所下的堅實的史料功夫擊節稱歎。寅恪先生看到唐太宗本人所具有的北方民族血緣、北方民族文化背景，不免感歎「太宗雖為中國人，亦同時為突厥人矣。」[10] 與陳寅恪、劉盼遂師徒同時，王桐齡（1878-1953）先生也曾考證這一問題。下面略舉陳、劉師徒引證材料的若干條，略窺所引用的依據之一斑。

其一、文獻中保留「國語」一詞，此「國語」當指胡語，即鮮卑語，例如，稱父親為「哥哥」。案，後魏初定中原，軍容號令，皆本國語。後染華俗，多不能通，故錄其本言，相傳教習，謂之國語。《隋書》卷三十二《經籍志》中提到的《國語孝經》、《國語物名》、《國語雜物名》皆指鮮卑語。

其二、容貌方面，唐劉餗《隋唐嘉話》稱，單雄信曾呼李世民之弟李元吉為「胡兒」，李元吉小字亦叫三胡；《舊唐書》也說，李淵曾孫滕王李涉「狀貌類胡」。

其三、按《新唐書·宗室世系表》、《宋書·柳元景傳》等記載，唐代宗室有人有北族名字。李氏在北魏時的先祖叫李初古拔。[11] 李淵的祖父李虎有個兄長名叫「起頭」，有個弟弟名叫「乞豆」，「起頭」的兒子名叫「達摩」。唐高宗幼名叫雉奴。

9　諸文收在聶石樵輯，《劉盼遂文集》，頁 645-664。北京師範大學聶石樵教授花了二十餘年心血，整理出版了《劉盼遂文集》。該文集搜羅到的文章涵蓋了劉盼遂先生一生最重要的文字，展示了他遍征古代文獻，出入語言文字與文學、歷史諸多領域的研究成果。
10　陳寅恪，《寒柳堂集》（上海：上海古籍出版社，1980），〈論唐高祖稱臣于突厥事〉，頁 108。
11　參見：〔元〕脫脫等撰，《宋書》，〈柳元景傳〉；〔北齊〕魏收，《魏書》，〈薛安都傳〉。

　　其四、有些皇室成員保留濃厚的北方遊牧民習俗。最典型的例證是643 年被廢為庶人的太子承乾（618-645，恒山潛王），承乾平日愛好突厥人的生活方式，想跟從阿史那（李）思摩到草原上建立部落，[12] 做個酋長。在這方面，加拿大學者陳三平（Sanping Chen）先生的研究做了補充，唐廷賜給好多蕃族人以李姓，並編之入屬籍；更嫁出好多公主給草原遊牧部落的汗和酋長。

　　其五、李氏皇族中出現收繼婚（levirate marriage）等在朱熹看來閨門失禮之事。李世民殺死弟弟元吉後曾納其妃楊氏為妃。兒子李治以太宗才人武則天為昭儀、為皇后，這與鮮卑、突厥諸族的習俗相合。

　　其六、唐太宗本人並不堅持李唐一定「出自柱下（老聃）、起自隴西」的說法。唐釋彥琮撰《唐護法沙門法琳別傳》卷下記載，釋法琳直陳李唐既非出自柱下（老聃）、也非起自隴西。唐太宗親臨現場審問法琳，法琳當面直陳：「琳聞，拓跋達闍（dache），唐言李氏，陛下之李，斯即其苗，非柱下、隴西之流也。」[13] 太宗聞言大怒，橫眉立目，但在憲司呈上審訊法琳記錄和法琳陳辭，太宗閱後，再次召見法琳，經過交談，釋放了法琳。憲司堅持法琳罪當大辟，太宗坦承：「法琳雖毀朕祖宗，非無典據，特可赦其極犯。」[14]

　　實際上，唐代的族群認同是一個異常複雜的課題。近年來，美國學者班茂森（Marc S. Abramson）刊出《唐代中國的族群認同》[15] 一書，對「中國語境中的族群」（Ethnicity in the Chinese context）做了全面探討。這是西方在這一領域首開風氣的著作。唐代存在將近三百年，這個

12　李思摩（583-647）是較早歸順太宗的突厥部落首領，其墓於 1992 年在陝西禮泉縣昭陵鄉莊河村西北的阿史那思摩墓穴中被發現，誌文可補歷史文獻之闕。參見尚民傑，〈唐李承乾碑文相關問題探討〉，刊於杜文玉主編，《唐史論叢》（西安：陝西師範大學出版社，2013），第 15 輯。

13　大正新修，《大藏經》，卷 50。No.2051, 頁 210 a15-16 行。

14　大正新修，《大藏經》，卷 50。No.2051, 頁 211 c19-20 行。

15　Marc S. Abramson, *Ethnic Identity in Tang China* (Philadelphia. Pa.: University of Pennsylvania Press, 2008).

龐大帝國由多族群構成，因而常被人們認為，這是在中國的過去歷史上最具有普世性、環宇性（cosmopolitanism）的體制之一，因而胡化、漢化、華夷、內外、核心與邊緣等分析範疇被班氏時時運用於分析這一時期的諸多族群的演變。班茂森主要依據漢文史籍、政書、宗教文獻、出土文物等描繪了唐代這個多族群複合體，從世系、體貌特徵、姻親關係、習俗、文化等多元視角出發，深入探討唐帝國時期的蕃胡在族群認同、族群概念上起作用的種種因素，揭示族群認同的複雜性和變異性。在唐代，從儒家菁英士子、釋教僧團到蕃兵蕃將等諸多群體，出於各種原因和理由，無不盡力為各自的族群劃定界域（ethnic boundaries），但是，在對有些「非漢族」的族群認同上，史文記載往往又不得不用些模稜兩可、曖昧的話語或語義含混不明的詞彙加以描述，（班書第二章的標題即作「非漢族的身份含糊性」），藉以擺脫說不清道不明真相的窘境。與此同時，唐廷極力吸收一些外來移民，招徠有特殊技巧的人群，既要讓他們保持其族群的明確性，又無礙於煌煌帝國的大一統。班茂森的著作指出，在給華夏／中國人下定義上，唐代標誌著一個關鍵性的切換（The Tang era marked a key shift in definitions of China and the Chinese people）。這一點值得人們注意，唐代各族人群既保有本族群意識，又跳脫各自的本族群意識而泛泛以唐人自居，大概始自中唐以後。

　　對唐代的族群認同這一問題，加拿大學者陳三平做了進一步的認真研究。[16] 三平先生認為，若要為引導中國近代以前文化臻於鼎盛的李唐皇室確定其族群屬性（ethnic identity），那麼，李唐皇室很大程度上源出於夷狄（barbaric），三平先生這一見解與以上已經舉出過的胡三省等人的見解一致。三平先生的論文題目明確標出，唐代是鮮卑拓拔氏留下的一筆遺產（legacy）。在唐前期，即在 755 年唐玄宗退位之前的一個半

16　Sanping Chen, *Multicultural China in the Early Middle Ages* (Philadelphia: University of Pennsylvania Press, 2012). 詳見此書的第一章，"The Legacy of the Tuoba Xianbei: The Tang Dynasty,"（〈拓拔鮮卑的遺產──唐朝〉），pp. 4-38。

世紀，唐朝更適合於被稱為一個「鮮卑—華夏體制」（a Särbo-Chinese regime）。[17] 現在看來，北周的宇文氏、建立隋唐兩朝的楊氏、李氏均出身於北魏六鎮的武川鎮集團，[18] 與北魏時期屢屢被稱為「代人」的胡族有關。經過諸多學者如此辛勤認真的論證，看來不僅李唐源於胡族之說今天可以定論，而且，採用「鮮卑—華夏體制」一詞形容隋與初唐的政治沿革，可能比使用「關隴集團」一詞更為妥貼。

從倬雲先生的新著《華夏論述：一個複雜共同體的變化》提供給我們的啟示著眼，五胡十六國（304-439）和魏晉南北朝（220-589）的諸多族群經歷長達三百餘年的對抗與融合是華夏共同體發育過程的一個階段，而今輪到了楊隋、李唐的子孫登上政治舞臺，與以武力逞強的突厥、薛延陀、鐵勒、回紇等諸多北方部族交手，應是這一複雜共同體發育過程中的又一回合。

二、隋唐前期的胡漢互動

西元 524 年，六鎮叛亂導致北魏政權的分裂。552 年，突厥崛起，不僅威服塞外諸部，而且凌駕東魏、北齊與西魏、北周。人們熟知，突厥的佗鉢可汗「控弦數十萬，中國憚之，北周、北齊爭結姻好，傾府藏以事之。佗鉢益驕，「每謂其下曰：『我在南兩兒常孝順，何患貧也！』」[19] 在這裡，人們看到，鮮卑後裔的「北周、北齊向突厥爭結姻好，傾府藏以事之」的「厚利和親，以約結之」的實例。就西魏、北周而言，宇文泰當政，曾將長樂公主嫁予土門可汗，朝廷歲出繒絮錦綵達十萬疋，給予突厥。實質上，這是在中原地區建政的鮮卑後裔

17　Sanping Chen, *Multicultural China in the Early Middle Ages*, p. 24.
18　吉岡真，〈北朝‧隋唐支配層の推移〉，《岩波講座 世界歷史》，第 9 卷，《中華の分裂と再生 3-13 世紀》（東京：岩波書店，1997），頁 255-286。
19　〔唐〕魏徵等撰，《隋書》，卷 84《北狄傳》突厥條，頁 1865。

向突厥的納貢，也可以說是楊聯陞先生所謂的「反向朝貢」（tribute in reverse）。[20]

　　到了隋朝，文帝 581 年即位，面臨與強鄰突厥交手的形勢。但文帝頗有運氣，他正碰上突厥內部因為沙缽略等五汗互爭大汗位而導致 583 年突厥分裂為東、西汗國。如上文所述，文帝本來與沙缽略互稱翁婿，互稱天子，其後沙缽略迫於形勢而向文帝求和，退而稱臣。在此後的突厥汗位爭奪中，文帝支持東突厥啟民可汗。開皇十九年（599），啟民上表，陳謝文帝發兵給予援助，曰：「大隋聖人莫緣可汗憐養百姓，如天無不覆也，如地無不載也，諸姓蒙威恩，赤心歸服，並將部落歸投聖人可汗來也。」[21]隋唐時代，皇帝常被稱為聖人。在這裡，啟民既尊文帝為大隋聖人，[22]又稱其為可汗，而且汗號之上再加尊號「莫緣」。其後，煬帝大業八年（612），元會，西突厥處羅可汗為煬帝上壽，曰：「自天以下，地以上，日月所照，唯有聖人可汗。今是大日，願聖人可汗千歲萬歲常如今日也。」[23]在這裡，值得特別注意的是「聖人・可汗」名銜的併列，加給煬帝。在此之前，五胡十六國時期的匈奴屠各部劉淵可能先稱大單于，後稱王與帝，以示其權力的二元：既管轄牧區部眾，又統治中原地區的編戶齊民。其後到東、西突厥汗國與中原政權間發生複雜多變的戰和關係的時期，奉誰為皇帝，授誰以汗號，則是用來表現君臣的尊卑身份。而今，突厥啟民可汗在表文中尊稱中原王朝的皇帝為可汗，所表達的意思是率部眾做皇帝的臣民。中國皇帝之被北族尊稱為可汗，多半是以隋文帝為開端，也是 630 年唐太宗進一步被尊為「天可汗」的張

20　Yang Lian-sheng, "Historical Notes on the Chinese World Order," in Fairbank, J. K., ed., *The Chinese World Order*, Harvard University Press, 1968, p. 21.

21　〔唐〕魏徵等撰，《隋書》，卷 84〈北狄傳〉突厥條，頁 1873。煬帝即位，大業三年（607）巡幸榆林，啟民上表提到文帝，仍用同樣的稱謂：「已前聖人先帝莫緣可汗存之日。」仝上，《隋書》，卷 84〈北狄傳〉突厥條，頁 1874。

22　隋唐時代稱皇帝為聖人，參見胡三省《資治通鑑》注：「當時臣子謂其君父為聖人」，〔宋〕司馬光，《資治通鑑》，卷 222，〈唐紀三十八〉，頁 7107。

23　〔唐〕魏徵等撰，《隋書》，卷 84〈北狄傳〉西突厥條，頁 1879。

本。

隋末亂離，形勢丕變，中國人多往歸突厥避難。東突厥汗國的啟民可汗之子始畢可汗乘亂而起，控弦百萬，「東自契丹、室韋，西盡吐谷渾、高昌諸國，皆臣之。」避亂的「中國人歸之者甚眾，又更強盛，勢陵中夏。」[24] 隋煬帝 617 年被殺，始畢可汗迎接了隋煬帝的蕭皇后北上，安頓蕭后在定襄。中原群雄並起期間，竇建德、劉武周、梁師都、李軌、高開道雖僭尊號，但皆向始畢稱臣，接受始畢分別授予的可汗稱號。使者往來，相望於道。在這些向始畢可汗稱臣，並從始畢可汗那裡接受可汗號的人物裡面，就有籌謀太原起事、建立未來大唐皇朝的高祖李淵。在李淵向突厥稱臣求援的關鍵決策中，未來的唐太宗李世民從一開始就是輔佐李淵起事的核心人物、不可能置身於這一頭等大事之外，但是李世民在這一策劃中扮演何等腳色，起何具體作用，可惜，後人諱飾，史無明文。

這一情況告訴人們，誰向誰稱臣，誰授予誰以可汗的稱號，皆靠實力為後盾。在多族群互動過程中，各自的身份取決於「用武克伐」的結局而不時變換。

至於上文提到的突厥可汗之迎接和安頓煬帝蕭皇后、接納中原群雄稱臣，透露了南北實力消長的更多消息。蕭皇后是西梁明帝蕭巋的女兒，才色出眾，開皇二年（582），被選為晉王楊廣妃。仁壽四年（604），隋文帝駕崩，楊廣即位，蕭氏被冊立為皇后。大業三年（607）蕭皇后隨煬帝北巡，八月，車駕從榆林啟程，到達秦漢時代的雲中郡。時值隋代鼎盛時段，天下承平，物阜民豐，此次出巡，隨行的甲士五十

24　杜佑《通典》載：「中國人歸之者甚眾，又更強盛，勢陵中夏。迎蕭皇后，置於定襄。薛舉、竇建德、王世充、劉武周、梁師都、李軌、高開道之徒，雖僭尊號，俱北面稱臣，受其可汗之號。東自契丹，西盡吐谷渾、高昌諸國，皆臣之。控弦百萬，戎狄之盛，近代未之有也。」參見：〔唐〕杜佑，《通典》校點本（北京：中華書局，1988），卷 197，頁 5407。〔唐〕魏徵等撰，《隋書》，卷 84〈北狄傳〉突厥條，頁 1876。

餘萬，馬十萬匹，旌旗輜重，千里不絕。在秦漢時代的雲中郡，煬帝向突厥啟民可汗展示了隋代新都——大興城——的營造師宇文愷等人製造的「觀風行殿」和「行城」，「觀風行殿」容納數百人，下面安裝輪軸、可以推動；「行城」以板為幹，周圍二千步、樓櫓悉備、衣之以布、飾以丹青。這些展品使胡人驚以為神。[25] 面對煬帝的實力展現，啟民可汗飾盧清道，以候乘輿，帝幸其帳，啟民奉觴上壽。與煬帝與啟民可汗相會之同時，蕭皇后也親臨義成公主帳與公主相見。史書記載，義成公主「以帝女遠嫁外夷」，義成公主先嫁的是啟民可汗，啟民死後，依照突厥習俗，陸續嫁給了啟民的三個兒子始畢可汗、處羅可汗、頡利可汗。大業十一年（615）八月，煬帝再巡北塞，始畢可汗率騎數十萬，謀襲乘輿，義成公主得知，緊急通報消息，遣使告變。大業十四年（618），宇文化及殺煬帝，蕭皇后隨宇文化及軍到聊城，化及敗，陷沒於竇建德所轄境。唐高祖武德三年（620），突厥處羅可汗遣使迎煬帝孫楊政道，政道祖母蕭皇后隨之前往突厥。政道被突厥立為隋王，居於定襄，流亡突厥的百姓萬人奉之為主。[26] 唐太宗貞觀四年（630），唐擊潰東突厥可汗頡利，頡利的親信、昭武九姓胡康蘇密陪同蕭皇后和楊政道降唐，歸於京師。[27] 蕭皇后之居留突厥，長達十二年。這些記載讓人們看到隋唐之際南北互動，上層人員各以不斷變動中的名分相互往來的一些具體情節。

三、既稱皇帝、又稱天可汗的唐太宗：名副其實的華戎共主

西元 618 年，唐繼隋之後開國。在唐高祖李淵即位之前一年

25　〔宋〕司馬光，《資治通鑑》，卷 180，〈隋紀四〉，頁 5633-5634。
26　〔宋〕司馬光，《資治通鑑》，卷 188，〈唐紀四〉，頁 5878。
27　〔宋〕司馬光，《資治通鑑》，卷 193，〈唐紀九〉，頁 6071。

（617），為了與群雄爭奪天下，李淵曾北面向突厥稱臣；[28] 為時不久，李唐開國之後十三年，天下復歸一統，太宗貞觀四年（630），草原諸遊牧族群汗國的君長詣闕稽顙，群奉太宗為共主——「天可汗」。[29] 太宗既是中原農耕地區諸多族群的「皇帝」，又是北方和西域遊牧民族的「天可汗」。大漠南北形勢為之徹底改觀。

　　唐太宗貞觀三年（629），唐軍分六路對勢力強大的頡利可汗發動總攻。同年十二月，突厥的突利可汗迫於形勢首先入朝，太宗對侍臣說：「往者太上皇以百姓之故，稱臣於突厥，朕常痛心，今單于稽首，庶幾可雪前恥。」[30] 是歲，戶部奏報，自塞外歸來的中國人和突厥降附前後開四夷為州縣者，男女共達一百二十餘萬口。[31] 轉年，貞觀四年（630）正月，李靖自馬邑、李世勣自雲中出征；二月，大破頡利可汗於陰山，斥地至大漠，頡利被俘，部下紛紛率部眾投降，東突厥第一汗國亡。三月，「西北諸蕃」君長詣闕頓顙，籲請太宗上尊號為天可汗。太宗制曰：「我為大唐天子，又下行可汗事乎？」群臣及四夷君長咸稱萬歲，表示對唐廷的政治認同，於是太宗欣然接受「天可汗」的稱號，一身二任，是後以璽書賜西域、北荒君長，皆稱「皇帝天可汗」。[32] 諸蕃渠帥死亡者，也必由太宗詔冊立其後嗣。臨統四夷，自此始也。太宗為此深

28　〔宋〕司馬光，《資治通鑒》，卷 184，〈隋紀八〉，頁 5737-5738 頁；卷 193，〈唐紀九〉，頁 6067。

29　討論「天可汗」這一主題的最晚近文章，當是張哲僥，《天可汗體制 ＝ 盛唐？——「天可汗」研究的討論與省思》一文，2015 年 4 月 24 日發表於《史原論壇》：http://shi-yuan.blog.ntu.edu.tw。

30　〔宋〕司馬光，《資治通鑒》，卷 193，〈唐紀九〉，頁 6067。

31　〔宋〕司馬光，《資治通鑒》，卷 193，〈唐紀九〉，頁 6069。

32　〔宋〕司馬光，《資治通鑒》，卷 193〈唐紀九〉，頁 6073；〔後晉〕劉昫等撰，《舊唐書》（北京：中華書局，2002），卷 3，〈太宗本紀下〉，頁 39。關於唐太宗之接受天可汗稱號及其時間，詳見朱振宏，〈唐代「皇帝‧天可汗」釋義〉，收入朱振宏，《隋唐政治‧制度與對外關係》（臺北：文津出版社，2010），第 5 章，頁 183-208。

感自豪，認為這是洗雪李淵 617 年對突厥始畢可汗稱臣之恥。[33] 更為重要的是，太宗之稱天可汗，不僅僅標誌著唐王朝與突厥之間政治上的主從名分，而且以璽書冊立西域、北荒君長，體現唐與磧北蕃族的全新的政治關係：天子不僅是唐朝的皇帝，也是磧北蕃族的最高統治者。貞觀二十年六月，唐平薛延陀，太宗遣李世勣及敕勒九姓酋長趁熱打鐵，共圖薛延陀未降餘部，同時決定乘機親往靈州招撫。九月，太宗到達靈州，「敕勒諸部俟斤遣使相繼詣靈州者數千人」一致請求：「願得天至尊為奴等天可汗，子子孫孫常為天至尊奴，死無所恨。」[34] 可以說，「天至尊—天可汗」這一華戎雙元體制，到此終於定型。

　　講到這裡，須對華戎雙元這一體制做些必要的補充。（一）、在唐代，以天可汗見稱的並不是唐太宗一人。唐高宗以下，武則天、玄宗時期仍然維持著大一統的局面。大唐前期的君主在降璽書賜西域北荒君長，皆自稱「皇帝・天可汗」。[35] 唐玄宗、乃至代宗在與「西域北荒君長」往來的記載中，既被呼為天可汗，也自稱天可汗。[36] 玄宗之稱天可汗，今見於史籍中者多達七次。（二）、「天可汗」的稱號並非唐朝皇帝所獨有，草原遊牧帝國的君長一直保留著同樣的稱號，例如，後來的回紇諸部，同樣有登里可汗。登里，義為天，登里可汗者，當是漢語的天可汗也。及至契丹立國，耶律阿保機於 907 年焚柴祭天即位，「國人呼之『天皇王』。」[37] 這裡的國人當指契丹人，呼之為「天皇王」，意思當是

33　陳寅恪，〈論唐高祖稱臣于突厥事〉，《寒柳堂集》（上海：上海古籍出版社，1980），頁 97-108。「唐高祖所受突厥封號究為何名，史家久已隱諱不傳」，但比較當時李仲文被突厥封為「南面可汗」，劉武周被封為定楊可汗，梁師都被封為大度毗伽可汗，李子和被封為平楊可汗，則「高祖所受封號亦當相與類似，可無疑也。」

34　《資治通鑑》，卷 198，〈唐紀十四〉，頁 6240。

35　〔宋〕王溥，《唐會要》（北京：中華書局，1955），卷 73，頁 1312。

36　參見朱振宏，〈唐代「皇帝・天可汗」釋義〉，收入朱振宏，《隋唐政治・制度與對外關係》，頁 208，唐朝皇帝稱為「天可汗」一覽表。

37　〔宋〕葉隆禮，《契丹國志》（上海古籍出版社，1985），卷 1，頁 2。

遊牧民族的天可汗的漢文對譯。阿保機的兒子耶律德光稱帝前,也先自
「立為天皇王。」[38] 基於華戎雙元體制,916 年,阿保機還得再一次踐登
皇帝位,亦即按照漢地皇帝的儀禮踐阼。凡此種種,唐太宗之稱天可汗
並非孤立現象。回顧現代中國的形塑過程,始於唐太宗的這一華戎雙元
體制,其特徵在於體現了唐前期的實效統治——道、府、州、縣地方行
政體制和軍、鎮、守捉、城軍事指揮體系歸中原的唐廷直接發號施令,
羈縻府州制展示皇帝以天可汗的名分授權外緣的蕃長進行治理。這一華
戎雙元體制幾經形變,中經遼、金,傳遞到元、清兩代。

　　唐太宗不是僅僅採納天可汗這一稱號而已,他隨即循名責實,著
手推行相應的實際措施,使天可汗這一稱號不再徒具虛名。東突厥第
一汗國既亡,太宗立即與群臣討論了投降部眾的「區處之宜」,亦即如
何在邊境或內地妥善安插表示效忠的突厥、鐵勒、薛延陀等部眾。楊聯
陞先生曾經指出:「安置降胡一直是帝制時期的一個嚴重問題,當安置
過程涉及改變他們的生產方式時,尤其如此。」[39] 楊先生還指出:「幾乎
沒有學者注意到,賈誼也曾提出過一項積極政策,即把降胡分置於邊
界之外,每千家為一國,各有封地,按中國模式建立邊境地區的封建體
系。」[40] 今天看來,這一方案在歷史上見諸實施,當自唐太宗始。

　　在唐太宗的要求下,朝士紛紛進言:「北狄自古為中國患,今幸而
破之,宜悉徙之河南兗、豫之間,分其種落,散居州縣,教之耕織,可
以化胡虜為農民,永空塞北之地。」[41] 禮部侍郎李百藥以為安邊之長策

38　〔宋〕葉隆禮,《契丹國志》,卷 2,頁 11。

39　Yang, Lien-sheng,"Historical Notes on the Chinese World Order," in Fairbank, ed., *The Chinese World Order* (Harvard University Press, 1968), p. 29。譯文:杜繼東,〈從歷史看中國的世界秩序〉,收入費正清編,《中國的世界秩序》(北京:中國社會科學出版社,2010),頁 25。

40　Yang, Lien-sheng,"Historical Notes on the Chinese World Order," in Fairbank, ed., *The Chinese World Order*, p. 29。譯文:杜繼東,〈從歷史看中國的世界秩序〉,收入費正清編,《中國的世界秩序》,頁 25。

41　〔宋〕司馬光,《資治通鑑》,卷 193,〈唐紀九〉,頁 6075-6076。

是，今宜趁突厥離散，於定襄置都護府，並即署各部蕃長為其節度，使其各部不相統屬。中書令溫彥博以為「徙於兗、豫之間，是乖違物性，而非存養之道。欲救其死亡，授以生業，教之禮儀，數年之後，悉為吾民。選其酋長，使入宿衛，畏威懷德，何後患之有？」太宗卒用彥博之策，劃出東自幽州，西至靈州的北方邊塞之地安置突厥降眾。突利原來所統之地分置順、祐、化、長四州都督府；頡利之地分為六州，左置定襄都督府，右置雲中都督府。[42] 羈縻府州的轄境以部落的原來範圍為準，所以也就以原來部落酋長為都督、刺史，由朝廷頒發印信，並且世襲。太宗鑒於降隋的啟民可汗之子始畢可汗前恭後倨、終為隋患的教訓，決定不像隋煬帝那樣，再立任何突厥部落的酋長為可汗，[43] 而是改而任命之為都督、刺史。這一系列措施，當是唐代大規模設置羈縻府州的緣起。這個時期，被納入唐朝版圖的北方和中亞草原民族，為數實在不少。無數族群在政治歸屬上認同大唐之後，特別是內徙之後，大多被安置在漠南農牧接壤地帶混雜而居。

高宗永徽元年（650），唐擒車鼻可汗於金山，安置餘眾於鬱督軍山，設狼山都督府，至此，東突厥完全從屬於唐。同年，唐設單于、瀚海二都護府，分領都督府和府州。這樣一來，從太宗貞觀四年（630）到高宗永徽元年（650），二十年間，唐在四夷設置了一種不同於內地普通州縣的特殊行政區劃，《新唐書》地理志有專卷記載羈縻州，序言說：

> 唐興，初未暇於四夷。自太宗平突厥，西北諸蕃及蠻夷稍稍內
> 屬，即其部落列置州縣。其大者為都督府，以其首領為都督、
> 刺史，皆得世襲。雖貢賦版籍多不上戶部，然聲教所暨，皆邊

42　〔宋〕司馬光，《資治通鑑》，卷 193，〈唐紀九〉，頁 6075-6076。

43　〔宋〕司馬光，《資治通鑑》，卷 193，〈唐紀九〉，頁 6077。唐太宗明確地對始畢之子突利說：「我所以不立爾為可汗者，懲啟民前事故也。今命爾為都督，爾宜善守中國法，勿相侵掠！非徒欲中國久安，亦使爾宗族永全也！」

州都督、都護所領，著於令、式。……突厥、回紇、黨項、吐
谷渾隸關內道者，為府二十九，州九十。突厥之別部及奚、
契丹、靺鞨、降胡、高麗隸河北者，為府十四，州四十六。
突厥、回紇、黨項、吐谷渾之別部及龜茲、于闐、焉耆、疏
勒、河西內屬諸胡、西域十六國隸隴右者，為府五十一，州
百九十八。羌、蠻隸劍南者，為州二百六十一。蠻隸江南者，
為州五十一，隸嶺南者，為州九十二。又有黨項州二十四，不
知其隸屬。大凡府州八百五十六，號為羈縻云。[44]

引文中稱「著於令、式」，從太宗開始，唐代的律令文獻內出現了
「化內」、「化外」的區分，度支抄奏中對內附者所承擔的賦役也有了相
應的規定。[45]

太宗還聽從累官至中書令的溫彥博的建議，拜突厥歸降的酋長為將
軍中郎將，布列朝廷，五品以上百餘人，殆與朝士相半。是時，每見一
人初降，賜物五匹，袍一領；酋長悉授大官，祿厚位尊。入居長安的突
厥人將近萬戶。[46]

史書記載，貞觀後期，突厥俟利苾可汗有部眾十萬，勝兵四萬，
拋棄俟利苾，南渡黃河，請居處在勝州、夏州之間，太宗許之。群臣認
為，置突厥於黃河之南，距京師不遠，不能不做後慮。太宗的回答是：
「夷狄亦人耳，其情與中夏不殊。人主患德澤不加，不必猜忌異類。蓋
德澤恰，則四夷可使如一家。」[47]人們看到，太宗對歸順者極盡籠絡之能

44 〔宋〕歐陽脩等撰，《新唐書》，卷43下，地理7下，頁1119。
45 齋藤勝，〈唐代內附異民族への賦役規定と邊境社會〉，《史學雜誌》，第117卷
　　第3期（東京，2008.3），頁1-36；甘懷真，〈從《唐律》化外人規定看唐代國籍
　　制度〉，《早期中國史研究》，第3卷第2期，（臺北，2011.12），頁1-30頁；王義
　　康，〈唐代的化外與化內〉，《歷史研究》，2014年第5期，頁43-60。
46 〔宋〕司馬光，《資治通鑒》，卷193，〈唐紀九〉，頁6078；《貞觀政要》（臺北：河
　　洛圖書出版社，1975），卷9，〈議安邊第36〉，頁430。
47 〔宋〕司馬光，《資治通鑒》，卷197，〈唐紀十三〉，頁6215-6216。

事，并為自己具有厚待夷狄的胸襟非常自豪，他詢問侍臣「自古帝王雖平定中夏，不能服戎狄，朕才不逮古人而成功過之」的緣故，隨即自我總結說：「自古皆貴中華，賤夷狄，朕獨愛之如一，故其種落皆依朕如父母。」[48] 這一心態，很可能與他有先世出自北族的意識不無關係。至於唐廷處遇蕃官時有哪些外族要素的考慮，專任外族武官和技術官有哪些散、職、勳、爵的具體安排，不在此處論列。[49]

　　需要特別一提的是，唐太宗貞觀時期，隨東突厥降伏而一起南下，先後居住在河朔和鄂爾多斯（Ordos）一帶的靈、鹽、勝、夏地區的昭武九姓胡（粟特人）當亦不在少數。安胐汗所率部眾即達五千餘人。據洛陽出土《唐故陸胡州大首領安君（菩）墓誌》，安菩曾任六胡州大首領，管理唐廷安置在六胡州的突厥和粟特牧民。六胡州的粟特胡與有唐一代的歷史密切相關。在唐代突厥文毗伽可汗碑大銘文第 24 行中，六胡州有專門名稱，作 altï čub soγdaq。東突厥第二汗國（682-745）復興，默啜即向唐廷索取六胡州。玄宗開元九年（721），蘭池州胡康待賓誘諸降戶造反，有眾七萬，進逼夏州。[50] 安祿山作亂，六胡州也是他依靠的基本兵源之一。六胡州的粟特人從事畜牧業，保留放牧、騎射的聚落生活。同一地區一些進入農耕地段的粟特人可能鄉里化，有些粟特的鄉團聚落可能還沒有完全擺脫本族首領、大首領、薩寶的管轄。以六胡州為例，可以瞭解粟特人的多側面活動。直到 814 年，宰相李吉甫仍在請求憲宗恢復六胡州，「以備回鶻，撫黨項。」[51]

　　唐在周邊地區設立羈縻府州，這是此前歷代沒有充分實施過的制度。隨著歸附族群被允許入居內地，唐朝對寄治在內地州縣境內的歸附族群的控制也更嚴密。對距離較遠的，例如漠北和蔥嶺以東的羈縻州則

48　〔宋〕司馬光，《資治通鑑》，卷 198，〈唐紀十四〉，頁 6247。
49　詳見：池田溫，〈唐朝處遇外族官制略考〉，收入唐史研究會編，《隋唐帝國と東アジア》（東京：汲古書院，1979），頁 251-278。
50　〔宋〕司馬光，《資治通鑑》，卷 212，〈唐紀二十八〉，頁 6745。
51　〔宋〕司馬光，《資治通鑑》，卷 239，〈唐紀五十五〉，頁 7704。

立原來首領或國王為刺史或都督，使各族群首領處理各自的民政。與此同時，在邊境地區，唐廷則建立一套由軍、鎮、守捉、城組成的軍政體系，以保衛邊境和內地的安全。自則天武后長壽（692-693）以來，在天山南北、蔥嶺東西各羈縻州府所在地又設統率漢軍兵馬的鎮守使。這就在設有當地民族的都督或刺史的地方，又有節度使派來的節度副使、鎮守使的存在。這樣，一些地方就出現了一種胡漢結合的軍政體制。例如，則天武后長安二年（702），沙陀部落進入金滿州，玄宗先天元年（712），沙陀部落為躲避吐蕃而遷到北庭，朱邪部落遷到西州。《舊唐書・地理志三》載：「金滿州都督府……已上十六番州，雜戎胡部落，寄於北庭府界內，無州縣戶口，隨地治畜牧。」吐魯番出土的一件文書《開元十六年朱邪部落請紙牒》（大谷文書5840），[52]顯示朱邪部落轉到西州後產生的變化，要請紙筆，說明其部落內部已起碼不單純是「隨地治畜牧」，而是也按唐制規定或是造籍計帳，或是記錄馬羊互市等等。

正是由於華戎雙元體制日益定型，唐代隨之大規模起用蕃將。《新唐書・諸夷蕃將傳》為出身於突厥、鐵勒、百濟、高麗、靺鞨、吐蕃、于闐、疏勒等蕃部名將二十一人列有專傳，另外，出身於哥舒部、僕固部、契苾部、渾部、奚、契丹、沙陀、昭武九姓雜胡、羌、黨項等的入朝蕃將和在地、在蕃的蕃將附見於他人列傳和史文者無法計數。可以說，從李唐的創業開國到皇朝末期平叛、定難，唐廷政權存續所依賴的武裝主力無一不是蕃將。關於唐代的蕃將，前期蕃將與後期蕃將也大有區別，太宗朝的蕃將乃部落酋長，玄宗朝的蕃將多是寒族胡人，詳見陳寅恪〈論唐代之蕃將與府兵〉一文。到了晚期，與後期更有分別。對蕃將群體作通體性的考察之外，若再對不同時期的代表人物，例如，對契苾何力、安祿山、哥舒翰、僕固懷恩等人做個案研究，當更可以理解，唐代華戎雙元體制下不同族屬的藩將在華夷既對立、又融合過程中如何

52 〈開元十六年朱邪部落請紙牒〉，參看李方，《唐西州行政體制考論》，第五章第一節，轉引自：樊文禮，《李克用評傳》（濟南：山東大學出版社，2005），頁5-6。

各自分別定位，在怎樣的政治局勢和社會情景中各自做出不同的反應和抉擇。

　　唐朝前期，為了衛護關中，唐廷竭盡全力防範突厥與吐蕃二蕃的聯合。在高宗、武后、玄宗時期，唐朝被迫把防守重點放在河西、隴右，嚴防突厥和吐蕃這兩大勢力聯手，威脅唐朝的腹心地區─關隴一帶。靠著崔融、郭元振、唐休璟等內外能臣武將，特別是借助於一大批蕃將的效力，大唐以設置安西都護府，下轄四鎮，穩住了對大西北的統治。同樣，大唐設置安北都護府，作為唐朝漠北地域的最高軍政管理機構。因應形勢的變化，安北都護府在其存在期間曾經三更其名、八遷其治。起初，安北都護府稱「燕然都護府」，創建於貞觀二十一年（647）四月，統管磧北地區的六府七州。治所在「故單于台」（今烏拉特中旗駐地西南、狼山北麓），據《元和郡縣圖志》，地址在張仁願於景龍二年所築西受降城東北 40 里處。唐高宗龍朔三年（663）二月，燕然都護府自「故單于台」遷往磧北的回紇部居地「瀚海都督府」，其地當在今蒙古共和國哈爾和林西北、鄂爾渾河西側。燕然都護府改稱：「瀚海都護府」。這是第一次更名。總章二年（669）八月，瀚海都護府再度更名為「安北都護府」。安北之名此年起用，治所仍在瀚海都督府，此乃第二次更名。唐肅宗至德二載（757），安北府改名「鎮北都護府」，這是它的第三次改名。安史亂後，都護府、都督府建制隨同羈縻制度逐步消失。

　　長期的交往，必然帶來長期的相互的影響。據學者考證，基於對突厥可汗號體制的瞭解，唐高宗所賜蕃長的可汗號的前面都加尊號，例如，西突厥阿史那彌射的尊號為興昔亡可汗、阿史那步真為繼往絕可汗。53 武后先是令步真之子斛瑟羅襲封繼往絕可汗、尋改封竭忠事主可汗；54 另對突厥默啜則賜為遷善可汗、立功報國可汗。55 對突騎施別種蘇

53　〔唐〕杜佑，《通典》，卷 199，頁 5460。
54　〔唐〕杜佑，《通典》，卷 199，頁 5461。
55　〔唐〕杜佑，《通典》，卷 198，頁 5435。

祿，唐玄宗冊立之為忠順可汗，[56]如此等等。中唐之後，唐廷賜予回紇等
部族可汗號，皆援引這些先例。由於華夷長期交往，北方蕃部的這一慣
例，亦即可汗稱號之前都加系列尊號的做法，也影響了漢地。[57]唐高宗
時發端的皇帝尊號制度，當是突厥等北方民族政治文化影響下的產物。
唐中宗由群臣上皇帝尊號為應天皇帝。[58]唐玄宗在位期間，五次「上
尊號」、「加尊號」，在開元皇帝或開元天寶皇帝稱號之上逐次再加「聖
文」、「神武」、「孝德」、「證道」等形容修飾詞作為尊號。[59]

　　日益定型的華戎雙元體制，還反映在唐朝皇陵的陵制上面。唐建國
伊始，即著手追改祖先四世的墳墓為帝陵，陵前設置石像。十有八九，
這一前所未有的制度是高祖、太宗時代從外引入的，模仿突厥可汗墓的
大型陵園中所立的 balbal（kurgan stelae，陪葬石像，此詞可能來自突
厥語，義為祖先或祖父）。[60]史載，太宗葬於昭陵，唐高宗一即位，為
了「闡揚先帝徽烈」，即將太宗擒服的蠻夷君長頡利等十四人，「琢石為
其像，刻名，列於（昭陵的）北司馬門內」。[61]705 年，武后駕崩，武后

56　〔唐〕杜佑，《通典》，卷 199，頁 5463。

57　李淵被封可汗的尊號為史臣所遮掩，已無從考知。隋唐之際，李仲文、劉武周等
　　臣服突厥，突厥封為可汗，可汗名銜之前有南面、定楊、大度毗伽等字樣，當
　　是可汗的尊號。李淵的可汗號之前的尊號雖已無從考知，想來與南面、定楊、大
　　度毗伽（解事）等大致相仿，體現始畢為君、李淵為臣的性質。參見：*Sanping
　　Chen, Multicultural China in the Early Middle Ages*, pp. 4-38。

58　〔宋〕司馬光，《資治通鑑》，卷 280，〈唐紀二十四〉，頁 6596。

59　詳見：羅新，〈從可汗號到皇帝尊號〉，《唐研究》（北京：北京大學出版社，
　　2004），第 10 卷；再收於羅新，《中古北族名號研究》（北京：北京大學出版社，
　　2009），頁 225-237。

60　詳見沈睿文，〈陵園佈局的分類及演變〉，收入沈睿文，《唐陵的佈局——空間與秩
　　序》（北京：北京大學出版社，2009），頁 191-226，第四章；陳凌，〈突厥與唐帝
　　陵的相互影響〉，收入陳凌，《突厥汗國與歐亞文化交流的考古學研究》（上海：上
　　海古籍出版社，2013），頁 69-87，第 3 章第 1 節。

61　〔宋〕司馬光，《資治通鑑》，卷 199，〈唐紀十五〉，頁 6269。據記載，昭陵北司
　　馬門內的十四國蕃王石像為：1. 突厥頡利可汗、右衛大將軍阿史那咄苾；2. 突厥
　　突利可汗、右衛大將軍阿史那什缽苾；3. 突厥乙彌泥熟俟利苾可汗、右武衛大
　　將軍阿史那思摩；4. 突厥答布可汗、右衛大將軍阿史那社爾；5. 薛延陀真珠毗伽

生前自己決定與高宗合葬於乾陵，乾陵前也樹立了蕃臣石像。乾陵蕃臣
像多達 64 尊，今存 61 尊，所有石像均有銜名。[62] 看來，中國帝陵前設
置蕃臣石像當始於昭陵，據說，唐代泰陵、崇陵、莊陵、簡陵前也有類
似遺跡。唐代歷朝皇帝二十一位，皇陵二十座，至少有十座立置蕃人石
像。[63] 又，兩《唐書》中留下了不少文武重臣陪葬帝陵的記錄，陪葬帝
陵是一種寵遇。入葬於唐太宗的昭陵陪葬區的皇親國戚與華夷重臣 184
位，重臣以中書令溫彥博為首，蕃長以右武衛將軍阿史那（李）思摩領
先。

　　唐代前期的皇帝既是皇帝，又是天可汗，當然，陪葬帝陵這一寵遇
可以同時既施與內地重臣，也施與四裔蕃長、蕃臣。

四、唐太宗之修貞觀《氏族志》

　　李唐血統既然源自邊塞六鎮胡族，唐太宗終不免對山東及關中人
有某些看法，他曾在一次筵席上論及山東及關中人，「意有同異」。殿
中侍御史張行成進諫：「天子四海為家，不容以東西為限，是示人以隘
矣。」[64] 很遺憾，有關推斷唐太宗這方面心態的史料存世太少。

　　貞觀六年（632），唐太宗著手改造社會上層的身份結構。他看到，

可汗；6. 吐蕃贊府松贊幹布；7. 新羅樂浪郡王金真德；8. 吐谷渾烏地也拔勤豆可
　汗；9. 龜茲王訶黎布失畢；10. 於闐王伏闍信；11. 焉耆王龍突騎支；12. 高昌王麴
　智勇；13. 林邑王范頭利；14. 婆羅門帝那伏帝國阿羅那順。

62　陳國燦，〈唐乾陵石人像及其銜名的研究〉，《文物集刊》，1980 年第 2 集，頁 189-
　　203；再收入陳國燦，《突厥與迴紇歷史論文選集》（北京：中華書局，1987），上
　　冊，頁 375-407 頁。同可參見陳凌，《突厥汗國與歐亞文化交流的考古學研究》，
　　頁 69-77。

63　陳凌，《突厥汗國與歐亞文化交流的考古學研究》，頁 70。

64　〔後晉〕劉昫等撰，《舊唐書》，卷 78，〈列傳第二十八〉；〔宋〕歐陽脩，《新唐
　　書》，卷 140，〈列傳第二十九〉，張行成傳。陳寅恪，《唐代政治史述論稿》，頁
　　18。

入唐之後，各地士族集團的政治地位已經無從與執政的李唐皇室相比，但是，由於習慣勢力根深蒂固，四個地域集團依然各自有所矜尚：山東士族尚婚姻，江左士族尚人物，關中士族尚冠冕，代北士族尚貴戚。其中山東郡姓以崔、盧、李、鄭、王為大，關中亦號郡姓，以韋、裴、柳、薛、楊、杜為大，代北則有虜姓，以元、長孫、宇文、於、陸、源、竇（紇豆陵）為大，過江僑姓以王、謝、袁、蕭為大，東南吳姓以朱、張、顧、陸為大。各氏族之所以依然各以名族相標榜，目的在於保持他們固有的社會地位。但令唐太宗不能容忍的是，身邊的大臣房玄齡、魏徵、李勣等人爭相與山東士族聯姻，這等於表明山東士族的社會地位或社會聲望仍然凌駕於皇室李氏之上。而且即便是衰落的門第，他族若想與之聯姻，也要被高高討價，多付財幣。這表明，從魏晉南北朝以來，社會看重的是士族，士族勢力牢固，山東士族依然憑藉昔日崇尚一婚一宦的習俗，維護著他們的社會地位。而一婚一宦，也就是做官和成婚，都以簿狀和譜牒為依據。面對這樣的現實情況，唐太宗提出舊日譜牒「既輕重失宜，理須改革」。[65] 他命令吏部尚書高士廉、御史大夫韋挺、中書侍郎岑文本、禮部侍郎令狐德棻遍責天下譜牒，與史籍核對驗證，考其真偽，第其甲乙，「刊正姓氏」，褒進忠賢，貶退姦逆。根據《冊府元龜》的〈帝王部・帝系門〉、《新唐書》卷七十上〈宗室世系表〉等典籍的記載，李唐應當自有譜牒，太宗現在面對的問題是必須重修譜牒，以確定李唐與其他氏族的相對次第，李唐上代所屬的外來胡族姓氏必須被置於最高等第，無論如何，皇室不能處於相對受到輕視的位置。

　　貞觀十二年（63），《氏族志》修成並呈上。看來高士廉等人並沒有體會皇帝的意圖，仍然將山東士族崔民幹列為第一等。唐太宗看後，大為不滿，做出如下的指責：

　　……（北齊）高氏偏據山東，梁、陳僻在江南，雖有人物，

65　〔唐〕吳兢，《貞觀政要》，卷 7〈禮樂第二十九〉，頁 352。

蓋何足言！況其子孫才行衰薄，官爵陵替，而猶印然以門地
自負，販鬻松檟，依託富貴，棄廉忘恥，不知世人何為貴之！
今三品以上，或以德行，或以勳勞，或以文學，致位貴顯，彼
衰世舊門，誠何足慕！而求與為昏，雖多輸金帛，猶為彼所偃
蹇，我不知其解何也！今欲釐正訛謬，捨名取實，而卿曹猶以
崔民幹為第一。是輕我官爵而徇流俗之情也。[66]

　　太宗接二連三地發問：對山東江南人物及其子孫，「不知世人何為
貴之」；對「彼衰世舊門，誠何足慕」；對多輸金帛以求婚姻而仍遭蔑
視，「我不知其解何也」。他命高士廉等重新刊定，並指示「不須論數世
以前」，「專以今朝品秩為高下」，頒行天下。此外，太宗明確規定，皇
室的諸王、公主皆取勳臣家，不議山東之族。

　　新修訂的《氏族志》貫徹了唐太宗的指示，收錄「凡二百九十三
姓，一千六百五十一家」，「不須論數世以前，止取今日官爵高下作等
級」。分為九等，以皇族為首，外戚第二等，崔民幹被降為第三等。

　　唐太宗修《氏族志》，表面上的理由是原來的氏族分等「輕重失
宜，理須改革」，實際上這並不是理由的全部。在魏晉南北朝時，譜籍
是選官的根據，根據歷代做官的情況劃分門第，列為門閥的，皆累世冠
冕之家。貞觀《氏族志》打破傳統，劃分門第等級不再考慮過去做官
經歷，只以當朝（唐朝）的職、散、勳、爵的品秩為高下的憑據。這就
是，在肯定氏族高卑、士庶有別的前提下，專據今朝的品秩，變更以往
的門第等級。實質上這是建立以李唐皇室為首，以今朝新貴為主體的新
的身份秩序。

　　高宗永徽六年（655）立武則天為后。顯慶四年（659）六月，高
宗根據武則天心腹許敬宗、李義府等人的建議，詔改《氏族志》為《姓
氏錄》，命令禮部侍郎孔志約、著作郎楊仁卿、太子洗馬元道、太常卿

66　〔宋〕司馬光，《資治通鑑》，卷195，〈唐紀十一〉，頁6136。

呂才等十二人重修譜牒彙編，比類升降，以后族為第一等，其餘悉以仕唐官品高下為準，凡九等。高宗親自撰寫書序，說明類例。新譜共收二百四十五姓、二千二百八十七家。[67] 當時，五品以上職事官得以錄入，而舊士族未在當朝任五品以上官者均被摒棄於外。於是兵卒中以軍功致位五品者得預士流，譜中赫然有名，因遭時人非議，貶稱之為「勳格」。實際上，修訂《姓氏錄》，關鍵仍在壓抑山東舊家的等第，抬高皇室的聲望與地位，而不是通過《姓氏錄》提升應舉成功的明經、進士等新貴的身份。隋代創始科舉考試，經過唐代，這一憑才錄用，選拔新菁英階層的制度漸趨完善。晚唐的牛李黨爭，在一定程度上反映傳統士族與靠科舉發跡的人物之間的矛盾，但以科舉充實文官體系，取代魏晉以來北方氏族的門第世襲制度，需待北宋方才大功告成。

貞觀《氏族志》和高宗《姓氏錄》遠遠未能破除魏晉以來延續多年的門第觀念。山東崔、盧、李、鄭等大族仍然堅持傳統的家門風教，在婚姻上自矜高貴。魏徵、房玄齡、李勣家仍然盛與為婚，因而舊望不減，終不能禁。受到重視的是他們的社會地位，就連建議修訂《姓氏錄》的李義府也自稱出於趙郡李氏來抬高自己。薛元超謂所親曰：「吾不才，富貴過人。平生有三恨：恨始不以進士擢第，不娶五姓女，不得修國史。」[68] 所謂五姓女，指的是清河或博陵崔氏、范陽盧氏、趙郡或隴西李氏、滎陽鄭氏、太原王氏。據《新唐書》〈宰相世系表〉，出任宰臣的九十八族三百六十九人中，崔、盧、李、鄭四姓即占六十六位，五分之一弱；異族者有十一姓二十三人。

從貞觀六年（632）到宣宗大中六年（852）二百多年間，唐人撰修氏族譜牒的的工作一直沒有間斷。[69] 其中最重要的當然是玄宗開元二年

67　〔宋〕司馬光，《資治通鑑》，卷 200，〈唐紀十六〉，頁 6315-6316。

68　〔宋〕王讜撰，周勛初校正，《唐語林》（北京：中華書局，1997），卷 4，頁 384。

69　詳見：〔宋〕王溥，《唐會要》（臺北：世界書局，1963），中冊，卷 36，「氏族」條，頁 663-666；又見王溥撰，牛繼請校證，《唐會要》（西安：三秦出版社，2012），卷 36，「氏族」條，頁 570-573。

（714）柳沖等人重修的《姓氏系錄》。代宗上元年間完成《唐歷》四十卷的柳芳留下綜述氏族門第的論著，可惜今天只能夠在《新唐書》卷一九九〈柳沖傳〉中略見其被引用的殘文。值得注意的是，有唐一代，一方面，皇家與氏族聯姻情況所在多有，另一方面，儘管皇家自視甚高，李唐上代所屬的外來胡族姓氏被安置在《氏族志》中的最高等第，但是，在社會實際生活中，高門甲第不願於皇室聯姻的事例屢見不鮮。這實際上反映了不同族群在習俗上的融合仍然存在問題，李唐帝室殘留著祖輩的一定習俗，使之與士族的衣冠風教之間存在隔閡。例如，唐文宗為莊恪太子選妃，朝臣家子女悉令進名，中外為之不安。上知之，謂宰臣曰：「朕欲為太子求汝、鄭間衣冠子女為新婦」，「朕是數百年衣冠」，「如聞朝臣皆不願與朕作親情，何也？」[70] 最典型的是鄭顥的事例。鄭顥，祖籍河南榮陽，出身崔、盧、李、鄭、王的山東舊族，首冠進士及第。唐宣宗有愛女萬壽公主，特選鄭顥尚之。嫁前，宣宗特地叮囑執婦禮當如臣庶，不得輕視夫族，不得干預時事。鄭顥的弟弟鄭顗曾得危疾，帝遣使視之。還，問：「公主何在？」曰：「在慈恩寺觀戲場。」帝怒，歎曰：「我怪士大夫家不欲與我家為婚，良有以也！」亟召公主，責之曰：「豈有小郎病不往省視乃觀戲乎？」由是貴戚皆守禮法如衣冠之族。[71]

　　到了殘唐五代，經唐太宗著手改造的魏晉南北朝以來華夷雙元社會的上層人士的身份結構，由於持續不斷的劇烈的社會動盪而終於臨近它的徹底變革時期。874 年之後幾次全國性的盜匪團夥流竄之亂，880 年黃巢攻入長安，世家大族備受摧殘，門第勢力加速淪落。但真正標誌閥閱制度之覆滅的，當是 905 年的白馬驛事件。朱溫於 902 年領兵入關，

---

70 〔宋〕王讜撰，周勛初校正，《唐語林》，卷 4，頁 368-369。原文作「文宗為莊恪太子選妃，朝臣家子女悉令進名，中外為之不安。上知之，謂宰臣曰：『朕欲為太子求汝鄭間衣冠子女為新婦，扶出來田舍黝黝地，如聞朝臣皆不願與朕作親情，何也？朕是數百年衣冠，無何神堯打朕家事羅訶去。』遂罷其選。」
71 〔宋〕司馬光，《資治通鑒》，卷 248，〈唐紀六十四〉，頁 8036。

打敗李茂貞，控制了唐朝政權。朱溫脅迫昭宗，遷都洛陽。隨後在904年，殺昭宗，立昭宣帝。朱溫為了篡位，依靠他的心腹和親信柳璨、李振，清除了朝內老臣、舊日貴族等妨礙他篡位的社會勢力。昭宣帝天祐二年905年6月，會有星變，柳璨建議宜以聚徒橫議、怨望腹非之輩塞災異。唐潞州節度使李抱真的曾孫李振，在咸通、乾符年間屢舉進士不第，憤懣情緒壓抑已久，也對朱溫說：「朝廷所以不振，良由衣冠浮薄之徒紊亂綱紀。」「此輩自謂清流，宜投於黃河，永為濁流。」朱溫笑而從之。左僕射裴樞、清海軍節度使獨孤損、右僕射崔遠以下朝中官員「衣冠清流」三十餘人被集中在滑州白馬驛，假敕賜自盡，傍晚將他們全部處死，投屍於黃河。史稱「白馬之禍」。[72]「白馬之禍」不僅是朱溫篡位之前對唐朝舊臣的一次大掃除，更重要的是標誌中國歷史上門閥貴族時代的終結。

五、安史之亂（755-763）唐代後期邊塞族群的漸次建國

　　上文敘及，唐朝開國，立國之本首先是捍衛關中，以策京城長安的安全。唐高祖在位時期的武德兵制，力求回復隋文帝開皇之舊，府兵制下的折衝府集中佈置於關中，天下十道，置折衝府六百三十四，而關內有其二百六十一。太宗、高宗時期，大局未變。武則天臨朝，長壽元年（692），武威軍總管王孝傑等大破吐蕃，復取龜茲、于闐等四鎮，恢復安西都護府，設之在龜茲，用漢兵三萬人加以鎮守。這一戰略性的成就遮斷了西北「二蕃」——吐蕃與突厥第二汗國之間的聯繫，鞏固了唐在西北疆的地位，進而保衛了京城所在的關中。

　　然而，也正是武后當政時期，繼西北「二蕃」而崛起的是東北「二虜」——庫莫奚（簡稱奚〔Tatabï / Qay〕與契丹〔Qitay / Khitay /

72　〔宋〕司馬光，《資治通鑑》，卷265，〈唐紀八十一〉，頁8642-8643。

Khitan〕）。奚與契丹趁高句麗的衰落而興起於松漠之間，成為北方的一支強大勢力。奚、契丹人作戰勇敢，戰術多變，善於誘敵深入，進行伏擊。為了防禦奚、契丹，唐廷不得不將防禦重點從西域逐步向代北和東北轉移。可以說，自武后當政時期起，大唐主要邊患漸漸從西北轉到了東北。

睿宗景雲（710-711）時，唐廷因邊疆形勢的演變而授予西域、松漠地區的軍事重鎮的軍事長官以節度使的稱號。

712 年，唐玄宗即位，時距開國將近百年。玄宗在位前期，海內承平，朝廷處理日常政務，有隋唐不斷修訂和頒布的律令格式以及從中演變而來的一整套典章制度作為依據，又有一批治事的能臣輔弼，公共權力的運作備受贊美。但是，玄宗「開元」年間，邊境上已然開始不時發生變亂。開元九年（721），上文提到的靈、夏地區的六胡州（黃河河套內外的魯、麗、舍、塞、依、契六州）爆發以從事畜牧業為主的昭武九姓（粟特）胡的叛亂。此次叛亂，靠王晙、張說平定。[73]

陳寅恪先生曾說：「凡居東北與河朔有關之胡族如高麗、東突厥、回紇、奚、契丹之類移居於與其部落鄰近之地，如河朔區域，自有可能，而于事理亦易可通者也。獨中國東北隅河朔之地而有多數之中亞胡人，甚為難解。」[74] 關於這一點，由於近年人們得到有關中亞的粟特胡人的文物資料日益增多，人們越來越瞭解聚居於「東北與河朔」的中亞胡人的情況。

據阿拉伯編年史家塔巴里（Aṭ-Ṭabarī）記述，在五至七世紀，在錫爾河（Syr-Darya）與阿姆河（Amu-Darya）之間的粟特本土，大量湧現城鎮。在六世紀六十年代，西突厥聯合薩珊波斯的力量，從嚈噠

73　有關唐高宗調露初年於關內道北部、靈州夏州之間，設立六胡州及其與突厥化粟特人聚落的關係，詳見李丹婕，〈唐代六胡州研究述評〉，《新疆師範大學學報》，2004 年第 4 期，頁 102-107。

74　陳寅恪，《唐代政治史述論稿》，頁 50。

人（Ephthalites）手裡奪取了撒馬爾干（Samarkand），導致傳說中的
Abrui 統治粟特時期出現一次新的移民潮，[75] 粟特移民沿著今天的七河流
域（Semirechie）地區東進，沿途建設移民城鎮，最知名的當屬熱海以
南的碎葉城。此後，再經過塔里木盆地或準葛爾盆地的沿邊通道或進入
河西走廊，或進入漠北，源源不斷地東向遷移。粟特人特別是以經營轉
販貿易的興胡或商胡、賈胡而知名，並以工匠、歌舞雜技藝人身份在不
同空間扮演不同角色。唐代早期，除長安和洛陽兩京之外，粟特人喜歡
居住的城鎮還有高昌（吐魯番的首府）、哈密、敦煌、肅州（酒泉）、甘
州（張掖）、涼州（粟特語 Kc'n，漢文轉寫為姑臧，今武威）、金城（今
蘭州）、原州（今固原），一直東到營州。關於粟特胡的東西往來的交通
路線，可以部份參照《新唐書・地理志》撮記唐德宗貞元時期宰相賈
耽（730-805）所撰《皇華四達記》中留給我們的唐代通向四夷的交通
要道。吐魯番和敦煌出土的各種文獻中大量粟特人名也證實了這一點。
吐魯番文書中的一份 707 年的名籍，列出住在西州的崇化鄉的粟特居
民[76]。敦煌的城東一里有座安城，安城中粟特人口更為密集。藏於巴黎的
三份差科簿文書（伯希和收藏品編號 P.3018，P.2657 和 P.3559），列出
八世紀中葉敦煌東廂「從化鄉」的成人差科勞役和為地方官府服役的工
作。[77]

　　712 年，在撒馬爾干，康國城主在大食大軍壓境下被迫簽訂「城下
之盟」，712 年條約標誌粟特人在本土失國的開端。755 年舉起叛旗的安
祿山、史思明等，是失去故土的粟特人與突厥等東方族群人混生的營州
雜胡，這一點不同於魏晉南北朝時代東來的粟特社群的移民。

75　J. Marquart, *Êrânsahr nach der Geographie des Ps. Xorenac'i*, Berlin, 1901, 309; B. I.
　　Marshak, "Sogdiana,"chapter X in *History of Civilizations of Central Asia*, vol. III, 1996,
　　Paris: UNESCO Publishing, p. 236.
76　《吐魯番出土文書》（北京：文物出版社，1986），第 7 冊，頁 468-485。
77　鄭炳林，《唐代敦煌粟特人與歸義軍爭權》，《敦煌研究》，1996 年第 4 期，頁 80-
　　88。

　　商胡網絡之外，粟特人也大量進入靈州、鹽州境內的半遊牧地區，在遊牧族群中結成精於騎射的武裝部落，以為唐廷畜養馬匹為營生。他們又有經商經驗和書寫能力，成為遊牧部落酋長的得力助手，與遊牧部落魁首建立一種互謀利益的共棲共生（symbiosis）關係。此外，遼河流域也多處有粟特人與漢人、突厥、鶻、契丹、沙陀形成一種混居的多族群混居聚落。唐廷還在與不同文化區毗連的區域，特別是在邊境上的某些交通要衝，招輯商胡，為立店肆。例如，玄宗開元五年（717），奚、契丹款塞歸附，玄宗思復舊宇，詔宋慶禮營建柳城（今遼寧朝陽）的營州，進而經營營州，詳見 2007 年春發現的《唐工部尚書宋慶禮墓誌銘》中的記載。[78] 又，營州有粟特胡，還見於唐顏真卿撰康阿義屈達干碑。[79] 碑主康阿義屈達干可能原籍康國（今烏茲別克斯坦撒馬爾干），先祖遷居漠北，四代皆任突厥顯官。其高祖任東突厥國頡利可汗的部落都督，祖父為突厥可汗的駙馬、帶兵為設，父親官為頡利發，是墨啜可汗（默啜可汗）的衙官。康阿義達干先後曾任頡跌利施可汗、默啜可汗的屈達干（宰相）。東突厥汗國滅亡時，天寶元年（742）降唐，康阿義率部眾來營州居住。安祿山、史思明等同六蕃語的營州雜胡，就是成長在這樣生態環境中成長的粟特與突厥人的混血兒。

　　開元二十年（732），唐玄宗以幽州節度使兼河北採訪處置使，并使之增領衛、相等十六州及安東都護府。[80] 唐朝由此在東北地區建立了以幽州節度為中心的軍事體制，其主要防禦對象就是契丹、奚二虜。開元末年，安祿山接幽州節度使任，作為唐玄宗信賴的節度使，安祿山以

78　喬登雲，〈唐工部尚書宋慶禮墓誌銘考辨〉，收入杜文玉主編，《唐史論叢》（西安：陝西師範大學出版社，2013），第 16 輯，頁 134-161。2007 年，邯鄲修建高速公路的施工期間發現唐工部尚書宋慶禮墓誌，墓誌的內容補充了正史有關宋慶禮經略營州和治理營州的記載。

79　全稱為《特進行左金吾大將軍，上柱國，清河郡開國公，贈開府儀同三司，兼夏州都督，康公神道碑》，《顏魯公集》錄其文，總計 164 字。

80　〔宋〕司馬光，《資治通鑑》，卷 213，「玄宗開元二十年」條，頁 6799。

與奚、契丹等松漠部落打交道起家。安祿山與契丹人作戰，也有多次敗仗的記錄，甚至一度幾乎喪命。但是，越來越頻繁的戰事給安祿山的崛起提供了的機會。到玄宗天寶初，唐代陸續建立的節度使達到十個，即平盧、范陽、河東、朔方、河西、隴右、北庭、安西、劍南、嶺南。這些節度使又稱方鎮、藩鎮、節鎮，下轄數州，乃至十數州不等。而其甲兵，從將領到士卒都是胡漢多族的混合，所有節鎮的指揮權都交到了胡人武將手中。唐代軍政制度上的這一巨大變化，被司馬光僅僅解讀為李林甫的個人專寵固位之謀。

> 自唐興以來，邊帥皆用忠厚名臣，不久任，不遙領，不兼統，功名著者往往入為宰相。其四夷之將，雖才略如阿史那社爾、契苾何力猶不專大將之任，皆以大臣為使以制之。及開元中，天子有吞四夷之志，為邊將者十餘年不易，始久任矣；皇子則慶、忠諸王，宰相則蕭嵩、牛仙客，始遙領矣；蓋嘉運、王忠嗣專制數道，始兼統矣。李林甫欲杜邊帥入相之路，以胡人不知書，乃奏言：「文臣為將，怯當矢石，不若用寒畯胡人；胡人則勇決習戰，寒族則孤立無黨，陛下誠以恩洽其心，彼必能為朝廷盡死。」上悅其言，始用安祿山。至是，諸道節度使盡用胡人，精兵咸戍北邊，天下之勢偏重，卒使祿山傾覆天下，皆出於林甫專寵固位之謀也。[81]

天寶二載（743），安祿山初入長安，交好於當時得寵的外戚楊氏全家，並同楊國忠一起誣告李林甫同阿布思謀反，[82] 於是，楊國忠取李林甫而代之，安祿山則掌控了阿布思的部落兵。天寶十載（751），安西四鎮節度使高仙芝與黑衣大食戰於怛邏斯（Ṭalas），敗績；同年，安祿山

81　〔宋〕司馬光，《資治通鑑》，卷216，〈唐紀三十二〉，頁6888-6889。
82　〔宋〕司馬光，《資治通鑑》，卷216，「玄宗天寶十二載」條，頁6917-6918。

兼領雲中太守及河東節度使。[83] 這也就是說，天寶十載，與唐朝在中亞的形勢逆轉之同時，安祿山身在幽州，被唐朝政府任命為范陽、平盧、河東三鎮節度使，專制三道。隨著安祿山兼署三節度使，他以中亞故土流行的親兵——柘羯（chakir）、從松漠地區收編的精銳兵團曳落河、從六胡州招募來的粟特胡、新掌控的阿布思部落兵等多種類型武裝集團組成他的核心部隊。天寶十三載，安祿山兼任閑廄、隴右群牧等使。[84] 這些職務在開元初本由唐玄宗本人所領，後一度由禁軍將領擔任，安祿山此時兼任此職，他的勢力在兼併河東的基礎上又擴展到隴右。為了抵禦北方民族的南下，唐朝政府只能依靠安祿山麾下的胡人士兵的強大戰鬥力。終於，唐玄宗天寶十四載（755）11 月，安祿山動員部下親兵及同羅、奚、契丹、室韋凡十五萬眾，號稱二十萬，反於范陽，安史之亂（755-763）爆發。這是以粟特雜胡為首領的多族軍事群體謀求奪取中原地區政權的初次嘗試。

安祿山反叛的次年正月初一，自稱大燕皇帝，改元聖武。肅宗至德二載（757）春正月，安祿山為其子安慶緒和親信閹宦李豬兒所殺。肅宗乾元二年（759），史思明殺安慶緒，自稱大燕皇帝，改元順天。肅宗上元二年（761），史思明又為其子史朝義所害。安史之亂持續時間超過 7 年又 3 個月。[85]

唐肅宗在安祿山反叛後的次年（756）即位，時唐朝的東西二京已經陷落敵手。肅宗急於收回東西兩京，因實力不足而不得不向回紇汗國借兵平叛。當時回紇在位的是第二任可汗「葛勒可汗」（?-759）。看來，回紇當時並不謀求趁機佔領唐朝治下的領域，而只是在物質方面取得最大好處。回紇派遣騎兵來援。唐肅宗對回紇軍統帥葉護所做的約許是：

83　〔宋〕司馬光，《資治通鑑》，卷 216，「玄宗天寶十載」條，頁 6904。

84　〔宋〕司馬光，《資治通鑑》，卷 217，「玄宗天寶十三載」條，頁 6923。

85　參見森部豊，《ソグド人の東方活動と東ユーラシア世界の歴史的展開》（大阪：関西大学出版部，2010）；森部豊，《安禄山》（東京：山川出版社，2013）；森部豊編，《ソグド人と東ユーラシアの文化交渉》（東京：勉誠出版，2014）。

「克城之日，土地、士庶歸唐，金帛、子女皆歸回紇」。757年，唐大軍和回紇精騎四千餘人收復西京，回紇將如約行事，唐元帥李俶拜求移至東都，西京倖免於俘掠。唐軍和回紇軍進克洛陽，回紇在兵力所及之處縱兵大掠，洛陽人斂集羅錦一萬匹送回紇，俘掠才告停止。唐肅宗封葉護為忠義王，約定每年送給回紇絹二萬匹，又為收買回紇馬而立馬市。自肅宗乾元（758-759）以來，每年與回紇和市，一馬四十縑，交易的馬動至數萬匹。錢穆先生對此有透徹的分析，認為這無異於對回紇的行賄。[86]

為酬謝兩次協助唐廷討伐安史之功，肅宗封其幼女為寧國公主嫁給葛勒可汗，當寧國公主至回紇牙帳，殿中監漢中王李瑀作為冊禮使見葛勒不拜而立，葛勒可汗曰：「我與天可汗兩國之君，君臣有禮，何得不拜？」[87]顯而易見，時代不同了，唐朝已從巔峰跌落，葛勒當政的回紇正值國勢強盛，葛勒認為自己是可與唐天可汗比肩的國君。

葛勒死後，其子移地健立，自號登里可汗（Tängri Qaghan），《通鑑》記曰：「初，回紇風俗樸厚，君臣之等不甚異，故眾志專一，勁健無敵。及有功於唐，唐賜遺甚厚，登里可汗始自尊大……中國為之虛耗。」移地健雖仍執行其父出兵助唐之政策，然其人倔強驕傲，又仗回紇國勢強盛，故嘗有語辱太子（未來的唐德宗，779-805）之舉。

聯姻當然伴隨著物質利益。此後，唐廷不得不一再許嫁真、假公主予回紇可汗，伴以豐盛的物質好處。回紇因此而屢屢請婚，「朝廷以公主出降，其費甚廣，故未之許。」[88]唐憲宗元和九年（814），禮部尚書李絳鑒於回紇凶強，仍然建議朝廷以許婚為宜。

回紇受唐朝影響，建造城郭，從遊牧向半定居轉化。回紇進而不時對唐朝邊境進行侵擾和掠奪。在回紇汗國轄境，則通過在各族群中安插

86　錢穆，《國史大綱》修訂本（臺北：臺灣商務印書館，1995），上冊，頁454。

87　〔宋〕司馬光，《資治通鑑》，卷220，〈唐紀三十六〉，頁7059。

88　〔宋〕司馬光，《資治通鑑》，卷239，〈唐紀五十五〉，頁7704。

回紇監使，監督臣服於己的契丹、韃靼等草原遊牧族群，並籍此斂稅。在勢力最強盛的時期，回紇幾乎控制了所有草原民族。

788 年，回紇更名回鶻。840 年（或曰 848），回鶻汗國解體。其後，回鶻族群陸續遷離漠北，分成數支散落各地；留在當地的一部分回鶻部眾則融入了契丹族群。回鶻人的失散，給契丹進一步騰出了空間。840 年後，契丹逐漸向大漠地區延伸勢力。與此同時，原被回鶻統治、後被契丹控制的操蒙古語的韃靼部落也逐漸恢復了在漠北地區的活動，標志著蒙古高原原來操突厥語的族群和遊牧汗國，漸次被操蒙古語的族群和汗國所取代。正因為這一原因，今天的漠北在西方得名 Mongolia。這是一個歷史性的名稱誕生。

唐朝借助回紇平定安史之亂，並不意味著唐朝鏟除了河北地區的強藩勢力，而只是達成一種妥協。叛軍投降朝廷，降將換得保有原來的軍兵，而其軍兵，從將領到士卒都是胡漢多族群的混合。從此河北三鎮及相鄰地區各自為政，不聽朝廷的號令，亦即不再歸唐朝直接統治。不僅如此，安史亂後，直到殘唐五代，藩鎮延展的地區日趨擴大。強藩全面掌控轄境之內的軍政財賦大權，對抗中央，既有其土地，又有其人民，又有其甲兵，又有其財富。代宗大曆八年（773），「魏博節度使田承嗣為安、史父子立祠堂，謂之『四聖』」。[89] 胡人文化，在北方長期地延續，或曰北方進一步胡化。可以說，唐代後半朝藩鎮割據的後果是，河朔藩鎮在強藩控制下，直到唐亡，迄不為王土。只是由於各個強藩的力量都不足以兼併對方，因而名義上還寧願留在唐廷的框架之內。

與藩鎮割據的局面形成的同時，奚、契丹等族群，粟特系武人紛紛強化他們在河朔三鎮中地位。許多冠有漢姓的武人並非漢人，例如，盧

89　〔宋〕司馬光，《資治通鑑》，卷 224，〈唐紀四十〉，頁 7222 頁；陳尚君編纂，《舊五代史新輯會證》（上海：復旦大學出版社，2005），第 7 冊，頁 2271-2272。「上令內侍孫知古因奉使諷令毀之。冬十月甲辰，加承嗣同平章事以襃之。」即襃獎田承嗣之毀除四聖祠堂。

龍的李懷仙為柳城胡；成德的李寶臣部下康日知、曹潤國、石神福，當是粟特；魏博的史憲誠為奚，何進滔為粟特。又如，孫孝哲是契丹人，李寶臣是范陽內屬奚。王武俊本出契丹怒皆部，名「沒諾幹」，張孝忠，本奚種，世為乙失活酋長，始名阿勞，燕趙間人們共推張阿勞、王沒諾幹悍勇，二人齊名，這是契丹、奚人首領打入河北藩鎮的顯例。這一現象或許可以稱之為地方武裝的胡化。

順便一提，唐代後期的地方武裝胡化並不限於河北三鎮，人們看到，浙西李錡之叛所依靠的「挽硬隨身」和以胡、奚雜類虯須者組成的「蕃落健兒」[90] 也是同類性質的武裝，這種性質的武裝人員的推廣，值得專文論述。

為時不久，德宗又因 783 年的涇原兵變和朱泚之亂而向吐蕃借兵，唐朝的權威進一步削弱。經過四年折衝，德宗建中四年（784），唐朝終於與吐蕃分別在唐京長安、蕃京邏些、兩國國界之間三處舉行盟誓，是為「建中會盟」，唐放棄諸多利益，引誘吐蕃發兵助討朱泚。但吐蕃隨即部署了平原劫盟，日益加緊寇略唐土，德宗不得不於貞元三年（787）許以咸安公主妻回紇可汗，重定聯合回紇對抗吐蕃的政策。此前為了對付安史之亂，唐廷不得不藉助於回紇，而今為了扭轉應付吐蕃的劣勢，唐廷再次乞援於回紇。

人所共知，唐憲宗（805-820）即位，試圖矯正德宗晚年姑息藩鎮之弊，在平定劍南西川、夏綏、浙西鎮海叛亂，鎮壓跋扈不臣數十年的強藩淮西、淄青，迫使河朔三鎮表面「歸命」等方面做了一番努力，取得一定成就。但之後穆宗（820-824）全然不瞭解客觀形勢，妄圖「消兵」，反而激起兵變。皇權式微，中央控制的領域急劇萎縮。白居易在寫於 809 年的《西涼伎》中慨歎：「涼州陷來四十年，河隴侵將七千里。平時安西萬里疆，今日邊防在鳳翔。」早在 751 年高仙芝敗於怛邏

---

90 〔宋〕歐陽脩等撰，《新唐書》，卷 224 上，頁 6382。

斯之戰，大食勢力即開始東漸，盛唐時期的漢語文化圈迅速從中亞地區「退卻」，殘留在當地的漢語文化也日益萎縮。隨著涼州於唐代宗廣德二年（764）失陷於吐蕃之手，唐朝前期戍守河西走廊和西域的殘餘軍隊逐步退入關中。

中唐以後，文人常常以投身藩鎮幕府，自願效力於武夫悍將為晉身要途，所謂「大凡才能之士，名位未達，多在方鎮」。[91] 到了五代十國，大小帝王大都出身藩鎮。五代十國者，實際上是藩鎮割據的另一種形式的延續。所以後晉軍閥安重榮敢於發出「天子，兵強馬壯者當為之，寧有種耶」[92] 的「豪言壯語」。[93]

以上僅僅略舉安史亂後的幾樁事變，說明安史之亂被認作是劃分唐代前、後期的標志，或者說是判定唐朝由盛轉衰的標志有其充足的理由。

從長時段（la longue durée）著眼，繼唐代之後而相繼登場的北方民族，均育成於唐代後期。首先兩股強勁的政治勢力浮現，這就是突厥系的代北沙陀部和蒙古系的契丹相繼登場。正是這兩個外族，揭開了由五代十國到大元統一的華夏多國並存的歷史階段。元末明初的學者葉子奇（約 1327- 約 1390），論述沙陀和契丹在這一變化大勢中所起的作用說：「北方自朱邪赤心起於唐季，至李克用遂有太原之地。至阿保機起於木葉山，其勢遂盛，其子耶律德光受晉石敬塘關南燕門幽燕十六州之獻，遂據之而建國，曰大遼，其勢與大宋並矣。其後金興，遂亡遼而逐宋，據有天下大半而都汴矣。及元朝又亡金而平南宋，自混一六合百

91　〔後晉〕劉昫等撰，《舊唐書》（北京：中華書局，1975），卷 138，〈趙憬傳〉，頁 3778。

92　〔宋〕薛居正等撰，《舊五代史》（北京：中華書局，1976），卷 98，〈安重榮傳〉，頁 1302。

93　關於文人地位和門第的演變，詳見孫國棟，〈唐宋之際社會門第之消融〉，收入孫國棟，《唐宋史論叢》（上海：上海古籍出版社，2010），頁 271-352。關於唐代貴族制的沒落，參見池田溫，〈貴族制の沒落〉，收入池田溫，《唐史論考——氏族制と均田制》，第 1 部第 6 章，頁 255-311。

有餘年，而後江南得國。蓋自朱邪赤心始盛，至於元亡，首尾將五百餘年，此天運興衰之一終。」[94] 下面略作申述。

從 874 年唐僖宗即位起始的九世紀最後二十五年，唐廷已經氣息奄奄，到 906 年終於滅亡。僖宗在位十五年（874-888），期間盜匪活動日益猖獗，無以為生的農民越來越多地加入社會中的盜匪團夥。盜匪團夥的最有名的首領，是人所熟知的濮州王仙芝和曹州黃巢。874 年到 880 年，軍事化的盜匪集團攻城掠地，流竄、蹂躪賦稅來源的主要經濟區。當黃巢劫掠嶺南時，多人死於瘴疾，餘部北返。黃巢北上渡過淮河之後，採用了「天補大將軍」的稱號，流露他即將建立新王朝的野心。僖宗廣明元年十二月（實際上已是 881 年初），黃巢攻陷長安，自稱皇帝，國號「大齊」。

失掉長安的唐僖宗，出奔四川成都，號召藩鎮勤王。一些藩鎮出於各自的盤算，陸續結集在長安周圍，但都按兵不動，保存實力。正是各地動亂日益加劇的形勢，為當時陷於困境的代北沙陀勢力提供了展現它存在價值的機會。

沙陀，本號朱邪，出自西突厥別部處月種。唐太宗時期，處月內屬。高宗時期，唐在處月地區置金滿州，又一說是置金滿、沙陀二羈縻州。[95] 高宗龍朔二年（662），處月首領沙陀金山因功被授予墨離軍討擊使。唐玄宗時期，「朱邪」和「沙陀」作為族稱，開始分別見於吐魯番文書和張九齡為玄宗起草的開元晚期詔敕中。[96] 安史之亂後，吐蕃佔據河西。德宗貞元（785-804）年間，沙陀人七千帳臣服於吐蕃。沙陀人驍勇善戰甚遭吐蕃疑忌。790 年，吐蕃先將沙陀人遷到甘州，擬再遷之於「河外」。憲宗元和三年（808），首領朱邪盡忠與子朱邪執宜率領三

---

94 〔明〕葉子奇，《草木子》（北京：中華書局，1959），元明史料筆記叢刊之一，卷之 4 下，〈雜組篇〉，頁 83。

95 黃英士，〈史載沙陀三事辨析〉，《德明學報》，第 37 卷第 1 期（臺北：2013.6），頁 109-128。

96 〔清〕董誥等撰，《全唐文》，卷 284，張九齡〈敕伊吾軍使張楚賓書〉。

萬餘眾東進，沿途與吐蕃人交戰，傷亡慘重，由朱邪執宜率領餘眾到達靈州塞，靈鹽節度使范希朝安置沙陀部住在鹽州，設陰山府，以朱邪執宜為陰山府兵馬使。范希朝移鎮太原，朝廷令沙陀「舉軍從之」。范希朝揀選其驍勇一千二百騎組成「沙陀軍」，居之於神武川的黃花堆，號稱「陘北沙陀」。文宗開成年間（836-840），沙陀人在史籍中開始以「沙陀三部落」（沙陀部、薩葛部、安慶部）見稱，其中薩葛部、安慶部當與粟特人有關。憲宗時對付強藩成德王承宗，淮西吳元濟，文宗討伐黨項，武宗對付澤潞劉稹，宣宗對抗吐蕃、黨項、回鶻，皆得沙陀之助。懿宗時，朱邪執宜子朱邪赤心率騎兵助唐鎮壓龐勳，以功授大同軍節度使，賜姓李，名國昌。

李國昌有子名克用，856年出生於晉北朔州新城。唐懿宗咸通九年（868），李克用十三歲，少年從軍，衝鋒陷陣，隨父李國昌平定龐勛之變。僖宗乾符三年（876），國昌、克用父子作亂，殺害雲中防禦使段文楚，震動朝野。880年，唐朝借助於吐谷渾酋長赫連鐸等，重兵襲擊國昌、克用父子，國昌、克用父子一度被迫走投韃靼部。881年，因黃巢攻陷長安，唐廷赦免李克用，克用奉「敕」統兵南下勤王。[97] 這就是上文所說的陷於困境的代北沙陀勢力得到了展現它的存在價值的機會。

882年，李克用率軍三萬赴河中，所部穿黑衣，號「鴉軍」。翌年，在梁田坡大敗黃巢軍，再戰再捷，迫使黃巢軍退出長安。唐廷任命李克用為河東節度使，不久又封之為晉王。從此李克用割據一方，以突厥、回鶻、吐谷渾、契苾、韃靼等所謂五部眾以及代北漢族作為他依賴的社會基礎，以太原作為活動基地，開始插手中原事務，並與結下深仇的汴州（開封）朱溫展開將近四十年的爭鬥。

97　僖宗中和元年（881）「二月代州北面行營都監押陳景思率沙陀薩葛安慶等三部落與吐渾之眾三萬赴援關中，次絳州。沙陀首領翟稽停掠絳州，叛還。景思知不可用，遣使詣行在請赦李國昌父子，令討賊以贖罪，從之。」參見：《舊唐書》，卷19下，〈僖宗紀〉。

　　沙陀的壯大代表了唐末內蕃建構政權的一種形式。李克用從沙陀三部落中選拔武藝超強的將領，收為義兒／假子，「寵遇如真子」，[98] 使之統領勁卒四出征戰。李克用左右有一支史上聞名的「義兒軍」，由李存孝等「十大猛將」組成，是為李克用兵團的基幹指揮力量。在五代十國時期，李克用生前組建的武裝集團建立了後唐、後晉、後漢三個王朝，這是華夷互動下由外族建立的一系列短暫皇朝，甚至後周與北宋也都與這一集團有著一脈相承的關係。

　　這一過程是這樣開始的：908 年初，李克用死，遺命將晉王之位傳子李存勗，沒過五個月，李存勗就奇襲潞州，在篡唐建立後梁的朱溫親臨前線的情況下，奪取了潞州夾寨，致使朱溫發出「生子當如李亞子（亞子為李存勗小名），克用為不亡矣」的驚歎。923 年，李存勗滅梁建立後唐，是為莊宗（923-926）。這是突厥族在華夏地區建立的第一個皇朝。後唐存在十四年，四主三姓，其中接續莊宗的是明宗李嗣源（926-933）。從明宗在沙陀人中一再自稱蕃人等跡象看，他並非出自沙陀，而是出自粟特。[99] 這是繼安祿山、史思明之後在華夏地區即位的又一位粟特族皇帝。時代的推移帶來最重要的變化是，「內蕃」沙陀人建立的後唐、後晉、後漢都被後續皇朝納入了正統。近年，根據敦煌吐魯番文書、接連新出土的墓誌銘，特別是北周到唐末五代一些重要的粟特歷史角色的墓誌銘，人們進一步瞭解了歷史上沙陀人與粟特人等諸多族群相互融合實相。

　　另一方面，在今長城線以北，潢水及其支流今老哈河形成的優良草

98　〔宋〕司馬光，《資治通鑑》，卷 266，〈後梁紀〉一，頁 8690。

99　李嗣源老於戰陳，即位之歲，年已六旬。「每夕宮中焚香，仰天禱祝：『某蕃人也，遇世亂，為眾推戴，事不獲已。願上天早生聖人，與百姓為主。』故天成、長興間，比歲豐登，中原無事，言於五代，粗為小康。」參看：〔宋〕王禹偁，《五代史闕文》，「明宗」條；《舊五代史》，44，〈明宗紀十〉，收入陳尚君編纂，《舊五代史新輯會證》，第 4 冊，頁 1487；《新五代史》，卷 6，〈唐本紀六〉，頁 66 略同。又，明宗天成二年十一月己丑「帝祭蕃神於郊外。」參見：《舊五代史》，卷 38，〈明宗紀四〉，收入陳尚君編纂，《舊五代史新輯會證》，第 4 冊，頁 1148。

原上，出現了契丹族英豪阿保機。唐初，在羈縻制度下，契丹大賀氏八部聯盟的盟長被唐廷封為松漠都督，賜姓李氏。契丹與奚日趨強盛，被合稱二虜或二蕃。實際上，當時奚比契丹勢力更大。唐廷重用粟特（昭武九姓）血統的營州雜胡安祿山，就是為了應付奚與契丹，終於導致安史之亂。到了唐末，《遼史》記載，原來契丹大賀氏、遙輦氏「八部大人，法常三歲代，迭剌部耶律阿保機建旗鼓，自為一部，不肯受代，自號為王。」[100] 這指的是契丹迭剌部的阿保機 906 年斷然廢除傳統的「世選」制度。阿保機以「可汗制」取代「世選制」之後，他的施政措施建立在北族南族二元分治原則上，他的統治可以分為前、後兩個時期：前期凡九年（907-916），907 年正月，阿保機「燔柴告天」，按北族傳統自立為可汗，成立契丹國家。後期於 916 年依照中原王朝方式即位，上尊號曰大聖大明天皇帝，建元神冊，在位 10 年（916-926）。阿保機經歷一系列征戰，周邊民族奚、霫、女真、黨項、室韋相繼臣服。特別是 926 年他攻下號稱「海東盛國」的靺鞨政權渤海國，而後兼顧南下，攻打佔據河北的盧龍軍節度使劉仁恭。據有河東地區的沙陀人李克用，正是目睹「契丹阿保機始盛」，才主動示好，邀請阿保機至雲州，「結為兄弟」。[101] 他的次子耶律德光（遼太宗）利用五代十國中原混亂局勢，幫助後晉石敬瑭攻打河東地區的沙陀人李氏，938 年，後晉石敬瑭向契丹交出幽薊十六州土地圖籍，契丹取得燕雲十六州。經過幾代經營，甘州回鶻、西州回鶻、喀喇汗國（Qarakhanids）、西亞的波斯與大食相繼遣使與契丹通好，契丹／大遼的勢力範圍漸次涵蓋漠南、漠北與西域之地。自從契丹取得燕雲十六州，北方越來越大片的土地沒有再回歸中原的皇朝。華夏／中國的這種格局，被當時西亞、中亞的國家，特別是穆斯林世界所認可，在穆斯林文獻中留下了大量的證據。例如馬哈穆德·

100 〔元〕脫脫等撰，《遼史》，卷 63，〈世表〉，頁 956。
101 《舊五代史》，卷 26，〈武皇紀下〉，收入陳尚君編纂，《舊五代史新輯會證》，第 3 冊，頁 706。

喀什噶里（Maḥmūd al-Kāshgharī）的《突厥語詞典》，就把中國分為三大部分：Čīn, Mačīn, Catai / Kitai。直到今日，在俄羅斯民族的語言和文字中，依舊以源於契丹之名來稱呼中國。

北方民族相繼興起，華夏／中國形成南、北對壘，直到蒙古登場，有待蒙元予以混一部族政權達到五個之多：女真、西夏、大理、吐蕃、南宋。與此同步，河北地區自八世紀中葉固定在陳寅恪先生所說的「胡化」範圍以後，范陽／幽州地帶因北族政權的相繼興起而逐步演變成為政治和軍事中心。當年，鮮卑是由平城南下洛陽，而今，北族是將政治、軍事重心由中原的汴梁北遷燕京。未來華夏／中國的經濟、文化重心在南，政治、軍事重心在北的大趨勢，追溯其源頭，顯然，也當從唐代後期起始。此後再經明、清兩朝，政治重心在北，經濟文化重心南移的大趨勢更加彰顯。[102]

六、宋初收復失土的努力：
從宋遼澶淵之盟到宋金海上之盟等和議

960 年，趙匡胤發動陳橋兵變，奪取後周幼主的皇位，定都開封，建國號為宋。太祖得國的途徑不同於漢唐，因而君主與主要謀臣探討的是長期動亂的癥結，為什麼自唐季以來，數十年間，帝王凡易八姓，戰鬥不息，生民塗地。君臣得到的共同認識是「方鎮太重，君弱臣強」。趙匡胤的自身經歷使之對此有切身體會，深知要結束動亂、重建中央集權的皇權統治，首先必須收奪高階武將的兵權，於是通過著名的「杯酒釋兵權」之舉，以經濟贖買的辦法，剝奪一批開國功臣統帥禁軍的權力。與此同時，宋太祖竭力恢復並強化儒家的綱常倫理觀念，在此基礎上矯正以往風氣，在社會意識中消弭重武輕文的觀念。宋太祖朝的一系

---

102 詳見：許倬雲，《華夏論述》，第十五章最後一節〈族群移動與「唐宋轉換」〉，特別是頁 266-267。

列崇儒舉動，旨在向天下傳遞尊儒重文的訊息。可以說，「崇文抑武」、「強幹弱枝」的治國思想、方略就此初步萌發。經過宋太祖朝治國思想方略的啟動，一系列制度建設和舉措的推行，武人不僅遠離了朝政的中心，而且軍功集團也趨於瓦解，逐漸退出了中央和地方行政機構。

宋太祖對於收復北方失地問題也有考慮。乾德元年（963）滅荊南、乾德三年（965）滅後蜀之後，朝廷供賦大增。宋太祖顧左右曰：「軍旅饑饉，當豫為之備，不可臨事厚斂於民。」於是在講武殿後別為內庫以貯金帛，號曰封樁庫，凡歲終用度贏餘之數皆入焉。又嘗密謂近臣，立「封樁庫」的真正目的在於：「石晉苟利於己，割幽薊以賂契丹。使一方之人，獨限外境，朕甚憫之。欲俟斯庫所蓄滿三、五十萬，即遣使與契丹約。苟能歸我土地民庶，則當盡此金帛，充其贖直；如曰不可，朕將散滯財，募勇士，俾圖攻取耳。」宋太祖在世時曾兩次攻打北漢，皆因遼軍及時增援，無功而返，特別是開寶二年（969）的親征太原，是太祖一生軍事生涯中的唯一的一次敗仗。後來他的去世突然，又使他的贖買不成則輔之以戰的方式收復燕雲十六州的抱負未得實現。[103]

宋太宗即位後，於太平興國三年（978）親臨左藏庫，視其儲積，語宰相曰：「此金帛如山，用何能盡？先帝每焦心勞慮，以經費為念，何其過也？」[104]翌年，太平興國四年（979），宋太宗親征北漢，築長圍以困太原，同時別遣軍阻擊遼援，終使北漢力竭而降，結束了延續七十三年的五代十國時代。太宗欲乘勢收復燕雲十六州，率軍攻遼，直抵幽州，兵敗於高梁河，負箭傷而歸。雍熙三年（986），宋太宗擬乘遼幼主即位，二度北伐，再敗於岐溝關（河北涿縣），損失慘重。史稱此役為「雍熙北征」。

宋太宗二次北伐失敗後，宋統治集團將注意力轉向內部，採取「守

103〔宋〕李燾，《續資治通鑑長編》，卷19，〈太平興國三年冬十月癸丑朔〉。
104〔宋〕李燾，《續資治通鑑長編》，卷19，〈太平興國三年冬十月癸丑朔〉。

內虛外」之策，[105] 從此徹底放棄武力收復燕雲的打算，也停止了開疆拓土的活動，軍事思想轉趨保守，積極防禦的戰略被消極防禦的戰略所取代。據記載，當第二次北伐失敗後，以重臣趙普為首的執政群體便激烈批評北伐行動。趙普還告誡道：小人（指武將）好戰，「事成則獲利於身，不成則貽憂於國」；又從維護皇帝個人利益出發，特別提出「兵久則生變」的勸誡，宋太宗加劇了對武將的猜忌心，「崇文抑武」的治國方略遂得到確立。[106]

　　與宋朝相比，北方的契丹建國於 907 年，歷史比宋朝早了半個世紀；而且版圖東到大海，西到中亞，北到大漠，是一個容納了胡、漢多族群的大國。宋真宗景德元年、遼聖宗統和二十二年（1004），柄政掌政的遼蕭太后（承天太后），與遼聖宗（982-1031）一起，統率二十萬大軍攻宋。宋廷君臣震驚。在宰相寇准力排眾議下，真宗御駕親征。雙方對峙於澶州。經由宋真宗、寇準與遼承天太后、韓德讓之間的折衝談判，雙方於次年（1005）年初訂立澶淵盟書。雙方約為兄弟之國，宋為兄，遼為弟；沿邊不得構築城堡，改易河道；各守疆界，互不招降納附；宋朝每年向遼輸送絹二十萬匹，銀十萬兩。澶淵之盟取消了雙方的敵對行動，中止了契丹的南下，帶來百年的和平。澶淵之盟取得了唐代唐蕃會盟類型的外交對等（diplomatical parity）。在唐代，唐蕃會盟為例外，在宋代，澶淵之盟成為定式。在訂立「澶淵之盟」時，遼與北宋之間存在著多種力量的綜合對比。但在雙方的觀念中，無疑逐漸形成對等意識。即便放在今天，澶淵之盟也符合科斯定理（Coase Theorem）的非效率的外部性通過當事人的談判而達到相依相賴的狀態（from

---

105 參見：漆俠，《宋太宗與守內虛外》，《宋史研究論叢》（保定：河北大學出版社，1999），第 3 輯，頁 1-17。

106 趙普的議論，參見：〔元〕脫脫等撰，《宋史》，卷 256，〈趙普傳〉，頁 8934-8936、《長編》，卷 27，雍熙三年五月丙子，頁 614-617。第一次北伐期間，曾發生了部分將領試圖擁戴宋太祖之子稱帝的事件，宋太宗對此一直耿耿於懷。此事參見：〔宋〕司馬光，《涑水記聞》（北京：中華書局，1989），卷 2，頁 36。

Externality to Interdependence）。可以說，澶淵之盟為當時樹立了另一款式的南、北朝關係。

　　到了遼代後期，由於染習華風的加深，遼人自稱「中國」、自居「正統」。可惜，遼道宗（1056-1100）作的〈君臣同志華夷同風詩〉沒有保存下來。今天能夠見到的有懿德皇后所作應制詩；「虞廷開盛軌，王會合奇琛。到處承天意，皆同捧日心。文章通鹿蠡（一作穀蠡或蠡穀），聲教薄雞林。大寓看交泰，應知無古今。」[107] 據《遼史》〈劉輝傳〉記載，遼道宗壽隆二年（1096，錢大昕指出《遼史》壽隆當是壽昌之誤）劉輝再次上書，對歐陽脩之《新五代史》將遼朝附於四夷、「妄加貶訾」的做法的抗議。「宋人賴我朝寬大，許通和好，得盡兄弟之禮。今反令臣下妄意作史，恬不經意。臣請以趙氏初起事蹟，詳附國史。」[108]

　　宋神宗元豐四年（1081）八月，宋代大學者、中國歷史上少見的博物學家、科學家蘇頌（1020-1101），奉詔編纂一部「北界國信文字」彙編，收錄宋遼澶淵結盟（1005）後七十餘年來雙方交往的文獻。元豐六年（1083）六月，蘇頌先將目錄進呈，蒙神宗賜書名作《華夷魯衛信錄》。在《華夷魯衛信錄》總序中，蘇頌對載籍中記錄的「前世制馭朔漠之道」做了簡明扼要的歸納：「厚利和親，以約結之；用武克伐，以驅除之。或俾辭遜禮，以誘其衷，或入朝質子，以制其命。漢、唐之事，若可信也，然約結一解，則陵暴隨之。」[109] 今天看來，蘇頌所做的歸納符合隋代和唐代前期胡漢互動中「約結」與「陵暴」頻頻交替的實際情況，所有這些無非都是各自在三方面運作權力的展現：（一）武力強

107　〔遼〕王鼎，《焚椒錄》，涵芬樓《說郛》本。

108　〔元〕脫脫等撰，《遼史》校點本（北京：中華書局，1974），卷104，〈文學下・劉輝傳〉，頁1455-1456。

109　〔宋〕蘇頌，《華夷魯衛信錄總序》，參見：王同策等點校，《蘇魏公文集》，卷66（北京：中華書局，1988），上冊，頁1003-1006。上引文參見頁1005；又，蘇頌與宋仁宗、宋神宗交換意見的個別詞句散見於蘇象先《魏公譚訓》，參見：《蘇魏公文集》，附錄。

制（coercive）、（二）啖以重利（remunerative 或 utilitarian）、（三）規範名分（正名，normative）以論證自身的統治合法性。

《華夷魯衛信錄》成書未久，北方形勢發生變化，由遼、宋、西夏向金、遼、宋、西夏列國制過渡。1115 年（宋徽宗政和五年，遼天祚帝天慶五年），位於遼國東北勢力範圍內的女真族完顏阿骨打稱帝建國，國號金。遼天祚帝（1101-1125）大驚，親率大軍，號稱七十萬，討伐女真，潰敗於混同江畔。在女真建國和宋遼金三方交涉過程中，楊樸（?-1132 年，《三朝北盟會編》樸字作璞）作為女真依賴的渤海國人，起了很重要的作用。楊樸是遼代遼東鐵州（今遼寧營口縣東南）人，屬「海東盛國」渤海大族，早年進士及第，累官校書郎。楊樸之歸降於金，是在金建國的次年（1116）。楊樸多智善謀，金建國之初，諸事草創，朝儀制度皆出其手。楊樸游說阿骨打：「匠者，與人規矩，不能使人必巧；師者，人之模範，不能使人必行。大王創興師旅，當變家為國，圖霸天下，謀為萬乘之國，非千乘所能比也。諸部兵眾皆歸大王，今可力拔山填海，而不能革故鼎新。願大王冊帝號、封諸蕃，傳檄回應，千里而定。東接海隅，南連大宋，西通西夏，北安遠國之民，建萬世之鎡基，興帝王之社稷。行之有疑，則禍如發矢。大王何如？」[110] 阿骨打大悅。這一事實表明，金國統治者立國伊始，就因楊樸的引導，有著萬乘之國的帝王圖霸天下的鮮明意識，準備征服遠國之民。

楊樸又向阿骨打陳說：「自古英雄開國，或受禪，必先求大國封冊。」[111] 當時阿骨打剛剛戰勝天祚帝，遂遣使對遼議和，求封冊。具體內容有十項，包括承認阿骨打為兄長、徽號大聖大明皇帝、國號大金……等等。金太祖天輔元年（1117，宋徽宗政和七年，遼天祚帝天慶

---

110 〔宋〕徐夢莘，《三朝北盟會編》影印本（上海：上海古籍出版社，2008），卷 3，十三葉上、下，上冊，頁 22 上欄。
111 〔宋〕徐夢莘，《三朝北盟會編》影印本，卷 3，十三葉上、下，上冊，頁 22 上欄。

七年），遼多次遣耶律奴哥等使金，議及封冊事。次年（1118）正月，
金遣烏林答贊謨持書到遼廷迎冊。三月，遼遣知右夷離畢事蕭習泥烈持
冊來使，當時楊樸任職知樞密院內相，楊樸當面指出遼的冊文唯冊立阿
骨打為東懷國至聖至明皇帝，並無冊為兄之文，亦未以「大金」來稱，
所持儀物亦不全用天子之制。阿骨打為此而大怒，欲斬遼使，幸賴諸將
勸解，收來使，各笞百餘下。阿骨打乃使宗翰、宗雄、宗幹、希尹商定
冊文義指，由楊樸潤色，胡十答、阿撒、高慶裔譯契丹字，使贊謨與習
泥烈偕行出使於遼進行交涉。這一事實表明，楊樸向阿骨打陳說的或許
是當時流行的一種觀念：英雄開國或受禪，先求大國封冊。

　　正當此時此刻，北宋君主宋徽宗與大臣蔡京、童貫等認為遼國亡
國在即，金國將取而代之，密謀聯金攻遼，既向金示好，又可以乘機收
復已失百年的燕雲十六州之地。1122 年（宋徽宗宣和四年、金太祖天
輔六年、遼天祚帝保大二年），宋、金訂立聯合滅遼的「海上之盟」。此
前二年，使者數次往復，宋、金雙方已經在商討聯合滅遼，滅遼之後，
燕雲十六州之地歸宋，宋原給遼的歲幣轉納金國。在這一與金交涉過程
中，宋在登州向金移牒，而不是交換國書，曾引起金國的極大不滿。徽
宗君臣既然只想乘機漁利，當然不會認真備戰。1123 年（宋徽宗宣和五
年、金太祖天輔七年、遼天祚帝保大三年），金軍已攻陷遼中京，宋軍
卻慘敗於進攻燕京，燕京是由金軍代為攻下。四月，根據金、宋之間締
結的海上盟誓，楊樸被派出使於宋，攜帶誓書，如約歸還與交割燕京、
涿、易、檀、順、景、薊六州，向宋索米二十萬石。

　　1125 年（宋徽宗宣和七年、金太宗天會三年、遼天祚帝保大五年）
二月，金俘獲遼主天祚帝，遼亡。金自阿骨打稱帝到滅遼，前後不過
十一年。

　　遼亡，金氣勢更盛，趁宋、金兩國還未達成充分協議之機，分東、
西兩路大舉南下伐宋。東路由完顏幹離不（宗望）領軍攻燕京，破燕京
後南下黃河，直逼汴京；西路由粘罕（宗翰）領軍直撲太原。宋徽宗
見勢危殆，禪位於太子趙桓，趙桓在啼哭中登上皇位，是為欽宗。1126

年（宋欽宗靖康元年）正月，完顏宗翰率金兵東路軍進至汴京城下，逼宋議和，割讓中山、河間、太原三鎮，賠款五百萬兩黃金及五千萬兩銀幣，而後金軍北撤。未逾數月，金軍又兩路攻宋；閏十一月，金兩路軍會師，兵臨汴京。宋欽宗親自至金人軍營議和，被金人拘禁。1127 年（宋欽宗靖康二年）四月，金俘虜徽、欽二帝及后妃宗室三千人，洗劫大批文物財富北上，史稱靖康之難。中原地區被金佔據，北宋滅亡。金自滅遼到滅宋，前後不出兩年。總之，十四年內，金滅掉了遼、宋兩個皇朝。

宋皇室以徽宗第九子康王趙構為首，率衣冠南渡，靖康二年（1127）五月即位於南京（今河南商丘），改元建炎，是為南宋高宗。高宗懾於南下金軍的兵威，隨即渡江逃竄，而後遁入東海。金軍北撤後，雙方沿淮河對峙。高宗繼而遷都臨安（杭州），建立南宋偏安政權。金朝一時無力消滅南宋，曾冊封降臣劉豫為齊帝，作為傀儡，治理河南、陝西。宋高宗紹興七年（1137），金黜廢偽齊，直接誘降南宋。高宗貶去大號，對大金元帥自稱宋康王趙構，派遣祈請使乞和。高宗擢用秦檜為相，主持和議。君臣沆瀣一氣，紹興九年初，和局遂定。

及至 1140 年（宋高宗紹興十年，金熙宗天眷三年），劉錡、吳璘、岳飛相繼戰勝金兀朮南侵的金兵，金人主戰派銳氣受挫，於是南宋得以重伸和議。1141 年（宋高宗紹興十一年，金熙宗皇統元年），宋派魏良臣赴金議和。次月，金使隨魏良臣入宋，經過反復爭論，最後達成盟約：宋向金稱臣；劃定疆界；宋每年向金納「歲貢」銀、絹各二十五萬兩、匹。次年（1142），宋主高宗趙構遣端明殿學士何鑄等向金朝進誓表，表示履行和議，表曰：「臣構言，今來畫疆，合以淮水中流為界。西有唐、鄧州割屬上國。自鄧州西四十里並南四十里為界，屬鄧州。其四十里外並西南盡屬光化軍，為敝邑。沿邊州城。既蒙恩造，許備藩方，世世子孫，謹守臣節。每年皇帝生辰並正旦，遣使稱賀不絕。歲貢銀、絹二十五萬兩、匹，自壬戌年為首，每春季差人般送至泗州交納。有渝此盟，明神是殛，墜命亡氏，踣其國家。臣今既進誓表，伏望上

國蕃降誓詔，庶使敝邑永有憑焉。」[112] 金朝遣左宣徽使劉筈使宋，以袞冕、圭寶、珮璲、玉冊，冊康王為宋帝。其冊文曰「皇帝若曰：諮爾宋康王趙構……」云云。[113] 無須多言，紹興十一年和議是雖然戰勝卻依然割地納貢、不惜名分自居臣下的和議，這樣的和議已與宋遼時代相去甚遠了。

　　金人取得紹興十一年和議，中經二十年得以從容經營新獲淮水中流土地，在中原配兵屯田。1153 年金海陵王完顏亮再擴建燕京為金中都，定為首都。1161 年（宋高宗紹興三十一年，金世宗大定元年）十一月，金海陵王破棄和議，率六十萬大軍分四路南侵，但兵敗於采石磯，海陵王遭部將殺害。1162 年（宋高宗紹興三十二年，金世宗大定二年），宋高宗目睹對金屈服仍然不免及身再見戰禍，決定傳位於孝宗。孝宗即位，起用主戰派張浚督軍北伐，次年（1163）符離之戰敗績，1164 年（宋孝宗隆興二年，金世宗大定四年），孝宗不得不與金人重新議和，是為紹興和議之後的隆興和議。1165 年（宋孝宗乾道元年，金世宗大定五年），合議達成，故隆興和議也有時被稱為乾道和議。和議內容大體如下：雙方仍然遵守紹興和議；但宋主對金主不再稱臣，而改稱叔父，金、宋為「叔侄之國」；「歲貢」改稱「歲幣」，由銀、絹各二十五萬兩、匹減為各二十萬兩、匹；宋割讓商州、秦州予金；金朝不再追還以前由金逃到南宋的人員。這是在宋、金對峙新形勢下訂立的條約，對以前不平等的關係有所調整，換來其後四十年的和平陶晉生先生指出，遼宋對等，「澶淵模式」維繫著兩國的長期和平，這是東亞史上特別重要的一頁。到了南宋高宗在位時期，南宋的地位實際上是已經降為金朝的臣屬，到孝宗與金訂立隆興和議，在實質方面作出必要的讓步，無非是用以換取稱謂上的皇帝名分而已。詳見陶晉生先生的《對

---

112 〔元〕脫脫等撰，《金史》，卷 77，〈宗弼傳〉，頁 1755-1756。
113 〔元〕脫脫等撰，《金史》，卷 77，〈宗弼傳〉，頁 1756。

等：遼宋金時期外交的問題》一書。[114]

　　宋寧宗開禧二年（1206），獲得寧宗的信任的韓侂胄無謀浪戰，策劃了宋軍又一次北伐，是為開禧北伐。韓侂胄出師無功，繼而被史彌遠陷害。韓侂胄兵敗議和之年，也正是蒙古的鐵木真稱大汗於斡難河畔之歲（1206）。統一了蒙古諸部，舉行的忽里臺大會（Khuruldai）上被選為成吉思汗。此後宋、金日益就衰，坐待蒙古鐵騎的來臨。1213 年，蒙古大軍南下，占領燕雲十六州，橫掃河北。兩年後，蒙古佔領中都。金朝南遷開封，疆土僅剩黃河南北之地，1234 年蒙古滅金。

七、忽必烈之先稱大汗、再稱皇帝：元代權力結構下的四等人制

　　1260 年 4 月，忽必烈在他的王府所在地開平（元上都，今內蒙古錫林郭勒盟正藍旗境內）即大汗位，是為元世祖（1260-1294）。1271 年 11 月，取《易經》「大哉乾元」之義，定國號為「大元」。

　　與唐太宗先稱帝再稱天可汗的次序相反，忽必烈是先稱汗，再稱皇帝。在蒙古汗室之中，忽必烈應屬具有漢化傾向的人物。他早年與漢族士大夫有較多接觸，舉例而言，蒙古定宗（貴由）二年（1247），時為藩王的忽必烈召見金朝遺老張德輝（1195-1275），向他提出了這樣一個問題：「或云：『遼以釋廢，金以儒亡』，有諸？」[115] 張德輝對「金以儒亡」的說法斷然否認，但忽必烈的這句話反映了當時一派人的見解，認為金朝因漢化而喪失了尚武的精神，傳到關心前朝的治亂興亡的忽必烈耳中，對這一看法相當在意。1251 年，蒙古憲宗（蒙哥）即位，忽必烈受命統領漠南漢地軍務，採納漢人幕僚建議推行漢法。1260 年，忽必烈即位，將大蒙古國的統治中心由漠北移到中原，1272 年，在金朝京城

---

114 陶晉生，《對等：遼宋金時期外交的問題》（臺北：中央研究院歷史語言研究所，2013），中央研究院歷史語言研究所傅斯年講座 2010。

115 蘇天爵，《元朝名臣事略》（北京：中華書局，1985），卷 10，頁 169。

的基礎上重建燕京，燕京被正式立為元朝首都，改稱大都，以開平為陪都，改名上都。忽必烈入主中原，大元既具有大蒙古國（yeke monghol ulus）型的草原汗國的特徵，又是採用中原大一統王朝型的典章制度、推行「漢法」的皇朝。陳得芝先生對忽必烈一生頒佈的詔令和各類政令、在各種場合對臣下所做的聖訓、對中原制度與文化的態度、在民族、重農、慎刑、節用等諸多方面所持觀念都有深入、仔細的研究，他得出的結論是：忽必烈不僅將自己定位為大蒙古國大汗，而且以承襲中原帝王正統自居。[116]

德國的漢學家兼金元史學家傅海波（Herbert Franke，1914-2011）為元代史歸納了幾個特點：與在華夏／中國土地上其他外族建立的皇朝不同，元朝只是成吉思汗建立的大蒙古帝國中的四汗國（ulus）之一，但已經是華夏／中國史上疆域最遼闊的朝代；蒙古人為了建立這個皇朝，從成吉思汗起，經歷了幾個階段，前後用了長達將近四分之三世紀（1215-1276）的時間；蒙古人之建國，遠離中國體制影響所及之化外（outside the Chinese system）；蒙古沒有受過任何其他政權的禪讓或封冊；蒙古也沒有受漢地官方或正統思潮的影響，他們自有本族的傳統觀念，或來自喇嘛教的思想；曾經統治過中國的非漢族，如契丹失國以後往往族群消失，而蒙古作為民族依然存在；蒙古靠武力起家，不怎麼注意意識形態或思想方面的說教，蒙古人沒有像朱元璋當權後頒佈「大誥」那樣的行為。[117]

中外學者這些研究大大有助於我們深入思考蒙元時代在華夏共同體型塑過程中所起的作用。

---

116 陳得芝，〈元世祖詔令、聖訓叢談〉，收入中國元史研究會編，《元史論叢》（北京：中國廣播電視出版社，2005），第 10 輯；後再收錄於陳得芝，《蒙元史與中華多元文化論集》（上海：上海古籍出版社，2013），頁 10-36。

117 Herbert Franke（傅海波），*From Tribal Chieftain to Universal Emperor and God: The Legitimation of the Yüan Dynasty* (München: Verlag der Baerischen Akademie der Wissenschaften, 1978), pp. 7-14.

　　13 世紀初，蒙古遊牧社會還保持著自身的習俗和禁忌，社會沒有明顯的階層分化。及至蒙古人繼女真之後南下，掠奪戰爭迅速改變著蒙古自身和佔領地區的社會結構。大汗之下，迅速形成各級權貴階層，這些屬於「國族」、「自家骨肉」的蒙古人，也許在習慣上還保留著很多遊牧生活方式，例如，在最初跨入大都（Khan-baligh）的時候，他們雖然過上了宮廷生活，但還習慣於搭住帳篷。為時不久，在接管和統治中國的最初幾十年內，蒙古人摸索出來維護他們的權力優勢的方式方法，從中央到地方建構起來實權操在蒙古人手中的行政管理體系，例如，中書省的丞相必用蒙古勳臣，不以漢人為相；次於丞相的平章政事也多由蒙古人出任，各行省的丞相、平章以及行省以下各級地方政府的首席長官達魯花赤概同此例。為了限制漢人進入最高統治階層，1265 年（至元二年）規定：「以蒙古人充各路達魯花赤，漢人充總管，回回人充同知，永為定制。」[118] 這樣的措施是為了使蒙古人掌權，以色目人、漢人互相牽制，彼此監督，以免漢人勢力坐大。1268 年（至元五年），「罷諸路女直、契丹、漢人為達魯花赤者，回回、畏兀、乃蠻、唐兀人仍舊」。[119]1291 年（至元二十八年），詔：「路、府、州、縣，除達魯花赤外……遴選色目、漢人參用。」[120]

> 元朝自混一以來，大抵皆內北國而外中國，內北人而外南人，以至深閉固拒，曲為防護，自以為得親疏之道。是以王澤之施，少及於南；滲漉之恩，悉歸於北。故貧極江南，富稱塞北，見於偽詔之所云也。[121]

北人不識字。使之為長官或缺正官。要題判署事及寫日子。

---

118 〔明〕宋濂等撰，《元史》，卷 6（北京：中華書局，1976），頁 106。
119 〔明〕宋濂等撰，《元史》，卷 6，頁 118。
120 〔明〕宋濂等撰，《元史》，卷 82，頁 2038。
121 〔明〕葉子奇，《草木子》，卷之 3 上，〈克謹篇〉，頁 55。

七字鉤不從右七而從左十轉。見者為笑。立怯里馬赤。蓋譯史
也。以通華夷言語文字。昔世祖嘗問孔子何如人。或應之曰。
是天的怯里馬赤。世祖深善之。蓋由其所曉以通之。深得納約
自牖之義。[122]

　　至於意識形態或思想方面的說教，實際上，蒙古人也不是不予注
意。蒙古人有他們自己宗奉的奉天承運的信念。元代在中原建立的白話
碑無不以「長生天的氣力裡　皇帝的大福蔭護助裡」起始。例如，忽必
烈表彰和獎勵臣下重修黃河流經山西河津縣、陝西韓城縣交界處的龍門
的禹廟，廟內有元代建極宮，內藏元代聖旨碑，碑陽刻八思巴字及漢字
聖旨，碑陰刻八思巴字蒙語令旨。[123]

　　與此同時，蒙古人從治下被稱為色目人的諸多族群中，物色、吸收
自願協助蒙古人實現其統治的人物出任副職。色目人大多數來自西域，
他們的身份和社會地位僅次於蒙古統治階層。蒙古人屬於第一等，他們
屬於第二等。在被歸入色目人的二十多個族群中，以畏兀兒人為最重
要，原因是，一，他們歸順成吉思汗最早，1209 年，他們就成為蒙古
汗國屬部；二，他們有從過去昭武九姓（粟特人）那裡學來文字書寫技
能，善於理財和經商，富有履行政府文職的知識和經驗，是協助蒙古人
統治中國的得力助手。蒙古人的名份是統治者，色目人扮演輔佐統治者
的的角色。

　　隨著蒙古人向金朝原來佔有的地區推進，新被征服的屬民被稱作
「漢人」。據陶宗儀《南村輟耕錄》，漢人有八種，據錢大昕考證，「按遼
金元三史，唯見契丹、女直、高麗、渤海四國，餘未詳。」[124] 1275-1279

122 〔明〕葉子奇，《草木子》，卷之 4 下，〈雜俎篇〉，頁 82-83。
123 《1275 年龍門神禹廟聖旨碑》和《1276 年龍門神禹廟蒙漢文令旨碑》。1907 年沙
　　畹（Édouard Chavannes）在韓城訪得此碑，次年刊載於《通報》（T'oung-Pao）。
124 錢大昕，《十駕齋養新錄》（臺北：世界書局，1963），讀書箚記叢刊本，上冊，卷
　　9 頁 209。

年，蒙古人征服了南宋，新被征服的五千萬南宋遺民被納入「南人」的範疇。

一百五十餘年來，金元相繼對南宋用兵，促成四等人（蒙古、色目、漢人、南人）制的形成。以上蒙古人、色目人、漢人、南人四種人的不同身份待遇通常被稱為元代「四等人制」。 根據《元典章》、《通制條格》中所載敕旨、條令，可以看到蒙古、色目、漢人、南人隨著身份不同而入仕途徑、法律地位和權利待遇等確實不同。但是，人們迄今找不到「四等人制」這一不同等級順序的法律條文或文獻根據。人們推測，元代「四等人制」一詞可能是南宋人所做的歸納。

八、遼、南宋、金、元時期一些學者、士人論名分與名位

在唐代，與唐室一些君主竭力掩飾出身夷狄的時代風氣相反，某些士人對於自身是否出身夷狄，形成了另外一種敏感。陳寅恪先生在〈劉復愚遺文中年月及其不祀祖問題〉[125]一文中說：「唐人習以西華為西北蕃胡之雅號，而與東華為對文。」[126]陳先生進一步考證，從不主張祀祖等情況看，唐代於宣宗大中四年（850）「破天荒」考中進士的劉復愚（亦即劉蛻），其「氏族非出自華夏」。劉蛻在其《文泉子》自序中的開篇的一句話就有「西華主」一詞出現，這裡的「西華主」當指回鶻汗國剛剛降唐的烏介可汗而言。 陳寅恪先生更進一步根據《蜀王府隊正安師墓誌》和《上騎都尉康達墓誌》中的資料判斷，出身於西域之民自當稱其故土的國主為「西華主」、「西華國君」。臺大中文系葉國良教授肯定陳寅恪先生認為劉蛻「氏族非出自華夏」的考證甚確。《蜀王府隊正安師墓誌》和《上騎都尉康達墓誌》的誌主乃西域人，對比東土有華夏之稱，因而

---

125 陳寅恪，《金明館叢稿初編》（臺北：里仁書局，1981），頁 308。
126 陳寅恪，《金明館叢稿初編》，頁 312。

「氏族非出自華夏」的西蕃人循例而稱其故土為西華、西夏。[127] 今天看來，葉國良教授的判斷使陳寅恪先生當年的考證得到進一步肯定。這一情況表明，時代的演變和個人不同的社會地位左右著人們的意識。唐代的外蕃終不能完全不計較自己的如何定位及其自稱。

　　大約與「破天荒」考中進士的劉復愚以「西華主」、「西華國君」稱呼其故土國主同時，進士陳黯寫了一篇文章，篇名〈華心〉。陳黯籍出潁川，在今泉州度過大半生，因而可能與蕃客有所接觸。〈華心〉一文內稱：唐宣宗大中（847-959）初，號稱「碩賢」的玄武節度使范陽公盧鈞向宣宗推薦了一位大食國人李彥昇。天子詔春司考其才，李彥昇於大中二年以進士及第，聲名大噪。這引發了時人的議論乃至責難。針對對盧鈞的如下指責：「受命於華君，仰祿於華民，其薦人也則求於夷，豈華不足稱也耶？夷人獨可用也耶？」陳黯在〈華心〉一文中申述說：「苟以地言之，則有華夷也，以教言之，有華夷乎？夫華夷者，辯乎在心，辯心在察其趣向。有生於中州而行戾乎禮義，是形華而心夷也；生於夷域而行合乎禮義，是形夷而心華也！」[128]

　　過了大約半個世紀，唐昭宗乾寧（894-897）進士程晏又有感而發，寫了一篇〈內夷檄〉。和陳黯相同，程晏提出禮義為區分華夷的準則：「四夷之民，長有重譯而至，慕中華之仁義忠信，雖身出異域，能馳心于華，吾不謂之夷矣。中國之民，長有倔強王化，忘棄仁義忠信，雖身出於華，反竄心於夷，吾不謂之華矣。」[129]

　　經過五代十國而入宋，人們看到，由於族群的對抗，宋人強調「華

127　葉國良，〈唐代墓誌斟釋八則〉，《臺大中文學報》，第 7 期（臺北，1995.4），頁 51-75，所引在頁 53-54。

128　陳黯，〈華心〉，參見〔宋〕李昉等編，《文苑英華》（北京：中華書局，1966），卷 364，冊 3，頁 1867-1868；亦見《全唐文》，卷 767，冊 8，頁 7986。

129　程晏，〈內夷檄〉，參見《全唐文》，卷 767，冊 9，頁 8650。關於〈華心〉與〈內夷檄〉二文，班茂森（Abramson, Marc S.），*Ethnic Identity in Tang China* 的結束語章有詳細的發揮，詳見該書頁 179-189。

夷有別」，華夷界限。例如，北宋的石介（1005-1045）生在澶淵之盟
締結之年。他在他的〈中國論〉提出四夷外也，中國內也，要中國恢
復固有文化，華夷互不相亂，與佛道兩教劃清界限。「各人其人，各俗
其俗，各教其教，各禮其禮，各衣服其衣服，各居廬其居廬，四夷處
四夷，中國處中國，各不相亂，如斯而已矣，則中國中國也，四夷四夷
也。」這樣的提議，為轉而成為「尊華夏賤夷狄」、「尊夏攘夷」埋下了
伏筆。130

　　在長期存在北方民族威脅而產生「華夷有別」論的情況下，宋朝
朝廷內一直存在主戰、主和兩派，「以銀、絹換和平」的主和派在絕大
部分時間內占上風。由於這種民族關係的現實，就規定了兩宋的政治主
題。131 與北方民族的「戰」與「和」，成為宋朝的重大「國是」。影響著
宋朝士大夫的正統觀。但是，在現實生活中，兩宋面臨的是北方新興起
的民族正以強大的活力，隨時伺機南侵的局面。面對勁敵，一方面就是
要做軍事準備，這就是兩宋時期朝臣不斷提出的「強兵」之論，以王安
石為代表。

　　另一方面，一些士大夫則是強調正統——「天無二日，民無二
主」、「一女不踐二庭」，作為抵禦北方民族隨時隨地可能入侵的思想武
器。例如南宋滅亡時，陸秀夫背負幼帝蹈海；還有一大批士大夫寧死不
屈，如文天祥等；更有多少婦女，以死捍衛「貞操」，都是這種教育的
結果。而在唐、五代，臣與君、妻與夫的關係，不像宋朝那樣明確，所
以有馮道一生「事四朝，相六帝」，晚年靦然自稱「長樂老」、仍作《長

---

130 鄧小南，〈試談五代宋初「胡／漢」語境的消解〉，收入張希清主編，《10-13 世紀
　　中國文化的碰撞與融和》（上海：上海人民出版社，2006），頁 114-137。原名〈論
　　五代宋初「胡／漢」語境的消解〉，《文史哲》，2005 年第 5 期（2005 年 9 月），頁
　　57-64。此為作者定稿，與發表稿略有不同。
131 參見陶晉生，《宋遼關係史研究》（臺北：聯經出版事業公司，1984）；陶晉生，
　　《宋遼金史論叢》（臺北：中央研究院、聯經出版事業公司，2013）；陶晉生，《對
　　等：遼宋金時期外交的問題》（臺北：中央研究院歷史語言研究所，2013）。

樂老自敍〉，認為此生唯一的不足是：「不足者何？不能為大君致一統，定八方，誠有愧於歷職歷官。」[132] 所以有敬翔之妻劉氏那種先後委身尚讓、時溥、朱溫，依舊對身為宰相的第四任丈夫敬翔盛氣凌人、連敬翔都要退讓三分的女性。安史之亂，雖然有張巡、許遠的殊死抵抗，但不是如南宋陸秀夫蹈海那樣的性質。上述種種在宋人看來極端「失序」的行為，看來在唐末五代時期被認為是正常的。

范浚（1102-1150）生在兩宋交替時代，基於時代背景，他在〈五代論〉總結說：「大抵五代之所以取天下者，皆以兵。兵權所在，則隨以興；兵權所去，則隨以亡。」[133] 此時此刻的文士形成的群體，逐漸提出與時代相應的共同關懷、共同識見，有了「化人成俗，安危存亡」的群體意識，願見天下一統。

朱熹（1130-1200）推崇范仲淹（989-1052）在「大厲名節，振作士氣」方面所起的作用，認為「本朝惟范文正公振作士大夫之功為多。」[134]（《朱子語類》卷 129）就南宋來說，程朱理學竟然將「忠君」觀念提升到「天理」的高度，對予皇權的鞏固起了至為重大的作用。

值得人們注意的是，在多族群長期對立過程中，既有族群衝突，也有文化融合。陶晉生先生在研究遼宋金戰和過程的同時也指出，女真民族崛起，以少數民族入主中原，建立金朝，而正是金朝，在糅合唐宋文化與遼金文化上，擔任了承先啟後的角色。[135]

從未經歷過異族的統治的南人，心理上本來鄙視蒙古文化的落後，加上元滅宋涉及到「夷夏之辯」，所以宋元之初，江南遺民如謝枋德等

---

132 《舊五代史》，卷 126，〈馮道傳〉，收入陳尚君編纂，《舊五代史新輯會證》，頁 3876。

133 〔宋〕范浚，《范香溪先生文集》（收入《四部叢刊續編》，冊 124）（臺北：臺灣商務印書館，1966），卷之 4，〈五代論〉，頁 10。

134 〔宋〕黎靖德編，《朱子語類》，卷 129，收入《景印文淵閣四庫全書》（臺北：臺灣商務印書館，1983），冊 702，頁 606。

135 陶晉生，〈金朝在中國歷史上的地位〉，收入《宋遼金史論叢》，頁 417-438。

的反抗意識強烈，然而，到了元末明初，遺民反抗意識反而不甚強烈。明代的國初有楊維楨、沈夢麟、滕克恭三遺老。不同朝代的遺民的蕃漢意識或華夷心態之演變或差異，是非常值得進一步細緻研究的課題。

本文原載於許倬雲、張廣達主編：《唐宋時期的名分秩序》（臺北：政大出版社，2015），頁139-196。

唐宋變革時期中原王朝與內陸亞洲主要族群政權的互動[*]

摘　要

本文係據第一屆「東吳大學陶晉生院士歷史講座」第一場演講增訂而成。六世紀末到十世紀初的隋（581-619）唐（618-907）兩朝歷史，在時人記載和後人著述中，大都被強調為幅員廣袤而統一的盛世。誠然，安史之亂（755-763）前的唐朝，委實可稱興盛。當時身為農耕地區編戶齊民的皇帝，同時被草原遊牧族群尊為天可汗。其後，八世紀中葉直到晚唐五代時期，政局動盪、多族群複合體的社會分化，特 是藩鎮分據地區，在胡風浸潤下而衍生政治、軍事、文化上的多元交疊。特別值得人們注意的是，跨文化的衝突與互動既促進彼此的涵化與融合，也構成朝代更迭和異族建立邦國的誘因或機緣。因此，探究中原王朝與遊牧族群在唐宋變革時期的演變與傳承，是本文的主旨所在。

關鍵詞：唐宋變革、隋唐五代、安史之亂、多元族群互動

---

[*]　張廣達教授為東吳大學陶晉生院士歷史講座教授，此文為該講座第一講內容，由蔡長廷、許正弘增訂成文。蔡長廷，京都大學人文科學研究所外國人共同研究者；許正弘，東吳大學歷史學系助理教授。另，第二講〈征服者與統治者——唐末五代以來內亞諸草原帝國與中原農耕地區政權的抗爭和互動之複雜性〉預計刊登於《東吳歷史學報》44（2024 年 12 月）。

一、引言：唐宋變革時期族群互動的歷史脈絡

　　本講旨在對北周（557-581）以來的中原王朝與內陸亞洲東部主要族群政權的互動做一初步探討。由於時間有限，不得不將探討唐宋時期前後的族群對立、衝突、融合、相互接納的過程，限制在北周、隋唐、五代至宋初，亦即從六世紀中葉開始，歷經大唐（618-907）與五代十國時期（907-960），再至宋代趙匡胤（927-976；960-976在位）開國，迄於十一世紀之初宋與契丹／遼達成澶淵之盟（1005）。

　　西元552年，突厥取代柔然，在漠北建立汗國，隨後三十餘年間分裂成東、西突厥。突厥建國的時間點，正值農耕地區結束五胡十六國的北魏分成東魏、西魏兩政權，並進一步演變成宇文周與高齊的時期。換句話說，此時期不論遊牧地區與農耕地區，皆受到北魏分裂的影響，更是孕育了南北朝晚期的勢力分野，直至楊隋和李唐兩朝的建立。五胡十六國如何孕育隋、唐？怎麼理解這段過程？

　　唐代早期統治者一方面在農業地區作為編戶齊民的皇帝，另一方面在草原被若干族群尊為天可汗（Tengri Qaghan），國勢盛極一時。但大唐到了中、晚期，因為多族群構成的社會分化，造成政局動盪不穩，國力走向衰亡。我們或許可以說唐朝前期受到五胡十六國的因素孕育了統一，在盛世後又重回多族群的衝突互動，產生新的動盪。對隋、唐而言，在胡風浸潤下，多族群互動衍生政治、軍事、文化上的多元交疊。基於不同利益與民族型態劃分，不論是遊牧地區的酋邦、汗國，或者是農業地區中一些分立的政權、皇朝，都是在多族群環境下相繼創立，在政治、經濟、文化層面都有所體現。大唐帝國的遺產，用韓國歷史學家朴漢濟的話說，就是「胡漢統合及多民族國家的形成」。[1]

　　在這種空間環境下，歷史研究者可借鑒費爾南・布羅代爾

1　〔韓〕朴漢濟著，郭利安譯，《大唐帝國的遺產：胡漢統合及多民族國家的形成》（新北：八旗文化，2020）。

（Fernand Braudel，1902-1985）在《菲利普二世時代的地中海和地中海世界》中提到的歷史三時段概念，區分不同的長時段（longue durée）、中時段，或某個短時期來處理具體的歷史表現。[2]歷史書寫的是長時段空間下的多族群衝突，短時段中的表現往往演化成具體歷史事件。所以治史者在自身專業學習中，除了注意研究和掌握原始史料之同時，也不能忽略近代科學所帶來的各學科成績，例如人類學、社會學、社會心理學等。好比美國人類學家埃爾曼・塞維斯（Elman R. Service，1915-1996）考察人類社會提出的四階段說：遊團（bands）—部落（tribes）—酋邦（chiefdoms）—國家（states）。[3]而遊牧民族和農耕地區民族居民的最大不同，就是農耕地區生產資料是基於農業的、是農耕所用的，而遊牧地區的牲畜既是生活資料，同時也是生產資料。這些學問對史學有參考價值，或可幫助我們處理長時段的問題究竟該怎麼看待，中時段裡又該總結哪些課題。但也要特別注意岑仲勉（1885-1961）先生的提醒，不可「昧於掌故，徒抱現代之觀點，尚論古代之民風，弊遂至於格格不相入」。[4]

中時段的主要內容，其實就在於多族群不同生產方式的互動，通過經濟上的利益衝突、合作、掠奪，重新進行分配。政治上出現的那些英明人物，如唐代的李世民（598-649；630-649 在位）、後唐李嗣源（867-933；926-933 在位）等人能夠處理複雜的族群問題，找到出路。他們的族群互動行為影響司馬光（1019-1086）的《資治通鑑》，最後加以記錄下來，也見於後繼王朝編撰正史所記載的某些事件。

在近代中國新史學發展過程中，日本史學家內藤湖南（1866-1934）於上個世紀初提出的唐宋時代觀，無疑是一項富有創見的發明。他強

2　〔法〕費爾南・布羅代爾著，唐家龍、曾培耿譯，《菲利普二世時代的地中海和地中海世界》（北京：商務印書館，1996）。

3　Elman R. Service, *Origins of the State and Civilization: The Process of Cultural Evolution* (New York: W. W. Norton, 1975).

4　岑仲勉，《唐人行第錄》（上海：上海古籍出版社，1978），頁 437。

調發生在這一時期的政治制度、社會結構、經濟發展、學術文藝等各個方面變革，體現中國歷史上的關鍵性轉變，而唐宋之際正是轉變的契機。內藤氏將這一出自宏觀視野的概括稱作「唐宋時代觀」，而人們通常稱之為內藤的「唐宋變革說」。唐宋變革說作為假說或學說，經過時代檢驗，具體內容有所改動，一些史實詮釋得到修正。但是，作為一種範式，持續為人們研究和闡釋中國歷史提供豐富的啟示，推動進一步探討唐宋變革期、宋史及宋元以後的歷史變革。[5]現在提到族群互動的課題，即便已有相當豐碩可觀的學術遺產，卻在過往唐宋變革說的討論中較少納入考量。過去，我曾發表〈從隋唐到宋元時期的胡漢互動兼及名分問題〉，多少有所闡發。[6]經過幾年的觀察，我認為仍有必要提請學界留意，相信有助於吾人更加認識唐宋時期歷史的全貌。

二、重要研究成果回顧

1. 陳寅恪（1890-1969）

　　在陳寅恪先生的著作中，可以發現他將研究的時間貫串長時段與中時段，這是相當特別的著眼點，也是他與今日學者不同的地方。在其傳世著作《唐代政治史述論稿》與《隋唐制度淵源略論稿》中，陳寅恪先生的討論特別著重在隋、唐。[7]《唐代政治史述論稿》上篇〈統治階級之

5　張廣達，〈內藤湖南的唐宋變革說及其影響〉，收入氏著，《史家、史學與現代學術》（桂林：廣西師範大學出版社，2008），頁57-133。

6　張廣達，〈從隋唐到宋元時期的胡漢互動兼及名分問題〉，收入許倬雲、張廣達主編，《唐宋時期的名分秩序》（臺北：政大出版社，2015），頁139-196。這種互動複雜性不只見於中國，更是歐亞草原地帶的重要現象，值得注意。參見 Jan Bemmann, Michael Schmauder (eds.), *Complexity of Interaction along the Eurasian Steppe Zone in the First Millennium CE* (Bonn: Vor- und Frühgeschichtliche Archäologie, Rheinische Friedrich-Wilhelms- Universität, 2015).

7　陳寅恪，《隋唐制度淵源略論稿》（北京：生活・讀書・新知三聯書店，1954）；同氏，《唐代政治史述論稿》（北京：生活・讀書・新知三聯書店，1956）。

氏族及其升降〉、下篇〈外族盛衰之連環性及外患與內政之關係〉也引
申了後期發生的變化，突顯前期「淵源」的重要性。陳先生針對唐代各
族盛衰之連環性提出見解，認為唐朝的衰敗非出自偶然，而是有一連鎖
性的因果關係。他進而推論種族與文化的重要，是為理解唐代的關鍵所
在。

　　引發唐朝存續危機的安史之亂（755-763），最後以失敗收場，唐皇
室得以維持存續，但陳寅恪先生卻認為亂後與中央持續抗衡的勢力，儼
然已將一朝分為二國。至後期藩鎮割據，各藩鎮依照不同形式生存，或
與中央強硬競爭，或是表面歸化順從實則獨立，更將名義上的統一王朝
碎片化了。誠如陳先生認為唐代後期實際上被分為兩國，我們可用「破
碎化」加以形容之。

　　這段歷史被後世的司馬光、歐陽脩（1007-1072）等史家記錄下
來，成為該時代的大歷史，這是史家對被記錄者和時代的認知與瞭解。
今天探討歷史，除了閱覽該時代的資料文獻，也要運用新出土史料做比
較。例如討論安史之亂中的柘羯（Čākar）、曳落河、義子、親兵等，可
以試圖追尋它的來源背景，查找內陸亞洲、中亞民族民情風俗的關聯。
如此處理，可將司馬光、歐陽脩等人所記錄的歷史體現於各個時間、空
間背景裡，另一方面也借助個別人物的主觀、文化層次的表達，帶領我
們更加認識歷史的樣貌。

2. 楊聯陞（1914-1990）

　　人們還可以談論一個朝代是完整的，還是破碎的，為什麼完整？又
為什麼破碎？對此，可參考楊聯陞先生在《國史探微》中的〈官修史學
的結構──唐朝至明朝間正史撰修的原則與方法〉一文所提到的「如
何」（How）與「為什麼」（Why）這兩個關鍵取徑。[8]〈官修史學的結

8　楊聯陞，〈官修史學的結構──唐朝至明朝間正史撰修的原則與方法〉，收入氏著，
　　《國史探微》（臺北：聯經出版事業公司，1983），頁351-375，特別是頁351-352。

構〉藉由中國古代王朝所編修的正史，包括《舊唐書》、《新唐書》、《舊五代史》、《新五代史》、《宋史》、《遼史》、《金史》、《元史》和《明史》九部官方史書，說明官方委託當時一批史學專家，由他們整理實錄，編寫歷史。史家在實錄選取什麼，為什麼這麼選，有何道理？這是楊先生提示我們如何對歷史進行仔細思考。確實，今天撰寫一篇論文，選擇什麼題目，要將其放在哪一時空背景？放在長時段或中時段？又或者置於長、中時段所交織、塑造的短時段加以處理，都值得深思熟慮。

楊先生在《國史探微》中還有〈從歷史看中國的世界秩序〉、〈國史諸朝興衰芻論〉等文，[9] 同樣也都指出了討論、處理歷史的方法，這些也涉及今天講題所著重的族群互動，提示如何看待歷史中的族群互動。我們還要參照陶晉生先生《宋遼金史論叢》收錄的〈同化的再思考〉和〈略論邊疆民族在中國歷史上的重要性〉二文。[10] 前者從同化的概念出發，在多側面（aspects）和互動的影響下，進而引發重新思索歷史中同化的意義；後者則從邊疆民族出發，以外族為整體討論中心，探討異族歷史的定位、作用，乃至重要性。

3. 傅禮初（Joseph F. Fletcher, Jr.，1934-1984）

我以前從大陸到海外與幾位西方學者、同事談論研究話題，許理和（Erik Zürcher，1928-2008）與謝和耐（Jacques Gernet，1921-2018）詢問：「你接下來打算從事哪方面的課題？」我說希望在向達（1900-1966）等先生的成果之上，繼續進行敦煌文獻方面的研究。許理和沉默幾秒鐘，回答說：「我覺得你應該花些時間看看西方當今的漢學家怎麼研究中國的歷史。」我感到他們的建議很中肯，切中要害。於是我借助

9　楊聯陞，〈從歷史看中國的世界秩序〉，收入氏著，《國史探微》，頁 1-19；楊聯陞，〈國史諸朝興衰芻論〉，收入氏著，《國史探微》，頁 21-42，特別是頁 27-29、41-42。

10　二文收入陶晉生著，《宋遼金史論叢》（臺北：中央研究院、聯經出版事業公司，2013），頁 515-532、533-540。

於他們的介紹，先後前往法國和英國，從那時起也建立與法國學者的聯繫。

　　二戰之後，伯希和（Paul E. Pelliot，1878-1945）於 1945 年底因癌症去世。二戰期間流亡法國的白樂日（Etienne Balazs，1905-1963）於 1947 年返回巴黎，1949 年被任命為法國國家科學研究中心（Centre National de Recherche Scientifique，CNRS）研究員，持續他當年在德國與福蘭閣（Otto Franke，1863-1946）合作的隋、唐兩代食貨志翻譯和研究。這時，參加二戰的一批歐洲青年學子陸續退伍，他們退伍後繼續回到學校唸書，有些也回到歷史學科。白樂日趁勢帶領當時冒頭的一批有才華的歐洲學子，舉辦歐洲的國際青年漢學家會議。歐洲國際青年漢學家會議一共舉行三、四次活動，白樂日當時從事制度史研究，也在歐洲青年漢學家會議上正式提出種種建議，特別是著名的「宋代研究計畫」（Le Projet Song）。[11] 當時中國派出的代表沒有直接了當的反對，卻獲得日本京都大學同事響應，更引起費正清（John King Fairbank，1907-1991）的注意。我在同事的介紹下接觸到幾位這樣的學者，非常感謝這幾位先生提示在當代做歷史研究的方針，提醒要參考有成就學者的研究成果。

　　本次講座講述內陸亞洲與唐代的族群互動，因而就涉及如何選擇切合課題的內亞史領域。在上個世紀的內亞史領域裡，哈佛大學有一位造詣備受讚譽的學者——傅禮初教授。他認為西元 1200 年，約略為成吉思汗（Činggis Qan，1162-1227；1206-1227 在位）開始活躍於歷史舞臺的時段，發生了一些連鎖事件，可以稱之為「多重歷史相互連鎖」（interlocking of histories）的時代。[12] 此一說法，今日也常常被研究中

11　關於白樂日的生平及研究介紹，見〔法〕戴密微，〈法國的經濟史漢學家白樂日〉，收入戴仁編，耿昇譯，《法國中國學的歷史與現狀》（上海：上海辭書出版社，2010），頁 299-306。

12　〔美〕傅禮初著，董建中譯，〈整合史：早期現代（1500-1800 年間）的平行發展與相互聯繫〉，收入伊沛霞、姚平、單國鉞主編，《當代西方漢學研究集萃・中古史

亞史的學者引用。無獨有偶,傅禮初所考察的「多重歷史相互連鎖」現象,在上揭陳寅恪先生有關唐史的著作中也有「外族盛衰之連環性」的提法,可與之相呼應。

4. 劉盼遂(1895-1966)

經過數十年的討論,史學界越來越明確地認識到,在寰宇性、多元文化容納性方面,唐代扮演著承上啟下的角色。它的容納性體現為包容多族群文化,例如在宗教上融合印度的佛教、中國的道教,以及遊牧民族信奉的祆教、摩尼教與景教,其他還有生活方面的影響等。

唐代的容納性與普世性,結合許多的民族元素,特別是代北鮮卑等族後裔還保存下來的某些慣習。楊隋、李唐兩朝誠然是承上啟下的統治者,他們結束五胡十六國混亂的局面,再度迎向統一的中國,比起前朝統治範圍更為擴大。我們應該探究:隋、唐以來的皇室來歷為何?為何五胡十六國之後是單獨由楊氏、李氏達成統一任務?

隋、唐的皇家來歷,大都與代北鮮卑族有所關聯。其中,某些關鍵族姓也有其他族群,不見得都是鮮卑族,源出匈奴的宇文氏即是一例。[13] 儘管如此,大多族姓仍然出自「五胡」中的代北鮮卑族,尤其是其中的拓拔部,證明當時確實是有兼容並蓄的格局。但不管是何族,根據現在看到定型文本的敘述,這些人都成為漢族。在現在漢文傳統史學中,漢、唐並稱已是常態,但實際上,漢、唐兩者存有很大不同。在不同程度上,隋、唐的文本敘事中多自託於漢族,成為漢朝以來的正統,以至於傳統史學多以漢、唐並稱。有無區別,實則不辯自明。這一點,宋代以來的史學家並非沒有覺察。

宋朝著史者對楊隋、李唐皇室來歷早已有所懷疑。儘管隋朝開國

卷》(上海:上海古籍出版社,2012),頁 321-354。

13 關於北周的宇文氏,據周一良師考證,當為匈奴後裔,有本有據,不能一概都納入鮮卑族的族群之內。見周一良,〈論宇文周之種族〉,收入氏著,《周一良自選集》(北京:首都師範大學出版社,2008),頁 220-239。

者楊堅（541-604；581-604 在位）、唐朝開國者李淵（566-635；618-626 在位）二人在建立王朝之際就宣稱自身的正統，仍然無法擺脫後世史家的重新檢視。為司馬光《資治通鑑》做標音和注釋的胡三省（1230-1302），對此早有敏銳觀察，他說：「嗚呼！自隋以後，名稱揚于時者，代北之子孫十居六七矣，氏族之辨，果何益哉！」[14] 這是胡三省見解的獨到之處。那麼何謂代北呢？這是解讀這段文獻需要首先解釋的。代北是五胡十六國時期鮮卑人拓跋猗盧（?-316）所建立的政權，歷史上稱之代國，是為拓跋北魏前身。此處有一點確實值得今人省思，人們一提起「五胡十六國」，都會說其中有五涼、四燕、三秦、二趙、成漢、大夏，卻沒有列入代國。如果加以擴大討論，或許可以說「五胡十六國」裡面所缺少的並不僅有代國。誠然，「五胡十六國」一詞為歷史學家所記錄下來並予以定義的，在文獻中亦可探尋得到。然而，就我們對歷史的瞭解，當時歷史上僅有五胡嗎？僅有十六國嗎？缺少的代國，也許可以進一步推論，這個名稱有助於理解隋朝起源，也有助於注意搜索隋、唐史裡族群融合所欠缺的重要來源資料。

關於隋、唐與代北的關係，陳寅恪先生的高足劉盼遂（1896-1966）先生，在所著〈李唐為蕃姓攷〉三文中前後共列舉十七條例證，論證李唐並非李耳後裔。劉先生認為：「李唐蕃姓之說，唐人蓋深知之。然率自為尊者諱莫如深。如終唐之世率無人訟言攻之。至宋代始有敢論其事者，如光、寧間松陽項安世即其人也。」[15] 位居皇帝的李氏非漢族之身，可能在當時已是廣為人知，只是世人不敢犯上招罪於己罷了。劉盼遂先生引用《永樂大典》採輯本所錄項安世（1129-1208）《項氏家說・說事篇》裡〈王氏李氏〉條：

14　〔宋〕司馬光編著，〔元〕胡三省音註，標點《資治通鑑》小組校點，《資治通鑑》（北京：古籍出版社，1956），卷 108，〈晉紀三十〉，頁 3429。

15　劉盼遂，〈李唐為蕃姓攷（三）〉，收入羴石樵輯校，《劉盼遂文集》（北京：北京師範大學出版社，2002），頁 658。

柳芳《唐曆》言「王珪曾祖神念在魏為烏桓氏，仕梁為將。祖
梁太尉王僧辯遂為王氏。至珪始為儒。」按此則《文中子》謂
其上世世皆有著述者妄也。16

　　唐朝宰相王珪（571-639）先祖出身於烏桓氏，隨著境遇逐漸改變
身分，由武將轉為文儒，前後落差頗為巨大。劉盼遂先生據《唐六典》
的記載也指出王珪本姓與複姓的問題，與前述史料有所吻合，加強了論
點的說服力。此外，盼遂先生更引用唐人柳芳《唐曆・高祖卷》之卷
首：

唐之祖為後魏金門鎮將，鎮武州（引者按：應為「川」），遂為
武州（引者按：應為「川」）人。至虎為西魏柱國，賜姓太野
氏。隋文帝作相時，始復本姓，為隴西李氏。17

　　此文明確指出唐朝開國者先祖出身鎮將，從姓氏的幾經輾轉可以看
出其先祖族群淵源的脈絡，過往認為李唐原先即為關隴李氏出身者，則
有些顛倒是非。劉盼遂先生〈李唐為蕃姓攷〉對李唐族源提出蕃姓的新
觀點，儘管在今天看來，他所列舉的證據有幾條稍微牽強，但仍然提出
新解，值得學史者學習思考。

三、六鎮的設置與「周隋唐皆出自武川」說

　　北魏孝明帝正光五年（524），為了抵禦柔然、內制高車與山胡而
建立的邊防六鎮鎮民，終於因為累積種種不滿而大舉暴亂，導致沃野
鎮破六韓拔陵（466-525）、柔玄鎮杜洛周（?-528）、懷朔鎮鮮于修禮（?-
526）及葛榮（?-528）、北秀容酋豪爾朱榮（493-530）相繼反叛。六鎮設

16　劉盼遂，〈李唐為蕃姓攷（三）〉，頁 658-659。
17　劉盼遂，〈李唐為蕃姓攷（三）〉，頁 659。

立時值北魏太武帝（408-452；423-452 在位），在北疆邊患的軍事考量下，設立六鎮以防禦柔然南侵首都平城（治今山西大同）。然而，至孝文帝（467-499；471-499 在位）時，因應文化、經濟等族群要素，將都城由平城遷至洛陽，對待都城的鮮卑族人與六鎮的方式漸有出入，文化差異也日趨擴大，最終爆發六鎮之亂。其後，爾朱榮得勢，揭開北魏分為東、西和北齊、北周相繼登場的序幕。約略在同一時段，在西元 552 年的漠北，則是突厥趁機崛起，取代柔然，建立突厥汗國，成為當時北方蒙古高原上的遊牧民族霸主。正是在這一時期的族群對立過程中，出現一批軍事豪傑，他們是建立宇文周一朝的奠基者，也是六世紀下半葉和七世紀初楊隋、李唐兩朝開國君主的上一代長輩，更是陳寅恪先生所說關隴集團之前身。

從實際史籍文獻記載來看，清代趙翼（1727-1814）《廿二史劄記》的〈周隋唐皆出自武川〉條即已明確指出：

> 魏之亡，則周、隋、唐三代之祖皆出於武川。宇文泰四世祖陵，由鮮卑遷武川，陵生系，系生韜，韜生肱，肱生泰，是為周文帝。楊堅五世祖元壽，家於武川，元壽生惠嘏，惠嘏生烈，烈生禎，禎生忠，忠生堅，是為隋文帝。[18]

北魏之後的北周、隋與唐的先祖皆出自武川鎮，三朝承續歷史脈絡同源的出身，也許並非歷史巧合所促成，或可作為推論五胡十六國是隋、唐皇室族群來源的探討線索之一。同篇史料進一步提到：

> 李淵（三）〔四〕世祖熙，家於武川，熙生天（賜）〔錫〕，天（賜）〔錫〕生虎，虎生昞，昞生淵，是為唐高祖。區區一彈丸

18　〔清〕趙翼著，王樹民校證，《廿二史劄記校證》（北京：中華書局，1984），卷15，〈周隋唐皆出自武川〉，頁319。

之地，出三代帝王。[19]

唐代開國者李淵的家世出於武川，與前述史料的宇文泰（507-556）、楊堅同源。三代帝王同出武川一地的淵源，也加深認識隋、唐兩代創建者與胡人族群的關係。清朝趙翼在《廿二史箚記》中的確切記載，顯示後人已對此問題有所考慮，也從過往紀錄上得到證明。

除距唐朝八百餘年後的清人記述外，唐代本身修撰前朝史，也提供了相關訊息。唐代令狐德棻（583-666）在《周書》的〈文帝紀上〉，說：

> 九世至侯豆歸，為慕容晃所滅。其子陵仕燕，拜駙馬都尉，封玄菟公。魏道武帝將攻中山，陵從慕容寶禦之。寶敗，陵率甲騎五百歸魏，拜都牧主，賜爵安定侯。天興初，徙豪傑於代都，陵隨例遷武川焉。[20]

令狐德棻所記錄的此條史料交代代都的軍事豪傑來歷：北魏之際即有大量豪傑據守代都，此地作為抵禦北方的前線區域有著不可忽略的戰略地位，亦是實力者輩出的場域。北周、隋、唐三朝之祖，皆出自六鎮之一的武川，實乃不能因為它位處區區彈丸之地，而忽視它在歷史的重要性。

四、唐朝政權的遊牧元素及其國勢的衰落

討論至此，可知唐代先世某些人物並非如過往記載之所述，撰述者往往任由君主的意圖所驅使而著筆，以利他們出身地位的升格化。事實

---

19 〔清〕趙翼著，王樹民校證，《廿二史箚記校證》，卷15，〈周隋唐皆出自武川〉，頁319。
20 〔唐〕令狐德棻等撰，唐長孺點校，《周書》（北京：中華書局，1971），卷1，〈文帝紀上〉，頁1。

上，唐皇室發源自前述的武川，而武川鎮諸將早先也是經歷搬遷而來，是為遊牧民族的緣故。遊牧民族的特徵為何是遊居遷徙，反覆更換牧地？根據哈扎諾夫（Anatoly M. Khazanov，1937-）的說法，他認為遊牧民族是有目的的遷徙，諸如基於生活、天災等原因，[21] 漢代南匈奴南遷就是因為北方發生災害。災害關係到遊牧民族的生活資料與生產資料，牛羊如果遭逢災害，可能因為牧草缺少、疾病等因素而大量死亡，促使遊牧民族進行長距離的、有目的的遷徙。此外是因時節、氣候狀況的日常遷徙，遊牧民族會根據季節時間定期遷移。武川既位於北方防禦的關鍵位置，又是距離遊牧地區相近者，因而適合作為遊牧民族的輾轉搬遷地。

　　基於民族文化與生產模式的差異，北周、隋朝和唐朝前期的掌權者，留意於借鑒前朝的外族治理漢地經驗，而開始創立新的典章制度。特別是北周，北周比照儒家經典《周官》，將新頒律令編為《北周六典》，以因應民族的差異性。到了隋朝和初唐時期，當政者更加注意此點。這有如皮耶・布迪厄（Pierre Bourdieu，1930-2002）提出的，一方面保持自身個性（identity），另一方面則維護慣習（habitus），同時也是為了適應新的區域文化、經濟條件，進而達成所謂文化上的交流。[22] 唐朝將律、令、格、式更加系統化，體現在《大唐六典》的編輯上，然而《大唐六典》源自於《北周六典》的事實，已逐漸被人們所遺忘。民族交流日益頻繁下，亦帶來文化影響和生活改變。實施府兵制、均田制等措施的目的，在於加強對外的作戰實力，這是因應兵制不同和戰力需求而設置，但至安史之亂爆發前夕，府兵制已無法發揮完全實力，朝廷只能另外招募兵將解決，也種下亡國遠因。陳寅恪先生將上述這些新興措

21　Anatoly M. Khazanov, trans. by Julia Crookenden, *Nomads and the Outside World* (New York: Cambridge University Press, 1984).

22　Pierre Bourdieu, trans. by Gino Raymond and Matthew Adamson, *Language and Symbolic Power* (Cambridge, Mass.: Harvard University Press, 1991).

施稱之為關中本位政策，也就是以關中為本位的執行理念，充分表現出
民族交流當中的互動、衝突與調和關係。

　　唐太宗曾先後編修整理不少資料。例如為了加強自身對漢人貴族門
閥社會的統治，一再編輯姓氏譜系，實有民族過渡上的政治考量因素。
山東、河北、河朔等地區，為漢族大家世代居住之地，面對朝代更替、
戰亂興亡，他們仍然可以在社會中保有一定的社經地位。唐太宗透過系
譜的重新整理與調整，一方面削弱貴族門閥的跋扈地位，另一方面也順
勢提升李氏在政治、社會的正統地位。除家族系譜外，唐太宗即位之後
也十分重視史書修纂，曾前後下令編纂《梁書》、《陳書》、《北齊書》、
《周書》和《隋書》與《晉書》，後來更讓李延壽（初唐時人，生卒年不
詳）編修《南史》、《北史》兩部綜合史。李世民對史書的需求可能出自
文化上的需要，特別是《南史》，藉以更加瞭解漢人文化，也彌補自己
不足之處。23

　　唐朝作為從武川遷徙到中原文化地帶遊牧族群後代所建立的政權，
在許多地方皆需要考量，包含需要建立政權結構，對於政治結構又需要
運用何種文字和法令加以穩固下來都是挑戰，最後建立出一套律令制
度。隨著時間推移或運作過程的變通，部分律令已顯得不合時宜，遂增
加格、式兩者，以彌補律令的不足和缺漏，這是唐代律令國家之稱的由
來。因此，受到唐文化影響甚深的日本學人，在總結唐朝特點時，首要
著重強調的是律令，其後則是重視儒教思想、漢傳佛教以及漢字，這四
者反映當時唐朝文化成果的繁榮昌盛。24

　　唐代中期國勢遠遠不如以往強盛，一些戰爭圍繞著唐朝的周邊，
內部藩鎮戰事也連綿不斷。當唐廷全力應對吐蕃和東、西突厥反覆協同
進犯安西四鎮之時，東北的奚和契丹兩族趁機崛起。697 年（武后萬歲

23　瞿林東，《唐代史學論稿》（北京：北京師範大學出版社，1989）。
24　〔日〕西嶋定生，〈東アジア世界の形成—總說—〉，收入《岩波講座世界歷史》，
　　第 4 卷《古代 4・東アジア世界の形成 I》（東京：岩波書店，1970），頁 3-19。

通天元年），唐朝名將王孝傑（?-697）率軍出征契丹而陣亡。747 年至
750 年，黑衣大食（阿拔斯王朝，750-1258）取代白衣大食（倭馬亞王
朝，661-750）。751 年（唐玄宗天寶十載，安史之亂前三年），唐與黑衣
大食發生怛羅斯之戰，安西四鎮節度使高仙芝（?- 756）統率多族群軍
與大食軍交戰，也以敗績收場。其後不久，出身粟特（Sogdian）、卻已
突厥化的安祿山（703-757）、史思明（703-761）所統帥多種親軍，包括
柘羯、曳落河、義子等親兵、親信，於 755 年至 763 年發動叛亂。唐廷
為平叛而從西域撤軍，國力至此一蹶不振，也使得唐代的漢字文化圈隨
之大為蜷縮。亂平之後，唐朝進入藩鎮割據時期，亦即中、晚唐時期，
已是無力回天，陳寅恪先生形容為儼然兩個國家的狀態。事實上，隨著
沙陀突厥等部族於中、晚唐時期逐步東遷代北，往後的五代十國再次進
入群雄割據的亂世，是可預見的。

　　當我們先把時間回溯至東魏、西魏與北齊、北周時期，空間則聚
焦於蒙古草原，可發現在柔然後崛起的突厥第一汗國（又稱東突厥汗
國），其後經歷尊奉唐太宗為天可汗的時期，至唐高宗時期重建突厥第
二汗國。此時要注意的是武則天經營安西四鎮，防止吐蕃跟突厥聯合，
反而使得東北地區的契丹、奚逐漸壯大。697 年，唐代名將王孝傑在討
伐契丹戰役中陣亡，在西域百戰百勝的一個將軍，對付不了契丹，就連
後來的安祿山都難以應對。總之，697 年是唐朝由盛世狀態開始逆轉的
第一個標誌。

　　第二個標誌是 747 年至 750 年，黑衣大食取代白衣大食後，在天寶
十年利用一個分支部隊，就和唐朝發生怛羅斯之役。高仙芝本想藉此消
滅大食人勢力，但由於他底下統治的葛邏祿（Qarluq）等突厥系族群叛
變而戰敗。第三個標誌則是安史之亂。粟特昭武九姓與突厥族群，彼此
在唐朝編戶齊民區域內呈現共生發展，突厥人借助粟特昭武九姓的文
化，以及經營商業能力的資助。安祿山與史思明的出身都體現這樣的背
景，且已有多種族群開始和粟特人結合，依靠以此發展出來的曳落河、

親兵、義子（假子），靠著這些自身培養出來的親兵起兵對抗唐朝。[25]

五、餘論：晚唐五代時期的族群互動——以沙陀為例

745 年，回鶻滅掉突厥第二汗國。在前述安史之亂中，回鶻汗國大力協助唐帝國。森安孝夫認為是粟特人勸服回鶻讓唐朝存在，對於回鶻更為有利。唐朝開邊與回鶻進行絹馬交易，回鶻人因此獲得巨大利益。唐德宗（779-805 在位）再次借回鶻人對抗吐蕃，回鶻與吐蕃在今天吐魯番進行非常激烈的爭奪。[26] 這些都要考慮到回鶻與粟特的共生利益，因此選擇支持唐朝。

840 年，黠戛斯擊破回鶻汗國。回鶻餘眾分為四支，其中約有十五部由烏介可汗率領投唐，其餘則由宰相馺職與龐特勤等人分別投向葛邏祿（天山東部）、吐蕃（河西走廊）、安西（天山西部），最後分別形成西回鶻國（天山回鶻國）與甘州回鶻國兩個政權。這段發展無疑都需要與隋唐王朝，以及整個歐亞內陸東部的歷史相互參照，才能更加了解多元族群在政治、經濟與文化不斷地互動與較量時所帶來複雜而深刻的變化。

值得注意的是，在此中時段時空背景下，突厥系族群廣泛分布在中央歐亞，《隋書・鐵勒傳》所記載諸部落，正是此一現象的具體呈現。例如在黑海北岸的伏嗢昏，就是現在的保加利亞，而曷嶽（Khazar）則是目前唯一得知曾改宗猶太教的遊牧族群。沙陀也是在此中時段背景脈絡下生活的多元族群之一。

沙陀是西突厥分支，故又稱沙陀突厥。根據《新唐書・沙陀傳》記

---

25 〔日〕森部豐，《ソグド人の東方活動と東ユーラシア世界の歴史的展開》（吹田：関西大学東西学術研究所，2010）。

26 〔日〕森安孝夫著，張雅婷譯，《絲路、遊牧民與唐帝國：從中央歐亞出發，騎馬遊牧民眼中的拓跋國家》（新北：八旗文化，2018），頁 350-352、373-383、386-390。

載：「西突厥別部處月種也。……處月居金娑山之陽，蒲類之東，有大磧，名沙陀，故號沙陀突厥云。」[27] 安史之亂後，吐蕃進佔隴右（河西走廊），唐廷勢力撤離。789 年，吐蕃攻陷北庭（治今新疆吉木薩爾），居於北庭周邊而以朱邪盡忠為首的沙陀七千帳歸降。809 年，沙陀首領朱邪盡忠及子朱邪執宜（?-835）率部眾三萬餘人東走投唐，吐蕃窮追，盡忠戰死，士眾死者大半。執宜帥其餘眾猶近萬人，騎三千，詣靈州（治今寧夏吳忠）降。靈鹽節度使范希朝（?-814）聞之，自帥眾迎於塞上，置之鹽州（治今陝西定邊）一帶，其後又隨調任河東節度使的范希朝，轉至河東代北。

　　基於上述陳寅恪先生有關隋、唐時代各族盛衰之連環性的論斷，人們是否可以考慮將傅禮初先生所謂「多重歷史相互連鎖」的時代提前，亦即從十三世紀提早到十世紀的晚唐時期？晚唐動亂始於懿宗咸通時桂林戍卒的叛亂（868-869），戰亂至僖宗朝（873-888）遍及全國各地。沙陀李克用（856-908）勢力盤據河東，在中原與朱溫（852-912；907-912 在位）形成爭雄的局面。907 年，朱溫篡唐，建立後梁。同年，契丹耶律阿保機（872-926；907-926 在位）也即可汗位。916 年，成為契丹的天皇帝。阿保機的做法就如同唐太宗，既是唐朝皇帝，又是那些內屬羈縻州府的遊牧部落之天可汗。

　　李克用、李存勗（885-926；923-926 在位）父子據河東與朱溫建立的後梁對抗，經過十七年的戰爭，李存勗於 923 年稱帝滅梁，建立後唐。936 年，石敬瑭（892-942；936-942 在位）建立後晉。947 年，劉知遠（895-948；947-948 在位）建立後漢。951 年，郭威（904-954；951-954 在位）建立後周。從朱溫建立後梁到趙匡胤受後周禪，凡 53 年，是為五代十國。後唐不承認後梁為正統，而以恢復大唐正統自居。於是在五行德運的選取上，選擇恢復唐朝的「土德」，藉以在軍事強

27　〔宋〕歐陽脩、宋祁撰，董家遵等點校，《新唐書》（北京：中華書局，1975），卷218，〈沙陀傳〉，頁 6153。

制力（military coercive power）、經濟優撫力（remunerative power）之外，再取得王朝作為正統的優勢（normative power）。根據方震華先生的研究，後唐李存勗係以李唐王室繼承人自居，宣稱唐室中興。[28] 不論採取何種方式，這些戎馬出身的領導人都必須與文士合作，重視禮樂儀式，重建官僚體系。於是，他們原本都以軍事為中心的政權發生變化，也間接造成這些武人統治者某種程度上的文儒化。但李存勗在滅梁後暫停軍事擴張，致力模仿唐代皇帝形象，希望以重建唐室為宣傳，藉以威服南方的獨立王國，卻也成為其政權快速衰亡的原因。

　　森安孝夫認為，五代中的後唐、後晉、後漢、後周，以至於北漢、北宋等王朝，建國的主要領導階層皆出於沙陀部，因此將這些國家都歸類於沙陀系王朝。[29] 在基本史籍中，晚唐沙陀突厥名稱除單稱沙陀之外，根據西村陽子在《唐代沙陀突厥史の研究》中指出，還有「沙陀三部落」（指沙陀、索葛、安慶）或「沙陀五部」（指退渾、契苾、沙陀、索葛、安慶五部落）等稱謂。[30] 這都反映歷史上族群的多重連鎖。更有甚者，宋初燭影斧聲的繼位之謎，或許也能從族群互動的角度重新思索，而非只是單純的政治謀殺。這已有學者開始關注，但仍有再作討論的餘地。（紀錄／洪浩倫）

28　Cheng-hua Fang, "The Price of Orthodoxy: Issues of Legitimacy in the Later Liang and Later Tang",《臺大歷史學報》，35（臺北，2005），頁 55-84。

29　〔日〕森安孝夫著，張雅婷譯，《絲路、遊牧民與唐帝國》，頁 341-344。

30　〔日〕西村陽子，《唐代沙陀突厥史の研究》（東京：汲古書院，2018）。

引用書目

一、傳統文獻

〔唐〕令狐德棻等撰，唐長孺點校，《周書》，北京：中華書局，1971。

〔宋〕司馬光編著，〔元〕胡三省音註，標點《資治通鑑》小組校點，《資治通鑑》，北京：古籍出版社，1956。

〔宋〕歐陽修、宋祁撰，董家遵等點校，《新唐書》，北京：中華書局，1975。

〔清〕趙翼著，王樹民校證，《廿二史劄記校證》，北京：中華書局，1984。

二、近人專書

岑仲勉，《唐人行第錄》，上海：上海古籍出版社，1978。

陳寅恪，《隋唐制度淵源略論稿》，北京：生活・讀書・新知三聯書店，1954。

陳寅恪，《唐代政治史述論稿》，北京：生活・讀書・新知三聯書店，1956。

瞿林東，《唐代史學論稿》，北京：北京師範大學出版社，1989。

〔日〕西村陽子，《唐代沙陀突厥史の研究》，東京：汲古書院，2018。

〔日〕森部豊，《ソグド人の東方活動と東ユーラシア世界の歴史的展開》，吹田：関西大学東西学術研究所，2010。

〔日〕森安孝夫著，張雅婷譯，《絲路、遊牧民與唐帝國：從中央歐亞出發，騎馬遊牧民眼中的拓跋國家》，新北：八旗文化，2018。

〔韓〕朴漢濟著，郭利安譯，《大唐帝國的遺產：胡漢統合及多民族國家的形成》，新北：八旗文化，2020。

〔法〕費爾南・布羅代爾（Fernand Braudel）著，唐家龍、曾培耿譯，《菲利普二世時代的地中海和地中海世界》，北京：商務印書館，1996。

Bemmann, Jan, Michael Schmauder (eds.), *Complexity of Interaction along the Eurasian Steppe Zone in the First Millennium CE*, Bonn: Vor-, und Frühgeschichtliche Archäologie, Rheinische Friedrich-Wilhelms-Universität, 2015.

Bourdieu, Pierre, trans. by Gino Raymond and Matthew Adamson, *Language and Symbolic Power*, Cambridge, Mass.: Harvard University Press, 1991.

Khazanov, Anatoly M, trans. by Julia Crookenden, *Nomads and the Outside World*, New York: Cambridge University Press, 1984.

Service, Elman R, *Origins of the State and Civilization: The Process of Cultural Evolution*, New York: W. W. Norton, 1975.

三、近人論文

周一良，〈論宇文周之種族〉，收入氏著，《周一良自選集》，北京：首都師範大學出版社，2008，頁 220-239。

張廣達，〈內藤湖南的唐宋變革說及其影響〉，收入氏著，《史家、史學與現代學術》，桂林：廣西師範大學出版社，2008，頁 57-133。

張廣達，〈從隋唐到宋元時期的胡漢互動兼及名分問題〉，收入許倬雲、張廣達主編，《唐宋時期的名分秩序》，臺北：政大出版社，2015，頁 139-196。

陶晉生，〈同化的再思考〉，收入氏著，《宋遼金史論叢》，臺北：中央研究院、聯經出版事業公司，2013，頁 515-532。

陶晉生，〈略論邊疆民族在中國歷史上的重要性〉，收入氏著，《宋遼金史論叢》，臺北：中央研究院、聯經出版事業公司，2013，頁 533-540。

楊聯陞，〈從歷史看中國的世界秩序〉，收入氏著，《國史探微》，臺北：聯經出版事業公司，1983，頁 1-19。

楊聯陞，〈國史諸朝興衰芻論〉，收入氏著，《國史探微》，臺北：聯經

出版事業公司，1983，頁 21-42。

楊聯陞，〈官修史學的結構——唐朝至明朝間正史撰修的原則與方法〉，收入氏著，《國史探微》，臺北：聯經出版事業公司，1983，頁 351-375。

劉盼遂，〈李唐為蕃姓攷（三）〉，收入聶石樵輯校，《劉盼遂文集》，北京：北京師範大學出版社，2002，頁 658-664。

Fang, Cheng-hua, "The Price of Orthodoxy: Issues of Legitimacy in the Later Liang and Later Tang",《臺大歷史學報》，35，臺北，2005，頁 55-84。

〔日〕西嶋定生，〈東アジア世界の形成—總說—〉，收入《岩波講座世界歷史》，第 4 卷《古代 4・東アジア世界の形成 I》，東京：岩波書店，1970，頁 3-19。

〔美〕傅禮初（Joseph F. Fletcher, Jr.）著，董建中譯，〈整合史：早期現代（1500-1800 年間）的平行發展與相互聯繫〉，收入伊沛霞、姚平、單國鉞主編，《當代西方漢學研究集萃・中古史卷》，上海：上海古籍出版社，2012，頁 321-354。

〔法〕戴密微（Paul Demieville），〈法國的經濟史漢學家白樂日〉，收入戴仁編，耿昇譯，《法國中國學的歷史與現狀》，上海：上海辭書出版社，2010，頁 299-306。

本文原載於《東吳歷史學報》42（2022 年 12 月），頁 1-22。

邊民互動

陶模、陶保廉父子在新疆

壹、陶模在新疆

一、陶模前半生的經歷

　　陶模（1835-1902，清宣宗道光十五年－德宗光緒二十八年），字方之，號子方，浙江省嘉興府秀水縣（今浙江省嘉興市）人。

　　陶模出生於貧寒之家。生父陶淵，過繼父陶源，均因家貧而棄學，從事興販貿易以餬口。陶淵恪守宋儒教導，每次外出經商歸來，必買回朱熹《小學》等書持贈族黨。陶模自幼身兼僮僕之役，早起，「料量米鹽菽水，入市鬻繒買絲」，[1] 向夜，捧書就母親織機之旁借燈光以

1　陶模子陶葆廉、陶保霖撰，《府君行述》，葉 2 上。編者按：陶模的兒子陶保廉，名字有時作陶葆廉。在為父親纂輯《陶勤肅公（模）奏議》，以及與弟弟陶保霖合撰《府君行述》的時候，使用的名字是葆廉；刊出《辛卯侍行記》、《求己錄》的時候，使用的名字是保廉。本文為求劃一，概作為陶保廉。至於陶保霖，到處均作陶保霖，即便在《府君行述》中也作保霖。
　　案，陶模一生事蹟，具見臺北國立故宮博物院圖書文獻處藏清國史館陸懋勳纂輯、劉啟瑞、顧實、夏啟瑜覆輯陶模列傳、行述冊凡九件，編號 702001597；又，該院圖書文獻處清國史館收藏陶模傳包多件，編號 702001597-1 至 702001597-6，其中的 702001597-6 號即上引陶模二子葆廉、保霖所撰《府君行述》；又，臺北國立故宮博物院圖書文獻處藏有清國史館陶模傳稿，其中協修駱成昌所撰陶模傳稿標號 701006114、總纂金兆蕃所撰傳稿標號 701007227；陳豪、繆荃孫所撰墓誌銘收在《清朝碑傳全集》中；此外，生平簡歷見《清史列傳》，蔡冠洛編纂，《清代七百名人傳》（二編，453-458），費行簡編纂，《近代名人小傳》等撰著。

讀。[2]由此可見，陶模一家的生活來源，除了靠父輩做生意，也有賴生母在家手工絲織，而入市售出母親織就的成品、買回原絲以供母親再織的，正是陶模。清文宗咸豐六年（1856），陶模補縣學生。咸豐十年（1860）夏，太平天國（1851-1964）的忠王李秀成為了解救天京之困，「圍魏救趙」，大舉進攻嘉興府，嘉興因而蒙受戰禍慘重。陶模父母即先後死在此次戰亂之中。陶模被擄入嘉興南門太平軍營，時年二十五歲，太平軍首領本想委以筆箚之任，陶模拒絕不從，被罰做碾米劈柴等苦役。太平軍攻湖州，脅迫陶模從行，陶模乘夜逃出太平軍。此後直到清穆宗同治三年（1864），陶模為躲避太平軍而輾轉流徙，時時藏匿於水鄉蘆港，在眾人求生不得的時候，陶模不顧非議和譏笑，依然忍饑讀書。為了表明自己是滿清臣子，政治上認同的是皇清，他每十餘天一薙髮，[3]藉以和太平天國的長毛相區別。太平天國被平定，陶模恢復了昔日清貧生活，刻苦讀書的同時，親執勞役，依然「晨起挾筐入市，歸則詣河擔水」。[4]人們看到，陶模日後居官，也沒有養尊處優，縱容自己稍有安逸。

同治六年（1867），陶模中舉人。轉年，同治七年（1868），陶模成

陶模本人撰述有《養樹山房遺稿》二卷。

陶模所上奏議，經陶模門人陸洪濤編為《陶勤肅公奏議遺稿》卷12（見陸洪濤序，陸洪濤於民國十三年致函陶保廉，相商編輯此遺稿）；再刊於沈雲龍主編，《近代中國史料叢刊》45輯之441（臺北：文海出版社，1966）；吳豐培、馬大正編，《清代新疆稀見史料匯輯》中冊（烏魯木齊：新疆人民出版社，1987），僅收陶模，《陶勤肅公奏議遺稿》卷1-4，新疆部分。

在臺北國立故宮博物院所藏《清代宮中檔奏摺件軍機處檔摺件》內有光緒朝陶模上奏摺片1312件，其中，陶模任職新疆和陝甘新時期的上奏摺片，列入軍機處檔者從第2筆（文獻編號129843）至第285筆（文獻編號142630）；列入宮中檔者從第442筆（文獻編號408002678）至第1116筆（文獻編號408003326）。又，臺北國立故宮博物院故宮文獻編輯委員會編有《宮中檔光緒朝奏摺》，1973年起由故宮博物院出版，共出26冊。

2　陶葆廉、陶保霖撰，《府君行述》，葉2上。
3　同上註，葉3上。
4　同上註，葉3下。

戊辰科二甲進士，入翰林院庶常館為庶吉士，時年三十三歲。同治十年（1871），散館。在明清科舉時代，庶吉士需在翰林院庶常館深造三年，期滿再次考試，根據成績，或是留翰林院為侍講、編修，或是分配中央各部為主事，或是外放為縣令，各有所奔，因而謂之散館。當時，陶模被分發為甘肅省文縣知縣，時年三十六歲。

在接受這一任命的時候，陶模的看法是，「今翰林、部曹皆易以汨人才，增習氣」，因而寧願外放為縣令，藉以「習為民事」。[5] 在獲知授任文縣知縣的當夕，陶模與友人陳豪相會於旅舍，剪燈共話，笑語「吏職得勤民」，[6] 認為外放正是踐履自己理念的機遇。

陶模生在中國傳統社會，就他出生的種族（race）、時機（moment）和置身的場域（milieu，field）而言，讀書應舉，謀求出身，然後踏上仕途，乃理所當然的取徑。但是，人們看到，陶模與眾多學而優則仕的唸書人有所不同。從他的生父陶淵極端重視朱子《小學》，可以推知陶模自小由於嚴格的家教而深受儒家思想的陶冶，及長，歷經艱險，備嚐苦辛，痛感變亂頻仍，其源有自，根在人心不正，因而更加服膺宋代理學，以宋代五子周張程朱陸為宗，關切傳統社會的倫理道德規範的重整。他又目睹當代講學家的虛憍，為文徒托空言，因而自己讀書反其道而行，案頭雜置儒家先賢書和時務書，力務潛修，斂才就範。至於陶模轉益多師，領會先賢教導和日益通達時務之後恪守哪些道德倫理規範、形成哪些政治理念，可以從他後半生踏上仕途的所作所為看到其具體體現。陶模在發跡之後所上給光緒皇帝和慈禧太后的奏章和條陳中，每每對比中外，考察天下利病，議論現實生活中的應然和實然，並以早年在故鄉和居官期間之所見所聞為旁證，大力攻訐官場的腐敗，痛斥社會上的種種陋規。陶模起家縣令，最後官陞督撫，沒有忘記自己出身的

5　見趙爾巽撰，《陶公神道碑》，陸洪濤編，《陶勤肅公奏議遺稿卷首》，葉 27 上。

6　見陶模友人陳豪撰墓誌銘，收在《清朝碑傳全集》，並見陸洪濤編，《陶勤肅供奏議遺稿》卷首。

貧寒與民間百姓的疾苦，一貫清廉，致力於把得自親身經歷的感性體驗和理性認識投放到經世致用之中，做到了畢生踐履與言談一致。陶模的兒子保廉、保霖在父親過世後所寫的《府君行述》中，將父親居官為宦三十一年的志向歸納為：「府君志在厚民生，培元氣。」[7]「府君常誦曾文正公居官以愛民為本之語，日以小民疾苦為念。」[8]保廉、保霖還約略歸納父親一生奉行的儒家理念和虛心體察、實心辦事的教導十六條，錄入「府君行述」的結尾部分。[9]

二、陶模後半生的化途經歷

陶模此後的任官資歷及其起訖年分[10]如下：

穆宗同治十年（1871）－同治十二年（1873）	甘肅文縣知縣
同治十二年（1873）夏－德宗光緒元年（1875）	甘肅省皋蘭縣知縣
光緒元年（1875）－光緒五年（1879）	甘肅秦州直隸州知州
光緒五年（1879）	署甘州府知府
光緒五年（1879）－光緒七年（1881）	甘肅迪化州知州 光緒六年得鹽運使銜
光緒七年（1881）－光緒九年（1883）	甘肅寧夏府知府 光緒八年甘肅鄉試內監試
光緒九年（1883）	署甘肅蘭州府知府
光緒九年（1883）－光緒十一年（1885）	甘肅蘭州道
光緒十年（1884）－光緒十一年（1885）	署甘肅按察使
光緒十二年（1886）－光緒十四年（1888）	直隸按察使
光緒十四年（1888）－光緒十六年（1890）	陝西布政使 護陝西巡撫
光緒十七年（1891）－光緒二十二年（1896）	新疆巡撫
光緒二十一年（1895）－光緒二十二年（1896）	署陝甘總督
光緒二十二年（1896）－光緒二十六年（1900）	光緒二十二年十月初四日實授陝甘總督
光緒二十六年（1900）－光緒二十八年（1902）	兩廣總督

7　陶葆廉、陶保霖撰，《府君行述》，葉 31 下。

8　同上註，葉 5 下。

9　同上註，葉 40 下至 42 下。

10　有關陶模資歷起迄年分，依據（一）國立故宮博物院文獻處清國史館陸懋勳纂輯、劉啟瑞、顧實、夏啟瑜覆輯陶模列傳、行述冊，該傳包編號 702001597，凡九件，其第四件列傳尤為重要；（二）陶葆廉《辛卯侍行記》；（三）《府君行述》。

　　從上面開列的陶模履歷，我們看到，陶模前後兩度任職新疆。第一度是光緒五至七年（1879-1881）任甘肅迪化州知州，為期大約兩年。第二度是光緒十七至二十二年（1891-1896）任新疆撫巡，為期四年多。實際上，在陶模撫新的最後兩年，亦即光緒二十一年（乙未，1895）和光緒二十二年（丙申，1896），清廷看到回民之變再度爆發於循化縣，河湟地區紛起響應，便命陶模兼署陝甘總督以平回亂。光緒二十二年（1896）十月初四，陶模因撫民供軍、平定回亂有功而得實授陝甘總督。這樣，陶模先任新疆巡撫，後署理陝甘總督與實授陝甘總督，加起來共達十年。光緒二十六年（1900）閏八月，陶模調補兩廣總督，未久，於光緒二十八年（1902）九月初九去世。

　　今天回顧同治十年（1871）以來陶模在隴右出任縣、州、府、道等牧令的經歷，顯而易見，他在這一階段積累的經驗大有助於他日後在新疆巡撫、陝甘總督任上做出成績。陶模初赴文縣任職的時候，隴右回亂尚未大定，親友皆為陶模單騎度隴憂心，陶模本人對大西北的局勢當然也有所瞭解，但既有「習為民事」、志在「勤民」的胸懷與抱負，又有太平軍時期諸多患難的閱歷和磨練，所以能夠「弗憚險阻，毅然挾二僕西行。」同治十一年（1872）六月，陶模行經安定縣，這位生在浙西、出身翰林的未來縣令，首度晉謁了自己的未來上司——正忙於平定回亂的陝甘總督左宗棠於軍次，並隨同左宗棠到省會蘭州，而後奉檄赴任文縣。文縣位於甘肅東南部，毗鄰四川省，山深地險，風氣蔽塞，陶模勤苦籌劃，刻意求治。在文縣時期，陶模身旁沒有幕僚，為了在貧瘠的蕃漢族群雜居地區維持比較穩定的社會秩序，保障民眾有比較安寧的經濟生活，陶模苦心籌劃，從懲艾匪首、肅清奸蠹，到設置縣學、化育平民，事皆躬親。順便一提，此後陶模三十年任職各地，出於擔心攜家多累，顧慮沾染官場習氣，除了短期有兒子侍側，從來孑然一身，沒有眷屬相隨。

　　同治十二年（1873）夏，陶模調補甘肅省皋蘭縣知縣。皋蘭縣緊鄰甘肅省城蘭州，為甘肅省治之首邑。皋蘭在戰亂中喪失田籍，陶模重加

丈量，並以算術步量清丈士紳隱占的土地。同治十三年（1874）歲末，回民又一叛亂首領閔殿臣急攻河州，陝甘總督左宗棠為平定閔亂而急徵援兵、車馬。陶模參預軍用物資的徵調，保證了供億無闕，軍行如流，總督所在的省城賴以大安。陶模此後在西北度過的二十餘年中，時時參預平定回亂，特別是在他任新疆巡撫後期，光緒二十年（甲午，1894）中日甲午戰爭爆發，九、十月遼瀋各軍相繼敗績，河湟回族趁機起事，破積石關，圍循化城。陶模以甘、新唇齒相依，派兵相援。光緒二十一年（1895）十月陶模奉命署理陝甘總督，徵兵籌餉，後再以實授陝甘總督的身分，統兵平亂。光緒二十二年（1895）二月初，陶模入嘉峪關，親臨前線擘畫指揮，次第平定河州、西寧、大通、綏來等甘青各地叛回，九月，關內外同告肅清。所有這一切，徵兵籌餉，統軍征戰，都以他參與平定閔殿臣的回亂為演習性序幕。

　　光緒元年（1875）初冬，陶模改任秦州知州。秦州本來是隴東南沃區，光緒元年和二年（1876）碰上了大旱連年，周邊各郡亦同苦饑旱，流徙秦州的災民多達數十萬。陶模為賑濟災民而在秦州分設粥廠。這筆花銷依靠調撥州署的進款，親自拜訪富厚之家釀金施賑等辦法來開支，加上他本人也掏腰包，捐出積攢的俸廉，總共得銀四萬多兩，款猶不足，則靠借貸彌補。粥廠的具體操辦和運作，由陶模遴聘賢能士紳，交由他們區分經理，土、客饑眾賴以得全生命。在秦州，陶模除了修建養濟院，推廣義學，撫卹嫠婦之外，還利用空隙窪地，浚為池塘，植芙蕖，蓄鱗介，所得收入用以修補城池，治理平川。陶模多種開闢財源的方式，不禁令人聯想到，陶模自幼生在浙西貧寒之家，促成他早年就懂得如何治生，而今他把居家治生的經驗進而擴大運用於從政。

　　人們從現存文獻記載中看到，陶模出任甘肅迪化州知州之前，以同治十二年（1873）出任皋蘭縣令和光緒元年出任秦州知州的治績政聲最為時人所稱道。可以說，治理文縣、皋蘭、秦州，是陶模此後治理隴右其他貧瘠州縣和出任新疆督撫的熱身準備。此後將近十年，亦即光緒九年（1883）之後的十年，陶模歷任甘肅寧夏府知府、甘肅蘭州府知府、

甘肅按察使、直隸按察使（光緒十一至十四年，1885-1888）、陝西布政
使（光緒十四至十七年，1888-1891），並一度再護陝西巡撫（光緒十四
至十六年，1888-1890），這讓他在履行這些地方官的職責過程中繼續經
受「勤民」的磨練。例如，在蘭州府任知府期間，他通過施行於甘肅、
歸總於蘭州道的抽釐法，並通過兼管茶榷，籌劃出來一套恤商辦法。現
存文獻還顯示，正是陶模出任地方官時所展現的器識和幹練，讓他贏得
了左宗棠等內外大臣的賞識和器重。當然，文獻中有些敘事不可盡信，
諸如下車伊始即著手剔除陋規、興利除害等等的表彰文字容或誇大，在
貪官汙吏治理下的多族群聚居地區，諸多弊端乃陳年累積所致，剔除起
來談何容易。但對陶模來說，擔任縣、州、府、道地方官，在戰亂和災
荒地區經受多番歷練，確實讓他瞭解了貧困得令人難以想像的大西北的
民情與軍情，積累了徵調供億、興作一切的實地經驗，因而使他日後在
西北地區任職治事更加周延與成熟。陶模逝世，兩廣總督和廣東巡撫聯
名上奏，請求賜卹，摺中列舉了陶模初官甘肅州縣牧令的一些作為，認
為陶模「一生事業，實基於此」[11] 這一評判，可以認為切合陶模的生平實
際。

三、陶模之任甘肅迪化州知州

　　陶模兩度任職新疆，下面讓我們先略述其第一次任職新疆的情況。
　　光緒六年（1880）四月，陶模初到甘肅迪化直隸州任知州。為什麼
這時候迪化稱為甘肅迪化直隸州？這是因為，乾隆二十四年（1759），
乾隆皇帝在設置伊犁將軍總統新疆的時候，烏魯木齊及其以東地區設置
州縣，劃歸甘肅，由文職管轄，烏魯木齊在更名迪化之後直隸於甘肅。
為什麼陶模恰在光緒五、六年（1879-1880）之際被派來此？這是因為

11　〈兩廣總督德壽廣東巡撫李興銳奏請賜卹摺〉，陸洪濤編，《陶勤肅公奏議遺稿》卷
　　首，葉 6 下。

多年戰亂北疆剛被收復 [12] 的形勢需要。人們知道，在此之前十八年，也就是在陶模到任甘肅迪化州知州之前的十八年，同治元年（1862），陝甘回民起事，同治元年至十二年（1862-1873），陝甘回變擴及新疆。同治五年（1866）九月，清廷幾經躊躇和延宕，終於將強調「塞防」的左宗棠調任陝甘總督，翌年初，任命左宗棠為欽差大臣，督辦陝甘軍務。左宗棠制定「先捻後回」的平亂方略和用兵次第，光緒元年（1875）五月，捻、回平定。左宗棠再被任命為欽差大臣，督辦新疆軍務。在收復新疆上，左宗棠制定「緩進急戰」方略，委任劉錦棠總理西征大軍營務。翌年，劉錦棠統軍出星星峽，入疆討伐阿古柏、白彥虎。劉錦棠用兵一年有半（1876 年 8 月至 1878 年 1 月），消滅了 1865 年來自浩罕的入侵者阿古柏，收復了 1870 年失陷於阿古柏的烏魯木齊和天山南北，亦即收復了除同治十年（1871）被俄國佔領的伊犁地區之外的新疆全部領土。在劉錦棠收復天山南北之後，由八旗滿營將領金順率軍繼續掃蕩北路，劉錦棠留駐天山南路，著眼於新疆建省在即，需要為廢除天山南路的軍府制、伯克制，改為行省郡縣制預做種種準備。因此，天山北路的甘肅迪化州的安民善後事務勢需簡擇他人承擔。兵燹甫息，民困待蘇，長期備遭阿古柏東侵和回民西進戰禍蹂躪的北疆，亟待時任陝甘總督的左宗棠推薦稱職的人選予以撫輯。[13] 於是左宗棠從陝甘兩省屬吏之中選出「治行第一」的陶模出膺此任。左宗棠奏稱：「陝甘兩省知州內，可任迪化州者，無若陶某。」[14] 實質上，這是有清一代由漢人取代滿人在北疆首邑迪化任官的開始。

　　陶模出任迪化直隸州知州，任務是善後。陶模到任，舉目所見，城邑化為邱墟，署衙一片焦土，他不得不將公廨衙署設在北庭（吉木

12　王樹枬總纂，《新疆圖志》，卷 1 建置至葉 2 下；癸亥年東方學會校補本，頁 32。
13　左宗棠上奏保舉陶模，請調陶模從秦州赴迪化州邊缺，見臺北國立故宮博物院藏光緒朝宮中檔第 1244 筆（文獻編號 408006183 號）。
14　陶葆廉、陶保霖撰，《府君行述》，葉 6 上。

薩爾），為時長逾兩年。迪化直隸州的轄境相當於今天的烏魯木齊及其周邊地區，田野間蓬蒿掩映，極目荒蕪。所謂善後，用陶模本人的話：「新疆諸須創辦，統言之曰善後，分之則頭緒百端。」[15] 在諸多頭緒中，陶模勢須先從安民著手，亦即安撫遺黎，安置屯戶，和輯土客、漢回、軍民，招徠商賈。更具體些說，陶模必須慇勤勸導，多方撫輯，以促使飽經長年戰亂的流民回歸耕作；安置屯戶，教養兼施，給以牛、種，使邊民再生久居之志；和解回漢，緩和仍然不時激化的民族矛盾或族群衝突，以防變亂再起；籌餉、裕餉，以安頓戰後被留用和被裁減的士卒；招徠商賈，促進貨運往來，以使匱乏物資向貧瘠地區流通。簡言之，陶模必須解決多年戰亂之後的民生問題，將全付精力投放在因地制宜、安排該州各族人群的生計上面。

　　陶模受命之初，根據自己的經驗，估計此行到迪化州任，毫無可能從百姓身上取得分文以供行政開支，因而行前舉借數年之債以備用。據稱，左宗棠任陝甘總督，為籌兵餉，曾經向匯豐等外國銀行和國內鉅商舉債。陶模此番借貸詳情如何，現已無從得知。迪化直隸州當時的情況是漢民百不存一，滿人略無孑遺。[16] 據現存記載，當時當地漢民還剩下一千九百餘家，但每家只有一、二人，絕大多數是秦隴湘楚皖蜀人的當兵者和從事工商業者；城鄉回民一千七百餘家，原籍多屬關隴，雜有新疆南路的纏頭回，亦即維吾爾人。至於其中受田而耕者，漢、回加在一起不過一千五百餘戶。可以想見，飽經長年戰亂的民戶，必然是戶口稀少，每戶或一人報一戶，或二三人報四五戶，而且男眾女寡。有的人家占地百畝乃至數百畝，但播種者不及三分之一。人無固志，歲歉則棄走他鄉，歲豐則以麥易銀，返回塞內。上級委派的職事人員用部尺丈量田

15　陶模，〈會商覆奏胡編修條陳邊務摺〉，《陶勤肅公奏議遺稿》卷 2，葉 10 下至葉 11 上；又見臺北國立故宮博物院藏光緒朝宮中檔第 571 筆（文獻編號 408002800 號），陶模、楊昌濬、長庚〈奏為遵旨議商胡景桂所陳新疆邊防善後事宜各條之經過情形〉。

16　陶葆廉、陶保霖撰，《府君行述》，葉 6 下。

畝，按規定的章程辦事，更加助長脫逃之風。陶模認為，規劃經營位於邊陲的窮荒之鄉，不可墨守成規，而應因地制宜加以變通，陶模變通解釋「周禮」的「一易再易」之制，允許百姓以二畝作一畝論，上地每畝納糧八升，中地每畝納糧五升半，下地每畝納糧三升，並在短時期內還按六成徵收，六年之後纔依上述定額繳納。陶模稟請左宗棠允准施行，邊民這才總算稍稍滋生長居久留的念頭。[17] 在這裡，人們看到，陶模撫輯流民、安置屯戶的要領在於使之有利可圖，萌生久留的願望，這是一種懷柔有效的安排。此外，陶模也照顧到遷築已毀的烏魯木齊滿城，重立祠廟等其他各項戰後復原工作。

四、新疆建省後陶模之任新疆巡撫、陝甘總督

以下讓我們再略述十年之後，光緒十七年（1891），陶模第二次來到迪化、出任新疆巡撫的情況。光緒十七年三月，詔授陶模甘肅新疆巡撫。西北地區十年來的形勢變化，決定了陶模此次任職新疆的任務與前此受命出任迪化直隸州知州不盡相同。行省初設，百端叢脞，從現存的陶模奏章看，他作為巡撫，有待他來處理的，是君主專制制度下的大量例行公事，諸如按期上報奏抄錄由，恭錄皇上的硃批並彙總之為摺單定期上報，請示文武官員的保舉任用，報批對文武官員的表彰請功或糾參懲戒，請准對病故、殉難官員、陣亡軍將士卒等的撫卹旌表，按月奏報糧價與降雨或降雪情況（此項按月奏報並附清單）、禾苗受災情況、麥類收成情況、賑災或豁免情況，奏報年度收支預算、釐捐（鹽釐、糖釐、土藥釐等）各局卡收支銀兩，奏請江浙河南等外省為甘肅籌解軍餉，報告修建公廨防營開支、防營弁勇和各局卡實在數目、各標各營餉銀餉糧草束數量和運輸腳價金額、屯田招墾情況、臺卡義學數目，請

17　陶葆廉、陶保霖撰，《府君行述》，葉 6 下至葉 7 上。

示不同民族和各族群之間發生種種糾紛或鬥毆造成人命官司的處理，如此等等，不一而足。所有這些處理例行公事的奏章，都按照沿襲了千年以上的《公式令》規定的格式、一絲不苟地撰寫，竭力表現對皇上的恭順和對皇權體制的忠誠。但是，陶模再次到來新疆所面對的，是時代變化所提出的問題，有待於他來處理的，是一些迫在眉睫的現實挑戰。當皇上批轉編修胡景桂奏摺中條陳新疆善後事宜，要求陶模加以考慮的時候，陶模從現實情況出發，斷然駁回了胡編修的裁兵裕餉、興辦屯田等多項具體建議。[18] 陶模心目中清楚，有待皇帝指示和大臣們建議的任務再多，都必須就其在新疆當地的相對重要性、相對急迫性和實際上的可行性來排列次第，無待贅言，在亟待處理的諸多任務中，「大要在安邊、息民」[19] 亦即安邊、息民才是重中之重。

（一）安邊

關於安邊，從光緒七年（1881）陶模離開烏魯木齊的十年來，俄國沿中國邊境拓地日廣，與此同時，英國通過阿富汗加緊向中國新疆推進。俄、英兩國在中亞久已展開的較量——所謂「大博弈」（the Great Game，Большая Игра），而今從新疆伊犁地區擴展到了新疆帕米爾地區。在劉錦棠因病卸任、魏光燾接任巡撫期間，英俄窺伺帕米爾地區的活動日益頻繁，日益加緊。[20] 光緒十七年（1891）之調任陶模再赴新疆，看來導因之一當是清廷的考慮，總理各國事務衙門意識到，應付日益緊迫的英國侵略清朝藩屬坎巨提（Kanjut）、俄國軍官率領一股股人

---

18 具見光緒十九年四月十八日〈會商覆奏胡編修條陳邊務摺〉，《陶勤肅公奏議遺稿》卷2，葉9上至葉18下。又具見臺北國立故宮博物院藏光緒朝宮中檔第571筆（文獻編號408002800號），陶模、楊昌濬、長庚，〈奏為遵旨議商胡景桂所陳新疆邊防善後事宜各條之經過情形〉。
19 陶葆廉、陶保霖撰，《府君行述》，葉10下。
20 王樹枏總纂，《新疆圖志》卷8國界4，葉1上至5上；癸亥年東方學會校補本，頁343-351。

數多少不等的哥薩克一再闌入帕米爾（The Pamirs）等外患，交給陶模處置當比魏光燾更為勝任。在考慮應對西陲形勢方面，早在光緒六年（1880），翰林院編修廖壽言就有預見，曾上疏保舉陶模，稱「俄羅斯方爭伊犁，當留意邊才，〔陶〕模器識宏遠，循聲久著。請諭宗棠量加超擢，假事權，被他日閫寄。」[21] 及至俄英爭奪帕米爾加劇，勢須揀尋一位能夠就地外擋俄英，內衛邊疆的人物，清廷看到「非公〔陶模〕無可畀者。」[22] 陶模赴任新疆巡撫，也認識到安邊任務的重大，面對英俄日益頻繁的交替入侵，勢需竭盡全力加以應付。

　　光緒十七年十二月初七（西元當已進入 1892 年），陶模到任，十二月初九從第二任撫臺魏光燾手中接過巡撫關防。陶模接任的當天，收到的第一份見面禮物就是喀什噶爾道李宗賓呈送的英軍侵入新疆邊境的稟報，稟報稱，英國兵從北印度侵入坎巨提。旋又有俄人侵佔帕米爾。[23]

　　具體說來，這份稟報所報告的情況正是上演中的一系列俄英角逐劇情中的最新一幕。光緒十七年（1891）年底，英國人從印度出兵哪格爾（Nagir），再占坎巨提（Kanjut），[24] 這一行動是針對同年早在六月俄國派兵遊弋帕米爾、揚言帕米爾各帕均歸俄屬所進行的反擊。1891年六月，沙俄塔什干總督派兵越界遊弋帕境，詭稱巡邊，六月二十二日派馬兵分三路，侵入帕米爾，向色勒庫爾（Sariqqol）進發，[25] 在阿克塔什（Aktash）和塔墩巴什交界處的畢依比達阪豎立標桿，張貼告示，聲稱此地現已屬俄；另有步兵隊安營住紮在依西庫洱湖（Yashilkul

---

21　見《清史館列傳》，陸洪濤編《陶勤肅公奏議遺稿卷首》，葉 33 上。

22　趙爾巽撰，《陶公神道碑》，陸洪濤編，《陶勤肅公奏議遺稿卷首》，葉 28 上。

23　陶葆廉，《辛卯侍行記》卷 6（臺北：中華叢書委員會出版，1957），頁 98

24　光緒十八年一月十九日陶模〈奏為英兵由哪格爾入坎巨提、頭目率眾逃竄、現擬遣送歸部各情形〉，臺北國立故宮博物院藏光緒朝宮中檔第 461 筆（文獻編號408002696 號）。

25　光緒十八年閏六月一日陶模〈奏為英俄越入帕米爾各卡、俄兵擬向色勒庫爾進發辦理各由摺〉，臺北國立故宮博物院藏光緒朝宮中檔第 491 筆（文獻編號408002725 號）。

/ Yeshil-kul，又譯伊什爾庫爾、葉什勒湖）附近的蘇滿（Surmatash /
Somatash）。[26] 英國質疑俄國此次派人馬進入帕米爾的動機，擔心這
會是俄國侵占帕米爾，打通通向印度的先奏，為此英國出兵哪格爾，
再佔坎巨提，以鞏固英國在印度的北部藩籬。光緒十八年（1892）春
夏，俄兵再度出兵帕米爾，設兵營於讓庫爾（Rangkul）和六爾阿烏
（Murghabi，按：六爾阿烏當是作木爾加布的異譯，木誤為六，當是二
字形近而訛）。對俄國的這次行動，英國再加反擊，唆使阿富汗遣兵到
蘇滿、波孜納（Buzzila），陳兵與俄對峙。俄國雅諾夫上校（Colonel
Yanoff）率領的俄兵在蘇滿開槍打死阿富汗兵十五人，一說十二人。依
西庫洱湖（伊什爾庫爾、葉什勒湖）和蘇滿本來就因有乾隆皇帝御碑的
傳聞而吸引著歐洲探險家 Ney Elias、墩摩伯爵（The Earl Dunmore）等
人雅諾夫射殺阿富汗兵事件使得蘇滿更加具有歷史性。

　　上文已提及，陶模實際接任巡撫，時間已在 1892 年（光緒十八
年）。今天，人們可以看到，光緒十八年二月二十三日陶模給駐俄使臣
許景澄的覆電，拒絕從蘇滿卡撤除戍卒。[27] 在五月初十給總署的諮文
中，陶模報告了針對四月以來俄軍在帕米爾的動態所做的具體防禦部
署。[28] 在六月二十五日給總署的諮文中，陶模報告說：「據喀什噶爾道
稟：閏六月初一日，俄兵一百數十名抵阿克塔什，初二日，拆毀卡房，
拘留馬勇，旋經俄官釋回，並言賠我卡房價值。聞俄塔什干總督親帶俄
兵約三千人，半駐六爾阿烏，半駐蘇滿，將阿富汗兵擊斃十一名，傷二
名，生擒五名。……蘇滿遠在，未可輕棄。分界固屬棘手，事變更難逆

26　蘇滿卡一名，墩摩伯爵（The Earl of Dunmore）寫作 Surmatash 或 Surma-Tash，見墩
　　摩撰，《帕米爾的諸帕——騎馬和步行探查喀什米爾、西部西藏、中國韃靼地區、
　　俄屬中亞的一年行紀》The Pamirs: A Narrative of a Year's Expedition on Horseback and
　　on Foot through Kashmir, Western Tibet, Chinese Tartary, and Russian Central Asia, 1885，
　　頁 167；榮赫鵬（Captain Frank Younghusband）寫作 Somatash，見榮赫鵬撰，《一個
　　大陸的腹地》（The Heart of a Continent）第 13 章，頁 298-299。
27　王樹枏總纂，《新疆圖志》卷 8 國界 4，葉 5 上；癸亥年東方學會校補本，頁 351。
28　同上註，卷 8 國界 4，葉 6 上、下；癸亥年東方學會校補本，頁 353-354。

料，惟於色勒庫爾、布倫庫爾添紮馬隊，以固第二重門戶而已。」[29]

　　下頁兩圖均取自墩摩伯爵撰寫的日記體遊記《帕米爾的諸帕》下冊。漢文地圖見該書下冊後附四幅地圖的第二幅，這裡僅摘取了該圖左下部分的大約四分之一。俄軍紮營於六爾阿烏（Murghabi，木爾加布）圖插在該書下冊 174-175 頁之間。再下頁的墩摩考查路線圖見該書下冊後附四幅地圖的第一幅，最後一圖取自譚其驤主編《中國歷史地圖集》，第八冊，圖 27-28。

　　在陶模的認知中，色勒庫爾實是南疆門戶，此地若為俄國奪得，對中國說來，「委屬切膚之痛」。[30] 面對俄英此番在帕米爾的對峙，陶模意識到，中國維護邊疆的問題跨入了籌備戰守、保衛南疆門戶的新階段。換言之，地緣政治形勢的發展，使得陶模面對的不再僅僅是侷限於新疆地區的邊疆政策（frontier policy），他的任務正在逐步轉變，他的安邊舉措越來越需要配合總理事務衙門的外交政策（foreign policy）。[31] 完全可以理解，光緒二十五年（1899），清廷降旨，給予陶模以陝甘總督兼總理各國事務大臣 [32] 的名義，這除了酬勞陶模安邊之功，也表明陶模的安邊舉措與大清王朝治下的中國與外國的折衝息息相關，具有了外交意義。

　　形勢演變若此，其來有自。乾隆二十至二十二年（1755-1757），清高宗乾隆皇帝消滅準噶爾和大小和卓木，將天山南北收入大清版圖，稱之為新疆，乾隆二十四年（1759），伊犁九城的寧遠城（伊寧，俄人

29　同上註，卷 8 國界 4，葉 6 下至葉 7 上；癸亥年東方學會校補本，頁 354-355。

30　光緒十八年十二月十三日〈籌備戰守摺〉，陸洪濤編，《陶勤肅公奏議遺稿》卷 1，葉 21 下。

31　Matthew W. Mosca, *From Frontier Policy to Foreign Policy: the Question of India and the Transformation of Geopolitics in Qing China* (Stanford: Stanford University Press, 2013), 參看書尾的幾點進一步研究建議。

32　臺北國立故宮博物院藏，《清代宮中檔奏摺件・光緒朝》第 1028 筆（文獻編號 408003240），光緒二十五年一月二十六日陶模，〈奏為遵旨兼總理各國事務大臣恭摺奏聞〉。

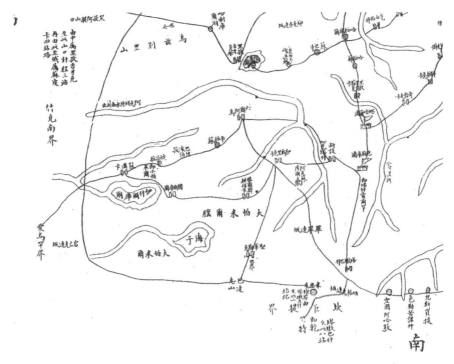

London. John Murray. Albemarle S

1892 年夏沙俄軍隊紮營於帕米爾地區的六爾阿烏（木爾加布）

RUSSIAN FORT AT MURGHABI PAMIRS.

[To face p. 175, Vol. II.

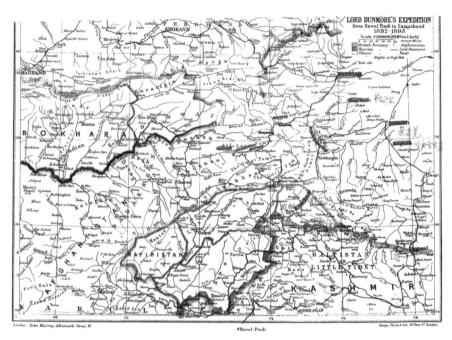

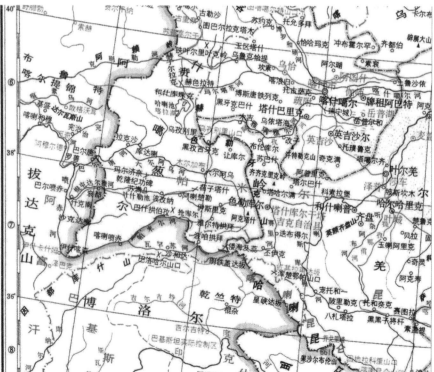

稱之為固勒扎／Kuldja）被確立為新疆的行政中心。哈薩克人和布魯
特人（吉爾吉斯人）重返巴爾喀什湖東南的塔拉塔勒河、伊黎河等七
河流域地區（Семиречье／Semirechie／斜米烈切）居住，在相當一段
時間內，他們被俄國視為大清國的子民。[33]道光二十至二十二年（1840-
1842）鴉片戰爭之後到19世紀下半期，內憂外患頻仍相繼，在世人面
前，大清皇朝的劣勢、頹勢日益彰顯。道光二十六年（1846）之後，俄
國在巴爾哈什湖東南建立闊帕勒城（Kopal），在特穆爾圖湖（熱海）之
北建威而尼城（Vernyi），兩城所在地區原本已列在清代版圖，節氣時
刻均載於時憲書，由於守土諸臣置若罔聞，於是察林河等處卡倫、塔城
之西舊雅爾城、伊黎河流域的三分之二相繼落入俄國之手。[34]咸豐元年
（1851），沙俄出兵佔領七河流域，即巴爾喀什湖以東以南地區，並於
八月六日與清廷簽訂《中俄伊犁塔爾巴哈台通商章程》，沙俄得到了在
伊犁、塔城地區通商，貿易免稅，自由居住，傳教等權利。此後，俄國
沙俄加緊向內亞和中國的外西北推進。中俄邊界經歷了如下三階段的變
化：

　　1. 咸豐九年（1859），清廷與英、法、俄、美四國講和，清朝的談
判官員完全沒有近代民族國家（nation-state）的主權與疆界觀念，在議
及新疆的時候提出新疆的邊境以常駐卡倫為界，這將功能僅僅在於管控
商賈、區別遊牧等之用的常駐卡倫與近代國家的國界混為一談，也等於
默認常駐卡倫之外其他類型的添撒卡倫、遊弋卡倫所在之地不屬於中
國。同治三年（1864），清政府與沙俄簽訂《北京條約》，而後在同一

33　В. В. Бартольд, Очерки истории Семиречья, Сочинения, том II, часть I, Москва:
Изд. Восточной Литературы, 1963, стр. 101.，漢譯見巴托爾德著，趙儷生譯，《七
河史》（北京：中國國際廣播出版社，2013），頁91-92。

34　光緒十九年四月十八日《會商覆奏胡編修條陳邊務摺》，《陶勤肅公奏議遺稿》
卷2，葉16下。又見臺北國立故宮博物院藏光緒朝宮中檔第571筆（文獻編號
408002800號），陶模、楊昌濬、長庚，〈奏為遵旨議商胡景桂所陳新疆邊防善後
事宜各條之經過情形〉。

年的九月七日（1864 年 10 月 7 日）再簽《中俄勘分西北界約記》（亦稱《塔城議定書》，通稱塔城之約）。這一塔城之約導致同治八、九年（1869-1870）勘界子約的簽訂，中國的西界為之丕變，俄國根據《中俄勘分西北界約記》及其後續的勘界子約拿走了巴爾喀什湖以東、以南和齋桑泊南北七河流域大約 44 萬平方公里的土地。

2. 同治十年（1871），全疆淪陷於英國支持的浩罕軍事首領阿古柏之手，俄國對抗英國，派兵侵占伊犁，一方面宣佈「伊犁永歸俄國管轄」，另一方面向世界宣稱，俄國「代收代管」伊犁，是對困於內患的中國的莫大善意行動。[35] 從此俄國盤踞伊犁十年，直到光緒七年（1881），經過曾紀澤努力交涉，簽訂《中俄改訂界約》，以捨棄伊犁西境和增加賠款為代價，竭盡全力爭回地當南北要衝、具有戰略意義的南境——帖克斯川。[36] 這一中俄改訂界約導致光緒八年（1882）長順、光緒九年（1883）升泰與俄國人訂立各段分立界牌之約，俄國繼續吞噬新疆西部大片土地，西界再變。

3. 光緒五年（1879）劉錦棠收復新疆，在邊境設置七卡。光緒八年（1882），中俄訂立喀什噶爾界約。光緒十年（1884），中俄再訂《中俄續勘喀什噶爾界約》，其中規定，中俄在帕米爾勘界，當從烏孜別里山口一直往南劃分。由於劃界，劉錦棠著眼於蒐集證據，特意於光緒十五年（1889）在乾隆御碑 [37] 所在地依西庫洱湖（葉什勒湖）增添蘇滿一卡，意在證明，御碑所在，其為中國屬地無疑，蘇滿因而不僅在中國人

35　Immanuel C. Y. Hsü（徐中約），*The Ili Crisis: A Study of Sino-Russian Diplomacy, 1871-1881* (Oxford: Oxford University Press, 1965), pp. 29-35.

36　曾紀澤，〈遵旨改訂俄約蓋印畫押疏〉，喻岳衡點校，《曾紀澤集》（長沙：嶽麓書社，2005），頁 39。

37　關於御碑，需要略略回述乾隆皇帝時期，乾隆二十四年（1759），乾隆皇帝平定南疆回部，窮追回部兩位首領大小和卓木直至依西庫洱湖，三戰三捷，遂將御製勒銘依西庫洱湖碑立在蘇滿卡迤北十里的地方。此碑碑身雖然無存，但碑座和斷石尚在，存漢文 83 字，滿文 84 字。請參看王樹枏總纂，《新疆圖志》卷 8 國界 4，頁 350。

心目中，也在英、俄人心目中產生了歷史意義。[38] 其後，光緒八年和光緒十年的喀城之約導致光緒十八年（1892）、光緒十九年（1893）勘分與防守帕米爾之事，西界三變。

　　陶模出任新疆巡撫，趕上的正是中、俄、英交涉的這一階段。和劉錦棠一樣，陶模也至為重視依西庫洱湖（葉什勒湖）碑，它是帕米爾屬於中國的明證，用陶模的話說，碑文斷無立於界外之理。[39] 對俄、英的不斷挑釁性的入侵，陶模上奏朝廷，提出「屬地當爭，邊要當守，新操法當習，兵釁不當開」[40] 的方針。這一方針也是他固守的底線。在民窮財匱，訓練新兵、引進新式戰法尚未就緒，敵強我弱、自身實力有待增強、對外不能輕易言戰的情況下，陶模運籌所及，也只能是應對有備，向要害邊卡增派戍軍，加強巡守，以靜制動。

　　為了論證「屬地當爭」，陶模舉出曾紀澤在俄京聖彼得堡的努力折衝，爭回伊犁地區的大部分特克斯河流域事例作為典範，稱「其功正不可泯」。[41] 陶模自己做出的「屬地當爭」的實例是，撫新期間，咨請伊犁

38　榮赫鵬在他的遊記中記載了蘇滿，敘述了這一乾隆立碑地點，他寫到：「This place is of historic interest.」見《一個大陸的腹地》（*The Heart of a Continent*），1994 年印度新德里 Book Faith India 重印版，頁 298-299。榮赫鵬提及 N. Elias 早在 1885-1886 年的帕米爾探查記中經過了該地，該行紀的附錄 B 為 Elias 的 Shighnan 行程路線，僅記錄了他的第八程讓庫爾（Rangkul）和第九程六爾阿烏（Murghabi），N. Elias 書現收在 Martin Ewans 編刊的 *Britain and Russia in Central Asia* (London: Routledge, 2008)，為該叢書的第五種，附錄 B 在頁 108-111。
　　19 世紀末，乾隆御碑碑身已經斷裂，上有碑文「……山之界，獲其降者萬人」、「四甄並發，如入無人之域」、「二酋見事不成，拔身遠□，士真如驅虎豹而逐狸兔」的三碑塊，被俄國人攜往塔什干博物館，參看墩摩伯爵（The Earl of Dunmore）的遊記《帕米爾的諸帕》（*The Pamirs*），1996 年印度新德里 Bhavana Books & Prints 重印版，下冊，頁 166-167，特別見頁 167 的小字附註。

39　同註 37，頁 351。

40　《清史館列傳》，葉 34 下。又據《清史稿》列傳 240，此為陶模接受長庚致書之建議。

41　光緒十九年四月十八日〈會商覆奏胡編修條陳邊務摺〉，《陶勤肅公奏議遺稿》卷 2，葉 16 上。又見臺北國立故宮博物院藏光緒朝宮中檔第 571 筆（文獻編號 408002800 號），陶模、楊昌濬、長庚，〈奏為遵旨議商胡景桂所陳新疆邊防善後

將軍長庚協助，向俄國索回了租期十年、但逾期不還的巴爾魯克山區。巴爾魯克山位於塔城西北，廣袤數百里，有林木水草，俄國租借十年，供俄屬哈薩克牧民放牧其間。俄國企圖久借不還。陶模爭之逾年，才得以收回俄國不按租約歸還的這塊土地。

在對外交涉中，陶模堅持的又一原則是「邊要當守」。陶模強調依靠自家的實力、盡最大可能防守邊界；面對英、俄一系列侵略活動，陶模首先要求南疆兵備道的官兵在物資匱乏下設法添兵駐守要害邊卡。光緒十八年（1892）正月，駐俄使臣徐景澄電告陶模，為了給談判鋪平道路，要陶模撤除蘇滿守兵。上文已經提及，陶模於二月二十三日覆電加以拒絕，陶模的論據是，蘇滿位於烏孜別里以南未定界，又有乾隆立碑，碑文沒有立在界外之理。特別是光緒十八年（1892），俄兵築壘於讓庫爾（Rangkul）、六爾阿烏（Murghabi），[42] 英國隨即唆使阿富汗派兵到蘇滿、波孜納（Buzzila），所有這些地點無一不在帕米爾境內，新疆將吏為此而憤激請戰，蘇滿卡斷無撤除守兵之理。陶模既然強調「邊要當守」，當然竭盡全力「嚴密防範，以免疏虞」，[43] 光緒十九年（1893）二月初九日陶模上奏皇帝，為了防備俄軍進取南疆門戶色勒庫爾等處，已加派進駐兵力。陶模除了報告從去年以來防務上的種種部署，為增強戍守與巡防而加撥派往帕米爾的馬步兵力以固門戶等項之外，也向皇帝表明個人決心，只要邊報有警，他本人「將不拘時日，馳赴南疆辦理防務，斷不敢稍涉遲緩，致誤事機。」[44] 同年，陶模奏請速議分界，及早劃界，以防俄人將未定界竄改為已定界，變生不測。

事宜各條之經過情形〉。

[42]　光緒十九年四月十八日陶模，〈奏明俄兵情形叵測及籌備戰手各緣由〉，臺北國立故宮博物院藏光緒朝宮中檔第 541 筆（文獻編號 408002771 號）。

[43]　光緒十九年二月九日〈會商籌防邊務摺〉，《陶勤肅公奏議遺稿》卷 2，葉 3 上，又見光緒十九年二月九日陶模，〈奏為遵旨會商籌備邊務緣由〉，臺北國立故宮博物院藏光緒朝宮中檔第 551 筆（文獻編號 408002781 號）。

[44]　同上註。

　　事態發展果然不出陶模所料，在所有邊卡中，蘇滿設置最晚，位置距喀什噶爾最遠，離帕米爾中心最近，因而也「最中彼忌」。45 光緒十八年（1892）四月，駐守蘇滿等卡的防守士卒聽命總理事務衙門，終於被迫掃數撤兵，退出依西庫洱湖界外，蘇滿舊界從此淪失。總署一誤再誤的結果是，兩年後，光緒二十一年（1895），英俄私分帕米爾界的時候可以不理睬中國，漠然置中國於考量之外。

　　俄英的侵略行徑時時引發朝廷內外的開戰議論，特別是光緒十七年（1891），俄侵帕米爾，英侵坎、哪的消息傳來，朝議大鬨，爭言用兵。此時此刻，強調「屬地當爭」、「邊要當守」的陶模，展現了他熟計利害的穩重一面。陶模平日重視分析和評估主客攻守形勢，瞭解敵我實力的懸殊，認為將士能內部剿匪，未必能外禦強寇。鑒於屢屢受挫於外敵，陶模提出訓練新軍，「新操法當習」。但是，陶模強調「兵釁不當開」，特別是在民貧財匱準備不足的情況下，當謹守地段，靜與相持，不可輕易言戰，尤其不能以小忿啟大釁。輕啟兵端，轉難收拾，戰敗的後果必然是割地賠款，蹙國殄民。孰能料想，一百二十年前，從安邊到外交政策，陶模已經有了他的相當成熟的態勢分析，陶模版本的 SWOT。

（二）息民

　　以下讓我們略述陶模再來迪化後有關息民方面的政績。新疆光緒十年（1884）建省，到光緒十七年（1891）已經七年。七年來，首任新疆巡撫劉錦棠（1884-1889，光緒十年十一月至十五年初在巡撫任）和接任者魏光燾（1889-1991，光緒十五年二月至十七年十二月）基本上完成了以州縣制取代原來的軍府制的組織建構任務。而今陶模再來迪化，迪化府城已是新疆省治。陶模作為新疆巡撫，致力的是進一步撫綏全疆各個族群，將善後工作推向深入，以防變亂再起。

45　王樹枏總纂，《新疆圖志》卷 5 國界 1，頁 184；卷 8 國界 4，頁 353。

　　光緒十七年（1891），陶模到任，雖欲安民，但苦無財源，銖積寸累，導致公私疲憊。以光緒十九年（1893）為例，協餉項下，新疆獲得歲撥銀 336 萬兩，[46] 到光緒二十七年（1901），這筆撥款穩定在 340 萬兩上。[47] 名義上這筆撥款是兵餉，實際上，一切例支、地方善後、旗營經費，全從這筆經費支出。善後項下，光緒十九年部撥新疆 14 萬兩，伊犁 112,000 兩，塔爾巴哈臺 3 萬兩。用陶模的話說，新疆全省一年的收入，不過相當於江浙一個大縣。[48] 即便如此，從現狀出發，還有一些意想不到的分攤，例如董福祥、張俊麾下的甘軍諸營移屯京師，每年要瓜分甘餉 80 萬兩。至於部撥善後用款，明顯少於軍用支出，陶模即便亟願興利除弊，也由於財政困難，動輒棘手，舉步維艱，14 萬兩的善後款項，在如此遼闊的新疆救貧、恤民，只能是象徵性的杯水車薪，無待贅言，不可能收到多麼顯著的實效。

　　在異言、異教、異風、異俗的多族群聚居的新疆，陶模盡可能採取措施，調解族群之間因累年積怨導致的種種利害衝突，盡可能讓受害者得到撫卹。檔案中留下這方面的較多案例，特別是在南疆維吾爾人聚居區，陶模留下了懲治一些地方官員和一些漢人不法之徒的奏稿。軍府制時期的伯克制的遺毒之一是基層的官吏任意徵調攤派；漢人中有些人專以放高利貸來盤剝維民。在重利盤剝下，維族的負債人為償還積欠，往往被迫賣妻鬻子，導致家庭破散。對於諸如此類的違法、犯法行為，陶模再三宣布嚴行禁止，仍有犯者從嚴察拿，嚴懲不貸。陶模平日會晤司牧之官，總要討論小民的艱苦。「纏回雖異服異言，同是朝廷赤子。今

46　光緒十九年四月十八日〈會商覆奏胡編修條陳邊務摺〉，《陶勤肅公奏議遺稿》卷 2，葉 9 下。又見臺北國立故宮博物院藏光緒朝宮中檔第 571 筆（文獻編號 408002800 號），陶模、楊昌濬、長庚，〈奏為遵旨議商胡景桂所陳新疆邊防善後事宜各條之經過情形〉。

47　James A. Millward, *Eurasian Crossroads* (London: Hust & Co., 2007), p. 149.

48　光緒 19 年 4 月 18 日〈會商覆奏胡編修條陳邊務摺〉，《陶勤肅公奏議遺稿》卷 2，葉 9 下至 16 上。

改設郡縣後，吏治未勝於昔，何以對斯民！」[49]

但是，在多族群相處的新疆，情況的複雜往往有超出人們所能想像者。滿、蒙、漢人之外，以信仰伊斯蘭教的穆斯林來講，既有內地流徙來的漢裝回，當地的土著維吾爾族纏頭回，也有半耕半牧的哈薩克、布魯特（柯爾克孜），特別是在中俄接壤地區，居民大多是半耕半牧的哈薩克、布魯特等族。哈族籍屬俄國者超過十之九，布族籍屬俄國者達十之五。再有，一個村落之內，往往既有華籍者，也有俄籍者，甚至一家之中半華半俄，一人之身忽華忽俄，數千里內，這一現象頗為普遍。「族類既判，爭訟滋多。」「睚眥小怨，動輒尋仇。」至於爭地、爭水、爭草、爭牛羊財物，細故小怨，爭訟更是沒有完了。有些貧而悍者流為馬賊，越境互盜。還有一類跨境者是陝甘的漢裝回而逃居俄境者（東甘）、浩罕纏頭回而入華境者，這些人教通國異，朋比為奸。由於華律洋律寬嚴不同，一些案件官方處理起來更加困難，很容易被認為有所偏袒。光緒七年（1881），中俄簽訂《改訂界約》，其中有俄國來華通商的若干規定，一條就是販運洋貨先不納稅。哈薩克人與浩罕纏頭回，人非俄人，貨非洋貨，只因身隸俄籍，也援例而不納稅。陶模有鑒於甘新地區華商所受如此不平等的待遇，只好奏請免除新疆全省的釐金，以免兵燹之後的本國商人獨獨受到苛待。

總的看來，陶模治理新疆，靖盜以剿以撫而著重在撫，察吏以嚴以平而著重在平，孚民以養以教而著重在教。

陶模治疆的另一方面，是從鞏固邊防、提高行政效率等多方面著眼，注意推進各項趨新事業，例如建設電報線路工程以改變驛站傳遞公文的資訊落後狀況、普查南北疆尋找新的交通路線以便於加強新疆境內和與嘉峪關內的聯繫、探尋礦脈以開闢新的財源等等。為此而選派華洋人員分道探察羅布泊、環塔里木盆地周邊，測繪地圖，勘察礦藏，

---

49 陶葆廉、陶保霖撰，《府君行述》，葉 15 上。

所得新道路、新山谿、新地名以及金鐵煤等礦苗均以數十百計，但終因人力、財力、運輸等諸多條件的限制，一些開發計畫未得實現，或有始無終。但沿途找到某處有水有草可牧，某處有土可耕，某處鹽鹼不毛，一一詳載於案牘，可供任事者日後使用。

在趨新的過程中，陶模必然隨時隨地觸及現實，顯而易見，現實情況使陶模認識到，若圖有所作為，必須在培育人才、開闢財源方面深謀熟慮，規劃長策。對比陶模光緒二十一年（1895）在西北和光緒二十七年（1901）轉到廣州期間所上的幾個奏章，可以清楚地看到，陶模本人是時代的產物。晚年任兩廣總督期間，更進一步提出停捐納、廢科舉、訓旗兵、罷內監。

早在陝西巡撫時期，陶模已經提倡士林研究實學，如陳伯潤「能造算學儀器、比例規、鋼筆、象限儀等十數具。前在陝，曾奉陶子方命，造數百副頒行州縣，云其價甚廉，極便學者。」[50] 為了鼓勵學子留心時務，他在署中設立輿圖館。鄒代鈞在湖北編制中國地圖，蒙陶模先後將甘肅、新疆、陝西等省新圖詳本寄來，為此，鄒代鈞請汪康年「為我登報，以表其扶植絕學之盛心，並可廣招別省之圖」。不久，鄒代鈞因製圖一事與張之洞意見分歧，擬辭館「遍走四方，以求有力之人成此舉。」其心目中的有力趨新之人，即為陶模、劉坤一等。[51]

及至出任新疆巡撫，陶模早在光緒十八年（1982）九月十四日即奏請在新疆設立俄文學館。[52] 僅此一端，就令人見識到陶模在培育切用於實際的人才方面的眼光。

光緒二十年（1894，甲午），中國被日本戰敗，和議未定，中外諸

50　上海圖書館編，《汪康年師友書箚》冊2（上海：上海古籍出版社，1986），頁1857。

51　同上註，冊3（上海：上海古籍出版社，1987），頁2746、2786。

52　臺北國立故宮博物院藏《清代宮中檔奏摺件・光緒朝》第518筆（文獻編號408002750-1），光緒十八年九月十四日陶模〈奏為新疆設立俄文學館懇請立案之緣由〉。

臣，趁機條奏，多言變法。光緒二十一年（1895）八月二十六日，時在出任新疆巡撫四年之後，陶模於〈覆奏中外臣工條陳時務摺〉[53]中提出：「欲求富強，必以崇節儉、廣教化、恤農商為先；欲新政治，必以變士習、減中額、汰內外冗員為先。」舉目世界，「東西洋各國之所以自立者，在法亦在人。」而今「更法非難，更法而無弊為難」，「不懲既往之弊者，不足與於將來之利也。」至於具體做法，陶模提出「核實用才」、「破格儲才」、「推行宜漸」、「根本宜急」四策。在這裡，陶模強調的急宜先治的根本是什麼呢？陶模認為是「學術未正，仕途擁擠」，原來「考試太濫，捐納太廣，保舉太多。」「不治病根，但學西法，聚闒茸嗜利之輩，以期富強，只於舊法外增一法，不得謂之變法，且於積習外增一積習，不得謂之祛積習。」為此陶模建議停捐例、汰內外冗官冗員。否則「多取一遊仕，即多傷一分元氣；每年收百餘萬之捐資，將來即償以千百倍之脂膏。」陶模的這一切合實際的主張，表明他越來越真切地認識到，必須培育新型人材，用以取代內外冗員。這一認識必然將導致他提出廢科舉，那只是時間早晚問題。

　　然而，正是在提倡「廣教化」的一面，陶模顯示了自幼備受儒家和宋學薰陶的影響，他的頭腦畢竟為儒家和宋學的一套論述所格式化。例如，他特別注意重修昭忠祠、明倫堂，重修明儒馮恭定公祠堂之後還要疏請列入祀典以正學風，赴任新疆沿途不忘拜謁各地縉紳，等等。

　　陶模在西北，走到哪裡，都要多設義學，在新疆，乃至防營也辦防營的義學。當時的西北地區沒有近代學術，學堂值得認真推廣。但是義學和學堂使用什麼做教材，則大可商榷。人們看到，在廣泛設置的義學裡，識字課本仍然不外乎《三字經》、《百家姓》、《千字文》、《日用雜字》乃至朱熹《小學》。這是繼承左宗棠、劉錦棠收復新疆以來的方針，試圖通過推廣儒家的教導，達到潛移默化童生的目的。實際上，新

53　光緒二十一年八月二十六日〈覆奏中外臣工條陳時務摺〉，《陶勤肅公奏議遺稿》卷4，葉12上至20下。

疆各族的兒童大多規避入學，有錢人視入學為苦役，往往僱人代替。

　　值得注意的是，光緒十八年（1892）八月十八日陶模有一份奏章，題為〈奏為尊旨刊發《勸善要言》並飭屬宣講之緣由〉，[54] 這份奏章當與光緒十七年（1891）九月八日京師的「京報」上刊布的一件光緒皇帝的上諭有關。《京報》報導說，當今皇上發現了先祖順治皇帝用滿文輯出的一部至理名言集，題為《勸善要言》，當今皇上深為這些至理名言所感動，諭令譯滿為漢，著武英殿刊印，頒發各省高官。[55] 光緒十七年八月初八，內閣奉上諭頒發《勸善要言》漢譯本給各省督撫，並發給直省學官，要求遵旨每逢初一和十五（朔望）與皇帝一起恭讀世祖皇帝與纂《勸善要言》和聖祖皇帝「聖諭」，並命令下屬人員恭讀之外，還得「宣講」。當年（1891）十一月二十四日和翌年（1892）三月十六日，《京報》分別登出了福建巡撫和黑龍江將軍的奏章，稟報他們收到了《勸善要言》一書，並已遵旨恭讀與宣講。陶模的〈奏為尊旨刊發《勸善要言》並飭屬宣講之緣由〉，也應該就是光緒十八年（1892），奉行這一諭旨之後回應當今聖上的奏章。

　　在清代道光、咸豐年間，清世祖在順治十二年（1655）編纂的《勸善要言》曾經幾次重刊，其中包括滿語漢語合璧本。從光緒十八年內務府遵旨重刊並發放的始末來看，光緒發現並諭令加以漢譯的應是滿語本。

　　顯而易見，光緒此舉用意在於宣示大清王朝為正統。下面是《勸善要言》一書滿漢合璧本的書影。

54　臺北國立故宮博物院藏，《清代宮中檔奏摺件・光緒朝》第 514 筆（文獻編號 408002747），光緒十八年八月十八日陶模〈奏為尊旨刊發《勸善要言》並飭屬宣講之緣由〉。

55　此據沙畹（Edouard Chavannes）〈1587 年鍾化民刊行的圖解洪武皇帝（1638-1398）《聖諭》〉（Les Saintes instructions de l'empereur Hong-Wou (1368-1398)），此文刊於法國《遠東學院院刊》（*Bulletin de l'Ecole Française d'Extrême-Orient*）卷 3 期 1（1903），頁 549。

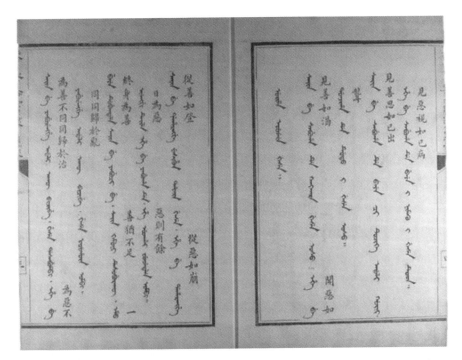

　　《勸善要言》發到新疆，看來陶模不敢怠慢。在他的督導下，南疆八城地區還進而刊行了滿、維、漢三語合璧本。今德國柏林國家圖書館（Staatsbibliothek Berlin）藏有哈特曼收藏品（Hartmann Collection），其中就有一份滿文原件的維吾爾語（Turki）譯本，書名為清世祖順治十三年（1656），滿維合璧《御製勸善要言》（*Turco-Manjurica: The Turki Translation of Shunzhi's Moral Exhortations to the People*），索閱號為 Zu 8390。

　　本書書名頁併列三種語言的書名，維語書名是滿語書名的直譯，而非依據漢語：

滿語：Han-i araha sain-be huwekiyebure oyonggo gisun（"Important speech admonishing the good, written by the khan"，此為 Eric Schluessel 的英譯）

維吾爾語：Hānniŋ tasnīf qilǧan yahši išǧä rawāj berädurǧan żurūr sözläri

漢語：御製勸善要言

　　值得注意的是，在滿維合璧《勸善要言》的書名中，順治皇帝的頭銜是「汗」，滿語作「Han」，維語作「Hān」，正文中另一處稱順治皇帝為「Uluǧ Hān」（大汗）。從正名角度考量，這一點值得注意，唐太宗李世民、遼太祖阿保機皆一身二任，既稱可汗，又稱皇帝。滿清王朝早期統治者，直到乾隆皇帝，也不把自己僅僅看成是繼承中國王朝的一個異族王朝，而是同時統治著多民族群體的大汗。

　　本書書尾有題記，題記明確指出，本書是巡撫陶模所交辦，印製時間是穆斯林曆 1311 年（西元 1893 年七月至次年七月），亦即光緒十九年（1893）下半年。[56] 哈佛大學的博士生 Eric Schluessel 依據書後題記，並參照 Rian Thum 的博士論文 *The Sacred Routes of Uyghur History*，指出，此書乃清朝官員喀什噶爾道的李提督交給喀什噶爾的 Nūr Muhammad Hājjī b. Sarīf Hājjī 書坊印製的。此書曾接連加印數次，印刷量共達 7,500 冊，免費分發，[57]Schluessel 也指出，印刷、分發此書目的顯然在於讓此書發揮勸善功能，曉諭穆斯林，將近三百年來，大清是正統。Rian Thum 另外根據 Johannes Avetaranian 的著作《改依基督的一位穆斯林：約翰・Avetaranian 的自述傳記》，[58] 考證出此書由滿語轉為維語的譯者是喀什噶爾道提督衙門的譯員、伊犁鑲藍旗 Solon 營 Adjutant Mandangga 之子 Fušan，並刊出譯者 Fušan 的相片。

　　根據陶模光緒十八年（1892）八月十八日〈奏為尊旨刊發《勸

56　網上發文介紹此件情況者是哈佛大學博士候選人 Eric Schluessel 氏。Schluessel 氏此文發表在 Manchu Studies Group 網頁的 blog 項下，發表日期是 2013 年 9 月 30 日。

57　Rian Thum 的博士論文 "The Sacred Routes of Uyghur History," PhD dissertation, Harvard University, 2010, 242。轉引自 Eric Schluessel 的上引網頁上發文。

58　Johannes Avetaranian, *A Muslim Who Became a Christian: the Story of John Avetaranian, an Autobiography* (London: AuthorsOnline, 2002). 轉引自 Eric Schluessel 的上引網頁上發文。

善要言》並飭屬宣講之緣由〉，人們現在可以推論，正是巡撫陶模根據皇帝光緒的詔令，才下指令給喀什噶爾李提督，由後者再交辦 Nūr Muhammad Hājjī b. Sarīf Hājjī 書坊多次石印《勸善要言》，累計印出 7,500 本。陶模效忠清廷，當然也不放過維族民眾，每月的初一和十五都要按皇上的旨意，命人用維語大力對眾宣讀和講解《勸善要言》，宣揚清王朝的正統性和做人的規範性。

五、陶模在陝甘治績的簡單概括

今天，我們回顧陶模在新疆的所作所為，或許不妨概括他的功績如下：

（一）宋儒為宗，而又通達時務。時值離亂之後，艱危之秋，處處以安邊息民為重。在新疆設省、漢人更替滿人主政後，陶模致力先在烏魯木齊地區，後在新疆全境安頓民生，重建社會秩序。

（二）在清穆宗同治（1862-1874）年間，新疆的邊疆（borderland）和邊界（frontier）問題引發頻繁交涉，代表大清帝國的總理各國事務衙門不得已與俄、英簽訂一系列條約。在與外國進行交涉和簽訂條約過程中，大清王朝，自覺不自覺，情願不情願，已被捲入西方模式的近代民族國家（nation-state）體系之中。大清皇帝不再被視為滿清大汗，而被稱為中國皇帝。光緒五至七年（1879-1881），陶模出任甘肅迪化州知州。有清一代，「迪化例以旗戍，必用滿員。」[59] 左宗棠、劉錦棠收復南北疆之後，改由漢人取代滿人經理天山南北，「漢人任迪化自公〔陶模〕始」。[60] 光緒十七至二十二年（1891-1896），陶模出任新疆巡撫，由於職責涉及守護邊要而日益捲入清廷外交。光緒二十一至二十六年（1895-1900），陶模從署理陝甘總督到實授陝甘總督，並在光緒二十五

59　見趙爾巽撰，《陶公神道碑》，陸洪濤編，《陶勤肅公奏議遺稿卷首》，葉 27 上。
60　同上註。

年（1899）被授予總理各國事務大臣的名義。這表明，陶模開始一身
而二任，既盡忠於君主體制和滿清皇帝，也同時為捲入近代民族國家體
系、面臨強鄰蠶食的中國國家效勞。

（三）陶模在新疆，在與俄英較量中居於弱勢的情況下，明確提出
「屬地固不可坐失，戰端又不宜輕啟」的策略。與此同時，盡力謀求增
強自身實力。

（四）陶模離開西北之前，中國在甲午戰爭中敗績，陶模再三再四
疾呼培養人材，勉圖補救。陶模根據在新疆推行趨新事業的經驗教訓而
提出，國之強弱，視人才為轉移，人才不足，不但和與戰均無可恃，即
幸而戰勝，亦無助於固本。

貳、陶保廉之隨侍父親在新疆和甘肅及其在此期間的著作

陶模次子保廉（葆廉）（清穆宗同治元年至民國二十七年，1862-
1938），字拙存、哲臣、質臣、菊存，別號淡庵居士、蘆涇遯士。光緒
十七年辛卯（1891），保廉年二十九，中舉人。同在這一年，父親陶模
被清廷任命為新疆巡撫，且奉命在赴迪化（烏魯木齊）履任之先入朝
覲見。保廉因而陪同奉詔朝拜國君的家君先循驛道東行，再西嚮新疆，
行歷秦晉趙魏齊燕六國之地，行程一萬一千餘里。保廉因而將記載沿途
所見所聞的此書題名曰《辛卯侍行記》。[61] 保廉此書分為六卷，卷一記
光緒十七年（辛卯，1892）四月自陝西省城西安啟程到天津的途程，
以下各卷分記自天津返西安（卷二）、自西安到蘭州（卷三）、自蘭州到
甘州（卷四）、自甘州經肅州、安西到哈密（卷五）、同年臘月自哈密經
吐魯番到達迪化（烏魯木齊）（卷六）的路徑。在此書中，凡山川關隘
之夷險，道路之分歧，戶口之多寡，人心風俗物產之異同，罔不勤諏廣

61　見《辛卯侍行記》丁振鐸序。

稽，取其事有關於經史及體國經野之大者，著於篇。此書有光緒二十一年乙未（1895）丁振鐸序和光緒二十三年丁酉（1897）何澤普跋，序稱讚「陶君博識前聞，究心時務。……體用兼備……頻年節署，依然鍵戶下帷，定省晨昏，編研午夜，它無耽翫。天性純篤，識趣高明。……茲以河湟不靜，中丞公奉命督師，君復追隨節鉞，密贊戎機。」跋稱讚保廉「上承家訓，簡采土風」，「切於身心家國」。[62] 以上丁序、何跋告知我們，在從政的許多問題上，保廉和父親的見解一致。下面就此略舉一例。

　陶模、保廉父子洞悉冗員與貪腐的共生關係及其導致人心不正的嚴重影響。例如設立電線一事，「今電局本商賈之事又弊於官樣，藐視商人，留難需索，大乖設電本意。」「電局誠有小利，然不明電學之局員冗食不少，縱有所贏，僅利入股之巨室，安能利國！仕途之弊以行，同商賈也。」在舉出電業界之部胥、俗吏挾電訊之術敲詐勒索、為非作歹的實例之後，陶保廉不勝感慨地說道：「外洋以電線為大利，我則如此，電之咎歟？人之咎歟？是故人心不端，雖有富強之術，百舉百損，電線其一端耳。」[63] 保廉就此而進一步論斷，「不求政本，不澄仕源，良法美意，不但無一可成，且益為厲階也。」[64]

　在陶模、陶保廉父子看來，根本出路在於大力培養人才，惟有以人為本，才能實現富民強國。

　《辛卯侍行記》並不是一部純粹的遊記，是書博采舊典，考證山川輿地，徵引書不下數十百種，稽考精湛，立言有據，洵屬紀行中上乘之作。特別是《辛卯侍行記》的最後兩卷（卷五、卷六）值得注意，兩卷記錄的是甘州以西到烏魯木齊的路程，其中引用的有些片段和某些資

62　見《辛卯侍行記》何澤普跋文（臺北：中華叢書委員會，1957），頁 7。
63　以上三則引文，均見《辛卯侍行記》卷 4（臺北：中華叢書委員會出版，1957），頁 91。
64　《辛卯侍行記》卷 6（臺北，中華叢書委員會出版，1957），頁 40。

訊，似乎從未刊行，例如新疆首任巡撫劉毅齋（錦棠）、代理巡撫魏午莊（光燾）曾經先後派遣副將郝永剛、參將賀煥湘、都司劉清和，裹糧探察敦煌以西玉門到吐魯番、敦煌西南陽關到和闐直隸州城的道路，各有圖記，端賴陶保廉此書，保存下來記錄的片段。[65]《辛卯侍行記》問世後不久，書中有些資料就被王樹枏等人在編纂《新疆圖志》時採用。

戊戌期間，陶保廉讀《時務報》，經葛心水和其弟陶保霖引介，與汪康年結識，曾就金石文字和西北史地有所交流，並贈以所撰《辛卯侍行記》，謙遜地表示「際此時艱，未脫餖飣科臼，正三水徐君所詬斥者，愧甚愧甚。」[66] 三水徐君，即徐勤。

光緒二十年（1894）秋冬，陶保廉仍隨侍父親在新疆巡撫任上，中日爆發戰爭。陶保廉憂心如焚，於光緒二十年甲午（1894）末，以三四個月完成《求己錄》三卷。《求己錄》署名蘆涇遯士撰。書名取自《孟子》公孫丑章「福禍無不自己求之者」。

是書上卷摘錄《左傳》中衛文公事、虢公敗戎事，《吳越春秋》越王勾踐事，《漢書》、《後漢書》中漢與匈奴事，《後漢書》中靈帝擊鮮卑事。中卷收丁文簡論契丹請絕夏元昊進貢事，司馬光乞誡邊城疏，蘇軾、程子、朱子的大量奏箚摘錄。下卷分憂時之語、經世之語、論和戰及恢復之語三個欄目廣收朱子一人的語錄。保廉在每條摘錄之後都附上一篇他本人的議論，他這樣發揮他的議論主旨說：「舍義理而談事功，則不變法固不足以救法之弊，專言變法而將來世道人心之患更有變而加屬者」；「世之識時務者往往有才而無行，而迂跨之徒又復託名於儒，以守舊為正，以主戰為高，紛呶叫囂，至於誤國而不之悟。雖名公巨卿負中外重望，明知其說之必不可恃，猶必假此自重，以博一日之虛名。」[67]

65　《辛卯侍行記》卷5（臺北：中華叢書委員會出版，1957），頁90-98。

66　上海圖書館編，《汪康年師友書箚》冊2（上海：上海古籍出版社，1986），頁2104。

67　兩條引文並見《求己錄》跋，見林慶彰等編，《晚清四部叢刊》第2編，78，頁269。

　　陶保廉的《求己錄》完成於光緒二十年（1894）年末，中日戰爭的勝負已見分曉。可以說，陶保廉在此書中淋漓盡致地發揮了父親陶模光緒十八年（1892）任新疆巡撫時期的態勢分析觀：不可以昧於審勢而忿激稱兵，「屬地當爭，邊要當守，新操法當習，兵釁不當開」。戰爭敗績之後，陶保廉更加大聲疾呼：自強本也，戰攻為末；黽勉自守，培元固本；變法當本末兼顧，尤以固本為先。

　　周作人曾寫過〈談策略〉一文，1936 年 1 月 17 日刊於《自由評論》第九期，署名知堂，[68] 其中引及陶氏《求己錄》。周作人文中引出陶氏《求己錄》下卷「言公論難從」條：

> 士大夫平日未嘗精究義理，所論雖自謂不偏，斷難悉合於正，如《左傳》所引君子曰及馬班諸史，毀譽褒貶，名為公論，大半雜以偏見，故公論實不可憑。…… 夫因循坐誤，時不再來，政事有急宜更張者，乃或徇公論而姑待之，一姑待而機不再來矣。百病嬰身，豈容鬥力，用兵有明知必敗者，乃竟畏公論而姑試之，一姑試而事不可救矣。濟濟公卿，罕讀大學知止之義，胸無定見，一念回護，一念徇俗，甚至涕泣彷徨，終不敢毅然負謗，早挽狂瀾，而乘艱危之來巧盜虛名者，其心尤不勝誅。[69]

　　周作人在文中還說，《求己錄》下卷中陶君的高見尚多。梁實秋氏曾特別指出：「（周）作人先生引陶保廉為知己，同屬於不合時宜之列。」[70] 周作人如何看自己，如何評價陶保廉，另當別論，僅從以上陶保廉的兩則議論，已足以看出陶保廉對當朝某些名公巨卿的評價。

68　鍾叔河編訂，《周作人散文全集》7（桂林：廣西師範大學出版社，2009），頁 40-43。

69　按，周作人所引此條見林慶彰等編，《晚清四部叢刊》第 2 編，78，頁 191-192。

70　梁實秋，《憶周作人先生》。

　　光緒二十六年（1900），保廉伴隨父親赴粵就任。當時，保皇、革命兩黨的領袖人物，大多出於廣東。保廉留心時務，益與各地維新人士交往，佐其尊公延攬多士，譽滿中外，被稱為清末「維新四公子」[71]之一。據吳敬恒《稚暉閑話》，陶葆廉與陳三立、譚嗣同、兩江總督沈葆楨之子沈雁潭合稱督撫四公子。此說可舉吳敬恒（1865-1953）、鈕永建（1870-1965）之在1901年（清光緒二十七年辛丑）獲與陶保廉建交作為見證。1957年9月，鈕永建為《辛卯侍行記》之在臺灣刊行影印本撰寫序言中稱：「時與吳君稚暉同客其尊公兩廣總督子方（模）尚書幕，籌備廣東大學堂及武備學堂。拙存先生成進士，究心時務，銳意新政，為當時督撫四公子之一。」在粵期間，保廉也常與番禺胡漢民（1879-1936，展堂）聚談於陶模督署之西花園。

　　陶保廉曾在武漢與鄭孝胥等人會面，後者對他的印象是：「頗無貴介氣，素聞其考論時務，且有所著，未之見，談次尚明白，間有未達語。」所說考論時務的著述，即數日後陶保廉贈予的《求己錄》。[72]有人函告汪康年：「拙存《求己錄》足以醒世，蘭州道黃觀察賞識之，囑寄閣下采擇傳播。」[73]

　　早年隨使西班牙、美國，擔任過駐秘魯使館參贊的謝希傅致函汪康年，「偶檢行篋，得陶哲臣公子書一通，慷慨時局，與諸公為並世奇英，不敢藏為枕秘，錄呈鈞覽，亮當擊節」，希望公諸報端，並請加跋語，並願代為擬稿。[74]

71　一說陶保廉與湖北巡撫譚繼詢之子譚嗣同、湖北巡撫陳寶箴之子陳三立、戶部侍郎徐致靖之子為徐仁鑄併稱晚清「維新四公子」。另一說是時人稱淮軍將領、廣東水師提督吳長慶之子吳保初與陳三立、譚嗣同、丁日昌子丁惠康為贊同維新的「清末四公子」，沒有陶保廉在內。
72　《鄭孝胥日記》冊2，頁777-778。
73　上海圖書館編，《汪康年師友書箚》冊4（上海：上海古籍出版社，1986），頁3728。
74　上海圖書館編，《汪康年師友書箚》冊3（上海：上海古籍出版社，1986），頁3077。

　　民國初年的清史館擁有一大批才學出眾的學者，主持人和參與者多是前清遺臣。他們反對共和，嚮往帝制，清史館成立之初，于式枚、繆荃孫、秦樹聲、吳士鑒、楊鍾羲、陶保廉六人在「開館辦法九條」中說：「我大清定鼎二百餘年，厚澤深仁，休養生息，上無失德之君，下無抗令之臣，固屬前代所稀有，而武功赫奕，拓土開疆，文教昌明，軼唐紹漢，急宜及時記載，足以信今傳後。」[75]

　　陶氏勤學，在歷史輿地有《測地膚言》，在中醫學有等多種著作行世。

本文原載於藍美華編：《漢人在邊疆》（臺北：政大出版社，2014），頁 177-212。

75　朱師轍，《清史述聞》卷 6。

《邊民在內地》緒論

　　讀者面前的這本論文集《邊民在內地》，是藍美華教授主持的「少數民族與現代中國的形塑」研究計畫的又一項成果。此前藍教授主編的《漢人在邊疆》業已刊行，[1] 本輯為該研究計畫的成果之二，兩本論文集均收在政大人文系列叢書「民族互動與文化書寫系列」之中。

　　研究計畫主持人藍美華教授，之所以將有關內地與邊疆的交互作用或互動過程的「文化書寫」分編為兩輯，書名一作《漢人在邊疆》，一作《邊民在內地》，是考慮到兩輯文章關注的重點有所不同。前輯的文章側重在探討各種身分、不同族屬認同的內地人士置身於邊疆的政治性、社會性、文化性的活動與作為；本輯《邊民在內地》所收文章，關注的主要是被滿清皇朝納入版圖的邊疆族群的活動，及其一系列當事人的所思所為、他們與內地的公私往來、他們的主動移徙或被動遷入內地的經歷、他們隨著清末民初大時代變化而遭際的命運。兩書文章探索的問題看來參差錯落，紛然雜陳，實際上均與探討「少數民族與現代中國的形塑」密切相關，分編為兩輯，有助於從時、空二維分別彰顯現代中國形塑的頭緒紛繁的歷史脈絡。

1　藍美華主編，《邊民在內地》（臺北：政大出版社，2014）。

一

　　「少數民族與現代中國的形塑」研究計畫，讓我們清楚地看到，中國歷史上的夷夏之辨，早自帝制時代起，就是族群互動、實力較量的反映。出現在中國歷史上各個時期的族群，統轄著大小不等的空間或分野（spatiality），隨各族群的實力消長而伸縮、而變遷，族群的領域（territoriality）因時而異，變動不居。中國傳統史籍記載的歷朝歷代，不外乎兩種類型：不是藉助武力擴張而揚威於域外的中原王朝，就是因赫赫武功而入主內地、被納入中原正統的外族王朝。換言之，在帝制時期的多族群互動，歸納起來，不外乎是中原腹心地帶建立的皇朝向邊陲拓展，或是邊陲族群建立的政權向內地推進。兩種類型的皇朝循環交替，中間不時穿插著諸多族群建立的諸多政權同時併立的過渡階段。人們已然習以為常地認為，中央集權、以正統自居的皇朝直接統轄的腹心地帶是內地、是核心（the core），納入皇朝版圖但又不歸皇朝大一統體系直接號令之下的地帶則屬於邊陲（periphery）和半邊陲（semi-periphery）。棲息在邊徼地帶（borderlands）的族群，在皇朝建立大一統的天下體制階段，多以內藩、外藩或四裔見稱，他們與中原王朝構成各種性質的宗藩朝貢體系。晚近，隨著從海外引進「邊陲」這一術語，和王明珂先生提出「邊緣」這一概念，人們越來越多地使用邊民這一概念統稱邊徼族群。

　　無待贅言，邊徼地帶的生態環境與中原內地大不相同。生態環境的差異，導致邊徼地帶與內地在人口結構、生活方式、社會結構、經濟資源配置、政治形態等諸多方面產生地域性差異，而地域性差異又進而影響生活在各自區域的族群（ethnos，ethnic groups），及其個人活動形成各具特色的慣習（habitus）、文化和心態，並再進一步制約著各自的身分（status，identity）或族屬認同（ethnic identity）。簡言之，在近代中國以前的歷史上，內地與邊徼的分野，實際上無一不是由於生態差異衍生而來。由此進而呈現為中國歷朝歷代，乃至內陸亞洲史上中原和四裔

族群之間長期的、從未間斷的對峙、衝突與拮抗（antagonism），並不時演變為多族群的長期激戰，例如五胡十六國時期、五代十國時期，陷入戰亂不已的族群飽受摧殘。但是，對內地與邊徼雙方而言，也同樣是由於生態差異，衍生和派生出來對於雙方說來均不可或缺的一種需求：「非我族類」之間不能沒有必要的交際與往來。歷史上實際展現的情況是，即便在戰亂頻仍擾攘的年代，邊疆與內地的不同族群的雙向交往或互動（interactions），也從來沒有間斷。內地與邊疆的我者和他者雙方，無論是在族際之間，還是在個體之間，無論是從族群上層到草根基層，雙向的交互作用既時時演出為政治性的區隔、對抗、暴力衝突，也更經常體現為生計上的相互依賴、文化上和思想意識上的趨同、乃至社會性的磨合與混一。近年對生活在魏晉南北朝和隋唐五代時期的大量粟特人（the Sogdians ／昭武九姓）的相關研究，讓人們清楚地看到，異族之間正是因為各有所長而互補各自所短，生成和維持著某種共生（symbiosis）關係。粟特人在促進歐亞內陸幾乎所有族群之間的物資交流、文化交流，乃至在豐富許多族群的政治、文化生活上，起了非同小可的作用。

在這裡，對於我們研究的課題說來，應當強調的一點是：歷史上的族際互動與趨同過程並非單調一致，而是因地、因時、因不斷變化的國際形勢之不同而不同。拿清代來說，有清一代，滿族統治者以內亞邊疆族群之一員的身分入主中原，可以視為中國歷史上規模空前的一次邊民跨入內地。在1840年的鴉片戰爭之前，大清皇朝在觀念上標榜破除夷夏之防，在實踐上將許多過去從未整合到中國皇朝體制的族群納入了龐大的帝國。在治理邊疆的用心擘畫、籌措方面，大清王朝超軼前代。按照前賢的總結，滿清治理邊疆，其政制、教化方針，與治理內地22行省迥然不同：內、外蒙古地區被列為「外藩」，理藩院總理其上；以盟旗、聯姻控蒙古；以軍政、軍府制度治東北和新疆；以駐藏大臣、《善後章程》規定的體制羈西藏。這種因地制宜的治邊策略、因族群而異的互動方針，使清帝國得以在前期，維持著內地與邊疆的相對穩定。在與

遠離邊境的族群互動方面，清廷前期也頗為在意與之保持必要的往來。例如，康熙晚年派出圖理琛（1667-1740），訪問伏爾加河下游地區土爾扈特部，以及包括俄羅斯在內的諸多毗鄰地區。至於天山南北各族人群，經常往來於內陸亞洲各地，近至塔什干，遠達喀山、莫斯科。如果再考慮到文化與宗教方面，天山南北的許多族群，與阿富汗、阿拉伯半島、土耳其等中亞、西亞諸伊斯蘭國度保有傳統聯繫。晚清以來，新疆地區與沙俄境內的中亞地區聯繫更見緊密，新疆一些民族，如維吾爾、哈薩克、烏孜別克族等，本來就由於與中亞地區民族血緣相同或相近，再加伊斯蘭教義的長期影響，彼此不斷互相進入對方境內遊牧、經商。在七河流域（Semirechie）的各遊牧部落之間，清廷僅設「移設卡倫」、「添撒卡倫」，用以補助「常駐卡倫」的功能。十九世紀以來，面臨西力東漸、列強加緊入侵的新形勢，滿清皇朝卻久久陶醉於其前期盛況，閉目塞聽，拒絕開放國門。1840年鴉片戰爭之後，中國經歷了有史以來的劃時代巨變。面對英、法、俄等西方列強的迭次入侵，滿清政府在全然不瞭解西方的「地緣政治」和十九世紀的國際環境的情況下倉促應戰。在邊疆問題上，滿清統治者迭次抗爭、迭次失敗，之後不得不在屈辱、無奈的情況下，被動地接受「西方條約體系」。在西方強權的軍事、外交、貿易的一再衝擊和多重壓力下，滿清帝國被迫適應西方近代「民族國家」（nation-state）的國際範式，相應地改造傳統王朝的國家體制，也在向近代國家轉型的過程中，改造宗藩朝貢體系，重構國內族群關係。到了十九世紀末，日本經明治維新而脫亞入歐成功，也加入了宰割滿清皇朝的行列，而且後來居上。滿清政府到此方才進一步接受源自西方的、以「民族國家」為單位的、近現代主權觀念支配下的領土歸屬觀念，和與之相應的國際關係。1912年2月12日，清朝末代皇帝溥儀頒布退位詔書，在此之前，清朝政府已經按照近代民族國家的領土觀念，與列強簽署了十幾個涉及領土的條約。收在上述兩輯的多篇論文，所分析的個案涉及了這方面的內容。

　　1912年，中華民國建立，民國取代了滿清，在繼承大清王朝領

土、將原來的「臣民」變成了「國民」的同時，也繼承了大清王朝留下來的政治遺產。在新舊交替的動盪中，邊疆地區也隨之出現了不同於傳統時代的邊界糾葛，以及諸多新型政治構建的案例。一些歷史上居住在中國邊陲的族群，在與新的中央政權打交道上，在族群認同上，提出了一系列離心離德，但又難以與內政和外交斷然切割的問題。民國初年，在俄國鼓動支持下，外蒙古首先宣布獨立，繼而蒙、藏私自簽約，準備與中國進一步脫離關係。中國北洋政府既無力壓制外蒙古和西藏的獨立和實際分離活動，也不能有效地應付外國勢力對內蒙古、滿洲、新疆、西藏等地的諸般圖謀，以及這些地方謀求自治或獨立的企圖。每當中央政權試圖整合國土，邊疆族群則往往依託外國，以強調自身特殊性而與中央抗衡。再者，歐風東漸，來自不同方位的各種政治思想、觀念、思潮無遠弗屆，傳入邊疆，逐步喚醒和增強邊疆各族群菁英的近代民族意識和觀念。這一切，在新疆表現得最為明顯。在新疆，泛突厥主義和泛伊斯蘭主義的思潮，本來就已經漸次流傳，而今，隨同科技新知一道，民主和民族平等新思想、新觀念影響著新疆社會的各個層面。特別是1917年發生在毗鄰俄國的十月革命，二十世紀三十至五十年代蘇聯國內宣傳和宣導的有關民族理念，通過種種管道進一步輸入新疆，直接、間接影響到新疆境內各種社會變革和政治事件，乃至中、蘇關係。1933年的東突厥斯坦伊斯蘭共和國問題，特別是1944-1949年的東突厥斯坦臨時政府問題，都與國際形勢變動下蘇聯的策動脫不了干係。中共建政之後，東突厥斯坦議題仍然隨著中蘇關係的變化而持續若隱若現。1991年蘇聯解體，冷戰結束，但新疆地區集權性的權力運作，依然激化著民族之間對立，促使新疆地區少數民族問題與極端宗教思潮統合，東突議題乘勢再起。

二

依據上述時代潮流的演變，以下讓我們簡介本輯的內容。

　　收入本輯的專論有十篇，作者依據漢、滿、蒙、藏、維吾爾等多種語言文本，特別是依據近年搜集到的滿語《語錄》、晚近新刊日記、隨筆、漢藏互譯佛典、異域著述等，考察和梳理了涉及滿鮮、蒙古、新疆、安多、衛藏、雲貴、廣西、閩南、臺灣的進入內地的邊民，在諸多方面的歷史細節。十篇專論除了個別章節對清代之前的歷史背景有所追述外，主要是回顧了（一）清初、（二）康熙雍正乾隆盛世、（三）迫於西力東漸而向現代民族國家轉變的晚清、（四）民國四個時段，揭示了邊民與內地乃至海外的族群因應形勢變化的多方面互動情景與多元文化的交互影響。時間跨度從十七世紀中葉到清末民初乃至今天，長達三、四個世紀。

　　在這裡，應該特別提請讀者注意收入本輯的平山光將先生的專論〈新疆突厥語系穆斯林在內地（1390-1945）──以艾沙為例〉，和哈薩克族法提合先生的口述史〈從老外到新住民：一個哈薩克人在台灣〉兩文。兩文的特點在於，其中涉及的人物和敘述的事蹟，在今天仍然具有一定的現實意義。平山的專論記述的是艾沙二十世紀三十年代和四十年代，從新疆到南京等地的活動和事蹟，但艾沙後來起過遠為更加重要的作用，他是 1944 年後，東突厥斯坦在伊寧建國時期的建國領袖之一。在當時的泛突厥主義派中，他與麥斯武德、伊敏三人號稱「三先生」，由於投靠國民政府和傾向親美而遭伊寧政權親蘇派的杯葛。1949 至 1952 年流亡海外後，他是宣揚東突的主要人物。法提合先生口述史敘述的雖然是他在土耳其、臺灣的成長，以及他在更加廣闊天地的事業和成就，但他在新疆的家庭屬於哈薩克族群，之所以流亡海外，是因為他的父親率領族眾反抗 1949 年中共的接收新疆。從這一意義說來，兩文不僅屬於邊民在內地的範疇，而且昔日意義的邊民，今天還在更廣闊的海外諸多地區起作用。為了便於讀者瞭解兩文的時代背景，本輯特地增加了一篇蔡仲岳先生撰寫的〈來台新疆人之介紹〉，旨在對 1931-1990 年間，新疆人口移居臺灣的情況略做概括。出於同樣的考慮，以下的簡介也不嫌辭費，提及一些細節。

現在就讓我們簡介各篇內容。

韓國高麗大學金宣旼教授的文章〈朝鮮通事古兒馬紅（鄭命壽）研究〉，反映了滿清開國之初和施政早期，引用邊民的考慮和採取的相應措施。本文依據清初刑部檔案和朝鮮方面的記載，論述後金時期滿鮮邊境出身於朝鮮官奴的古兒馬紅（清譯漢名鄭命壽）起家和漸次受到倚重過程。古兒馬紅由官奴先被收為滿洲八旗包衣，跨進一個嶄新的社會，後作為兩種語言的通事而被漸次提升為敕使，參與後金與朝鮮的交涉事務，推進和管理滿洲與朝鮮的貿易。及至被檢舉濫用權力、大量犯罪行為，依然被皇帝免去一死，貶為奴隸。可以說，此文是「展現後金與清初引用『跨邊境人物（transfrontiersman）』之某些特徵的典型案例」。

在〈散落於內地的女真後裔——以閩台粘氏的宗族與族譜為例〉一文中，定宜莊研究員以清代內務府有關完顏世家的記載，和閩、台粘氏的宗族與族譜的集體記憶為案例，結合多次親身實地考察和反復訪問，探索自從 1234 年金朝滅亡之後，下迄清代，移徙內地的女真的餘裔，包括猛安謀克的後裔，在前後八百年來分分合合的複雜過程中，如何重構族群意識，再建「金源世家」的「認祖歸宗」的文化身分。看來，八個世紀之前，包括猛安謀克在內的移居內地的金代邊陲群體，面臨的考驗是如何適應不斷變化的形勢而不斷重新自我定位，文章指出，在傳承家族集體記憶的過程中，有些重構難免由於因應現實情況的變化而有實有虛。

連瑞枝女士的〈南京歸來——大理世族的身分抉擇〉一文的主題，與定宜莊〈散落於內地的女真後裔——以閩台粘氏的宗族與族譜為例〉一文相近。連文研究元明之際西南地區的世族精英如何重新建構世系，具體說，也就是南詔大理國的貴族後裔，漢文典籍中稱為的白人，自從被明太祖朱元璋陸續請到新的政治中心南京，脫離故土，匯聚異鄉，因獲得了新的政治身份而如何重構世系。文章詳盡地探索了從南京返鄉後的新興大理士人集團，又怎樣通過撰寫墓誌與族譜以展示其姻親關係和身分，建構起世系與文化正統地位。

　　林士鉉先生的〈清乾隆年間厄魯特降人在內地——兼述琿春的厄魯特〉一文，探討乾隆時期清廷與準噶爾部的和戰關係。早在蒙元帝國時期，斡亦剌惕（Oirats）是蒙古轄韃諸部之中，唯一沒有被完全統合到蒙古的一部，它保持其相對獨立狀態，直到明、清，先後以瓦剌、厄魯特、衛拉特等名見稱。在清代前、中期，清廷與厄魯特蒙古，特別是與其中勢力最強的準噶爾部，因邊界糾葛和商務問題衝突不斷，直到乾隆二十二年（1757）消滅準部之前，雙方時戰時和。林先生本文依據清軍機處檔案，論證了直到十八世紀中後期，清廷仍然沿襲入關之前的方針，將征討俘獲和投降來歸的邊民編入旗籍的一套做法施用於厄魯特蒙古降人，亦即運用八旗制度促使厄魯特蒙古降人進入內地。人們看到，清廷引誘厄魯特蒙古人來降並收容安插之於內地八旗體系中的種種措施，不可謂不周密，但被安插的某些厄魯特蒙古降人因其特殊身分仍然不時叛逃。感謝林士鉉先生，此文對厄魯特蒙古之進入內地的脈絡，為我們做了清晰的梳理。

　　蒙古正藍旗人瑪拉特氏出身的松筠（1752-1835）為清代重臣，是一位侍奉乾隆、嘉慶、道光三朝，前後共五十二年的元老。松筠，筆帖式出身，歷任內閣學士、內務府大臣、兩江總督、兩廣總督、協辦大學士、東閣大學士、武英殿大學士、吏、戶、禮、兵、工五部尚書，三度在軍機處上行走；又多次外任庫倫辦事大臣、駐藏辦事大臣、陝甘總督、伊犁將軍，在邊疆地區度過半生，對清代處置邊疆地區的貿易、吏治、水利、農業均有貢獻。政績、事功之外，松筠名下有《新疆識略》、《西陲總統事略》、《衛藏通志》等著述十餘種，其中雖多為他人代筆，但他的學術造詣頗高亦為世所公認，他與徐松、祁韻士、沈垚等諸多飽學之士，保持著長期的過從和密切的往來可為有力證明。松筠在藝術領域亦有成就，以書法為最。最近數年，兩岸學者發表有關松筠的論文數量多達三十餘篇，可以說，松筠是近來被研究得相當充分的清代人物之一。收入本輯的蔡名哲先生的〈松筠——面對漢人凝視的蒙古旗人〉一文，使世人看到松筠生平的又一側面：松筠身為清廷中樞要員，

封疆大吏，由於信奉藏傳佛教，於乾隆 54 年完成專為旗人寫下的滿文著作《百二老人語錄》八卷，向當時家家供佛的旗人宣導如何看待旗人與皇上的關係，又如何看待漢地文化。此書既展示了松筠的漢族理學造詣和用滿文寫作的水準，又記載下來松筠面對漢地優勢文化，如何看待蒙古旗人應該認同的藏傳佛教教義與信念，此書歷來受到中外學者的重視。蔡名哲先生近年專心致志於研究滿文《百二老人語錄》的多種存世抄本及相關滿漢文本的比較，所下功夫極深，發表相關論文多篇。本文指出，《百二老人語錄》一書記錄了一百二十則老人舊言，這些老人述說的故事難免有虛構成分，但松筠編纂此書的意圖和宗旨正在於「本計是圖，審所先務。」何謂「本計是圖，審所先務」？有些什麼內容？松筠認為，有些舊言，例如，「旗人與皇上的關係是最聽話的奴才」一語，滿蒙旗人應當牢記心頭，確保在記憶之中。蔡名哲先生進而指出，面對具有文化優勢的漢人的「凝視」，松筠不免「對於自己的身分與信仰仍有一定的緊張感」，這一敏銳觀察反映了蔡先生的卓見，有助於人們今天從新角度認識像松筠這般高階邊民還在高度關注自己在意識形態領域的作用和身分歸屬，以適應在內地和宮廷的文化生態（habitus）。

與宗教信仰有關的另一篇文章，是劉國威研究員的〈十八世紀來往北京蒙藏人士對中國佛教的理解〉一文。在清代，蒙、藏僧侶、神權領袖，和上層人士與內地人物多有往來者。本文詳細研究和介紹了十八世紀幾位與清廷關係密切的格魯派蒙古高僧，他們經常往來或常駐北京，既與來自漢藏文化交匯地區的青海安多（Amdo）的學問僧有密切交往，又能廣泛、直接接觸漢傳佛教的經典典籍。這些高僧由於精通滿、蒙、藏、漢四種語言，不存在文字認知上的障礙，對漢區佛教或曰漢傳佛教的教義有確切的認知，因而對漢傳佛教的敘述理解確實具有獨特性。本文提及多位學問僧和多部論述漢區佛教源流著作，但著重介紹的是內蒙古錫林郭勒盟烏珠穆沁部貴冑貢布嘉（通常作工布查布）的生平及其突出貢獻，例如，貢布嘉編就《漢區佛教源流》（1736）、將玄奘《大唐西域記》譯為藏文（1736 年之後）。如何研究蒙、藏邊疆的西番學

與漢地文化的深度交流，這一艱深的課題，本文揭示了著手的門徑。

　　在十九世紀西方列強加緊入侵的劃時代的巨變形勢下，有一點甚為值得人們注意：邊疆社會幾經動亂而得治，與內地和中央的關係反而有所加強。在這方面，黃淑莉女士的〈岑毓英與清末雲南社會的「亂」與「治」〉，詳細敘述了出身廣西壯族的岑毓英（1829-1889）的早年功業，在反抗太平天國初期舉辦團練，保衛地方有功。繼而參加平定1856年爆發的雲南回漢衝突，建立滇軍，從此青雲直上，1868年擢升雲南巡撫，1874年署理雲貴總督，躋身「中興名將」之列。1875年的「滇案」（英國駐華公使館譯員馬嘉理在滇緬邊境被殺），使岑毓英仕途受挫。丁憂三年期滿，被召觀見，授貴州巡撫。岑毓英在黔撫任上提出了裁汰官府冗員、減免賦稅、改善民生、修繕學校、興辦公益事業等一系列施政改革措施，並在邊疆大力推進儒家教化。1881年，岑毓英調任福建巡撫，督辦臺灣防務。1882年，岑毓英在中法戰爭即將爆發之際，擢署雲貴總督。在僮／壯族史上，岑毓英是首位僮／壯族總督與兵部尚書，後與其弟岑毓寶、其子岑春煊一起，被稱作「一門三總督」。黃女士在雄文的結論處提出，本文只是為研究岑毓英與清末西南邊疆的政治經濟和族群關係起個頭。

　　陳又新先生的〈第十三輩達賴喇嘛在內地的活動〉一文，詳明地考察了第十三輩達賴喇嘛，從1904年6月離開拉薩，輾轉於蒙古庫倫、青海塔爾寺，駐錫於山西五台山以候進京觀見、1908年9月入京這一時期的前後大量外事活動。此文值得今天人們的重視，因為人們今天對於五台山在歷史上，曾經具有的重要性已經不太措意。當年，第十三輩達賴喇嘛陛見太后與光緒皇帝之後，於1908年11月末離開北京時，直到1913年2月13日發佈水牛年文告之前，西藏並未與清廷脫離「供施關係」。1872年訪問五台山的James Gilmour（景雅各）說過，五台山，對於蒙古人說來，就等於耶路撒冷之於猶太人，麥加之於穆斯林。從這一點著眼，五台山具有重大的政治意義。有關清末與民國時期居停內地的蒙、藏、維上層人士以及個別外交人士的動態，林士鉉先生在他的〈滿

文文獻與清帝西巡五台山研究〉[2]一文中也曾指出，滿清諸帝避暑期間，以熱河行宮及其外八廟為皇朝行政中心，和蒙藏等地政務和接見其政教領袖之外，也重視經營五台山，在內地北部建立一個「中華衛藏」，使漢、藏佛教並存，一道起促進滿漢蒙藏各族，對「中華」的向心力與認同的作用。1911 年辛亥革命爆發，當內地各省紛紛宣佈「獨立」之際，以十三世達賴喇嘛為首的西藏上層分子，在英國人的支援下，組織藏軍，驅逐駐藏川軍和在藏漢人，也宣佈「獨立」。西藏之獨立傾向，在十三世達賴喇嘛頒佈的 1913 年 2 月 13 日《水牛年文告》中，得到充分體現。與此同時而稍早，1913 年 1 月 11 日，在十三世達賴喇嘛親信的俄籍布里雅特喇嘛僧德爾智（1854-1938）策劃下，西藏與外蒙古雙方於庫倫，締結了互相承認對方為「獨立國家」的《蒙藏協約》，並試圖建立「蒙藏聯盟」。只是由於兩位締約人不具代表性，《蒙藏協約》未能發生政治效力，但這一協約可以看作是蒙藏上層精英對其所擁有的權力和地位的「自我表述」。1914 年至 1915 年的西姆拉會議期間，在達賴喇嘛的授意下，西藏地方代表提出獨立要求。由於民國中央政府代表強烈反對，西藏地方最終不得不採用英國人提出的「宗主權」概念，界定中國政府與西藏地方之關係。

　　2015 年，法國學者伊莎蓓勒‧沙爾勒（Isabelle Charleux）刊出《遊牧人的朝聖之旅：1800-1940 年蒙古人在五台山》（*Nomads on Pilgrimage: Mongols on Wutaishan (China), 1800-1940*）一書，認真考察了蒙古人朝拜五台山的歷史，蒙古人在那裡留下 340 方蒙文石刻，值得我們研究邊民在內地時注意。

　　本書所收隋皓昀先生〈鄂多台在北京的生活──以《鄂庚垣手書日記》為主〉一文，把我們帶入了民國以及當前的現實階段。隋皓昀根據鄂多台《手書日記》，研究了世界趨同於現代化的潮流，導致滿清皇

2　林士鉉，〈滿文文獻與清帝西巡五台山研究〉，收入周惠民主編，《中國民族觀的摶成》（臺北：政大出版社，2013），頁 161-209。

朝統治下的中國內地和邊疆，也都相繼做出變革。因應這一局勢的巨
變，內地與邊疆的各族文化菁英的頭腦中，「臣民」意識中增添了「國
民」意識，越來越認真思考西方模式的政治體制的抉擇與價值觀念的取
捨。臣民意識中增添了君主立憲的構想，中華民國取代了滿清臣民原來
的認同，藉以建構近代民族國家或曰國族國家（nation-state）。隋文還
研究了清末民初車王府，基於時代的變化的原因而終於敗落的過程。清
末民初社會的現代轉向、旗民社會身分的變化、生計的貧困化及旗民今
後生計的籌畫，這是前人研究不夠充分的課題，本文大大補充了缺門。
此外，在清代，蒙古王有領地。內蒙古諸王有的在京有府邸，外蒙古諸
王較少。在為數不多的外蒙古諸王府中的車王府最為人知。車王即車登
巴咱爾，為外蒙喀爾喀賽音諾顏部札薩克和碩親王。藝術上極有價值的
清代車王府曲本，曾被著名戲劇藝術家歐陽予倩稱為「中國近代舊劇的
結晶。又，子弟書等說唱曲本也是從車王府流散在外。如果從作者到作
品產生的南方或北京的場域著眼，這些作品無一不與滿族有關，但卻沒
有被歸入滿洲文學，今天，和元曲一道被納入了漢文學。看來，即便人
們今天研究側重點有所不同，仍需對清代旗人身份與八旗體制、滿漢關
係、地區認同，與中國人認同等因素，及他們在此時期的演變做綜合分
析。

　　就時代順序而言，平山光將先生的文章〈新疆突厥語系穆斯林在內
地（1390-1945）──以艾沙為例〉，把我們帶到了二十世紀的三十年代
和四十年代新疆地區邊民進入內地的歷史新階段。在中國近代史上，位
於中國西北邊疆的新疆，因為地理上與諸多國家接壤，其地緣戰略地位
異常重要。期間境外發生的各種社會變革和政治事件，都無不使之深受
影響。各種淵源相異、不同類型的政治思潮和思想觀念，也伴隨著歐風
西雨，相繼進入新疆大地，衝擊著新疆古老的社會基礎和傳統文化，影
響著各族民眾的經濟生活，促使外來觀念意識的形成。

　　艾沙‧約瑟夫‧阿布泰肯（Isa Yusuf Alptekin，1901-1995），是
二十世紀出身於新疆突厥語系穆斯林的上層精英代表人物之中，開始投

效南京國民政府的代表人物。平山先生從國史館所藏南京軍事委員會委員長侍從室檔案中，覓得艾沙留下的履歷，艾沙出生於新疆的英吉沙（疏附），曾祖在清代伯克制下任伯克，祖父與父親均通漢文，出任英吉沙地方官員。1925 年，艾沙任英吉沙交涉局分局長、縣署翻譯官，1926 年，調任駐蘇俄安集延領事館主事兼繙譯，輾轉經北平到南京，任職於南京軍事委員會參謀本部。由於祖父和父親的家教，艾沙具有較高的漢文水準。例如，民國 23 年（1934），新疆執政盛世才成立了「新疆民眾聯合會」，根據「維吾爾教育促進會」的建議，放棄以前在漢文裡使用的纏回等種種稱呼，統一使用「維吾爾」三個漢字為 Uyghur 的正式族稱。新疆省政府的這一《新疆省政府令改纏回名稱為維吾爾佈告》，由邊防督辦盛世才、新疆省政府主席李溶、副主席和加尼牙孜三人署名發佈，標出漢文譯者是艾沙。

艾沙在內地（南京、重慶和西北地區）的政治活動，特別是他的族群認同方面的思想，日本學者新免康做過研究。平山先生利用中央研究院近代史研究所、國史館、國民黨黨史館收藏的檔案，進一步研究了 1930-1945 年，以艾沙為代表的新疆突厥語系穆斯林，加入南京國民政府的活動。1930 年代，艾沙於在南京創辦《天山》月刊、《邊鐸》半月刊等漢、維雙語期刊；經費來自軍事委員會參謀本部。艾沙創辦這兩種期刊，意在提醒內地知識分子注意新疆問題，強烈譴責金樹仁、盛世才與蘇俄的勾結，特別是盛世才脫離南京政府的獨立傾向。1931 年，艾沙在南京告發金樹仁在新疆的暴政（1928-1933）。但艾沙更重視的是穆斯林的利益，以邊疆穆斯林族群自我定位，進行「自我表述」。在以上兩種期刊的維文版中，艾沙強調自己的本族認同，對 1933 年成立的東突厥斯坦伊斯蘭共和國表示同情。他雖然人在南京，實際上一面觀察民國的政治趨勢，一面謀求新疆的高度自治，追求新疆獨立。1936 年艾沙在南京擔任立法院議員，促成他帶領的南京新疆同鄉會的成立。

盛世才發現了艾沙的言論，認為是對新疆各民族挑撥離間，試圖破壞新疆全域，將有關函件轉寄哈密軍司令堯樂博士（Yolbas）。堯樂博士

看到艾沙的來信後，譴責艾沙的《邊鐸》與《天山》兩種期刊，不僅詆
毀南京國民政府，亦有新疆脫離中華版圖的陰謀。盛世才收到堯樂博士
的來信之後，函致蔣介石透露，雖然艾沙任職於軍事委員會參謀本部，
可是他寫的新疆消息並非事實，盛世才希望蔣介石必究真相，徹底究
辦。重慶國民政府方面認為，艾沙等為新疆省突厥語系穆斯林的優秀分
子，因此給予救濟與照顧，加以籠絡。抗戰期間，艾沙於 1938 年到西
安、蘭州、西寧，對西北地區穆斯林進行「宣慰」活動，因重慶政府部
分官員，懷疑其煽動而被召回重慶；1938 年 10 月至 1940 年 4 月，以
中國回教救國協會代表的身分訪問印度、沙烏地阿拉伯中東國家進行抗
日宣傳；返程經緬甸仰光，會見杜文秀的後裔及雲南大理穆斯林代表，
為杜文秀展開平反活動。

　　平山先生文章的後半部分，著重研究了新疆同鄉會和在南京的中央
政治學校附屬蒙藏學校回民班的政治活動與言論。南京政府有的官員懷
疑他謀求新疆獨立，這種情況導致他與政府的關係往往是若即若離。這
種若即若離的關係，在日本宣布投降之後更為明顯。不管如何，在平山
看來，1945 年之前艾沙的政治活動代表新疆的利益，致力於內地與新
疆之關係的加強，向國民政府官員與內地知識分子說明新疆的情況，透
過政治管道改善內地新疆突厥語系穆斯林的生活條件等，消除漢族對中
國穆斯林風俗習慣的誤解，對內地漢文媒體屢屢發生侮教案件，艾沙也
極力予以反駁。

　　1949 年和 1952 年，艾沙、麥斯武德、伊敏「三位先生」，先後流
亡喀什米爾與土耳其，出版《東土耳其斯坦之聲》，促使國際輿論關注
維吾爾問題。隨著形勢的變化，艾沙等新疆獨立運動的領袖，在亞非國
際會議以及世界回教聯盟大會上宣傳獨立，爭取各國領袖的支持與認
同。對於艾沙等新疆突厥語系穆斯林，所提倡的新疆高度自治或新疆獨
立運動，在臺灣的中華民國政府除了通過外交途徑加以應對外，也盡力
救濟土耳其、沙烏地阿拉伯等中東地區的新疆突厥語系穆斯林難民，以
援助難民子弟到臺灣升學等具體措施，紓解其困難。

　　新疆哈薩克族裔法提合先生口述的〈從老外到新住民——一個哈薩克人在台灣〉，是一篇感情充沛、內容豐富的回憶錄，經由他的夫人耿慶芝記錄定稿。法提合先生的這篇口述史為我們提供了1951至1990年期間，生活在臺灣的新疆人的生動記錄。法提合（Fatih）先生本名叫阿布都帕達克（哈薩克語作 Abdulfatih，後因父母移民並定居土耳其，為申報戶口而取姓為 Uçar）。法提合的父親韓木札（Hamza），是生於新疆塔城的哈薩克族人，1947年在南京召開第一屆國民代表大會上被提名為國大代表。1949至1950年，中共軍隊開進新疆，當共軍逼近新疆哈薩克人居住的巴里坤地區的時候，四千戶哈族牧民攜家帶眷，驅趕牲畜，在韓木札與卡里貝克（Qalibek Hakim）等族群領袖率領下南逃。逃亡生涯長達四年，犧牲慘重，期間翻越喜馬拉雅山，輾轉進入阿富汗、印度等地，倖存者最後定居於土耳其。1952年，法提合在父母外逃期間出生於喀什米爾。

　　1971年，19歲的法提合在土耳其 Izmir 市完成高中學業，在父親的提議和中華救助總會的安排下，成為來臺就讀的第一批海外新疆學子。這批來臺就學的學子，在機場就遇到了唐屹教授，與唐屹教授一道來臺，其後在許多具體問題上也得到唐屹教授的幫助。法提合先在華僑中學學習中文，隨即於當年9月進入臺灣大學就讀土木工程學系。法提合此番來臺灣求學，長達十年，期間曾到香港（1973）和日本（1977），1981年8月，修畢大學的七年學業，在臺灣成婚，而後返回土耳其入伍服兵役。法提合與夫人在土耳其居住了將近八年，於36歲那年，因為獲得聘任，在臺灣正式成立的新疆省政府辦事處工作，再度返回岳父、岳母所在的臺灣，這塊熟悉的土地。1987年11月之後，就在人們最常聽說「臺灣錢淹腳目」這句話的年分，舉家回到了臺灣定居，每年只是趁著年假回去探望老母。

　　法提合先生工作的新疆省政府辦事處前身為「新疆省主席辦公處」，1949年與國民政府一同遷臺，當時的新疆省主席為兼新疆綏靖總司令堯樂博士，1971年7月，堯樂博士病逝，「新疆省主席辦公處」改

組為「新疆省政府辦事處」，並由時任新疆省政府委員的堯樂博士長子堯道宏兼任主任。在臺灣改組後的新疆省政府辦事處，秉持原來的工作項目：推展聯繫、宣慰、救助海內外之新疆僑胞等事務，以照顧新疆籍旅外的少數民族；其次，就新疆方面結合學術界，提出文化、語言等方面的研究，主要目的是能讓國人有進一步瞭解新疆的歷史與文化的機會。法提合先生之後任職土耳其駐臺灣貿易辦事處的經濟顧問。

先生的夫人耿慶芝是臺灣人，定居土耳其多年，熟悉土耳其歷史文化及風土人情。返臺後擔任土耳其貿易辦事處秘書。法提合先生作為當年的邊民後裔，與耿慶芝女士半個多世紀以來的經歷，及其豐富多彩的生活歷練，給我們提供了原來的邊民在內地、以至於大時代下，原來的邊民及其家屬活躍於全球這一過程的縮影。過往時代的邊民的生涯，如今揭開了嶄新的一頁。他們的長子現在美國工作。

法提合先生的口述史提示人們，今天，當邊民將原來的身分意識，置於近代國際體系之中加以思考，人們的思想結構、分析框架和現實關注，不可避免地將有重大變化，彼此之間多方面、多層次的相互激盪與交互影響，也將會讓我們基於當前的現實狀況、世界政治格局，及中西關係史的格局中反思過去。

最後，我們應當感謝藍美華教授編成《邊民在內地》。本書收錄的多篇鴻文，既反映邊陲與內地的原有的多元文化、近代傳入的異質文化的展現，及其與傳統文化的相互激盪。同時也提示我們，時代潮流不斷帶來前人注意不夠充分的課題，有待我們今後在跨領域的整合研究中進一步探討。

本文原載於藍美華編：《邊民在內地》（臺北：政大出版社，2018），頁v-xxii。

書序

《北京大學圖書館藏西文漢學珍本提要》序

　　《北京大學圖書館館藏西文漢學珍本提要》的問世，是對當今學術界相關研究領域的莫大貢獻。這一解題目錄對北京大學百年來的西學積澱作了頗有深度的揭示，其中包含的信息和資料對於西方漢學研究及中西文化交流的研究有著重要的學術價值。

　　北京大學圖書館的西文藏書有諸多特點。例如，入藏年代早，一些特藏始自 1902 年成立的京師大學堂藏書樓和後來的老北大，入藏的年頭已過百年。又如，融入北大的西文藏書源出多頭，因而內涵豐富，茲舉其犖犖大端：1928 年之後與美國哈佛大學的哈佛燕京圖書館同步形成的燕京大學「西文東方學」特藏，1945 年二戰結束後到 50 年代初，被相繼接收的德國人福克司（Walter Fuchs，1902-1979）、瑞士學者王克私（Philipe de Vargas，1888-1956）等私人精品，之後又納入原德國公使館、原中德學會、原中法大學、原美國新聞處等機構藏書。此外，我們還可以舉出北大的西文藏書之語種多、涵蓋面廣等特色。

　　今天，就珍本善本收藏而言，人們首先想到的是北京的國家圖書館和上海圖書館。國家圖書館是中國最大的圖書館，收藏中不乏外文珍本善本。據顧犇主編《中國國家圖書館外文善本書目》（北京：北京圖書館出版社，2001 年），該館收藏西文善本 1234 種、日文善本 299 種、俄文善本 420 種。上海為中國最早開放的通商口岸之一，因其地理位置而受西方文化浸潤較早，一些西方人士和宗教機構長期以上海為活動基地，並在上海建立圖書館，這些圖書館也相應收藏了相當數量的西文典籍。1992 年出版的《上海圖書館西文珍本目錄》（上海：上海社會科

學院出版，1992年）收錄了1515年至19世紀初出版的西方圖書1831種。但是，這兩本目錄旨在將各自所有的西文珍本收藏做總體性描述，而非研究性專題特藏的揭示。

在北大圖書館收藏的西文圖書中，最值得人們重視的，是其中20世紀初以前出版的有關中國的西文圖書多達兩萬冊，而圖書的收藏往往因其專題性質而具有特殊的學術價值。長期以來，如此珍貴的專題特藏由於缺少必要的介紹，即便是從事中國研究的學者也難窺其全貌。此次北大圖書館從兩萬餘種之中選錄了大多出版於1850年以前的300餘種珍本善本，重揭其面影，並寫出詳細的提要，再現這座難得一見的寶藏的一角。其版本不乏珍貴的首版本，其語種涉及拉丁文、意大利文、西班牙文、葡萄牙文、荷蘭文、法文、英文、德文、俄文等多種文字：其內容涉及蒙元以來早期中國遊記、明末以來耶穌學士和新教傳教士來華傳教記錄、漢滿蒙藏維等語言語法早期課本與研究、中國傳統經典和名著翻譯、親歷中國重大歷史事件的記錄、以及關於中國的總體和區域考察以及專題研究。翻閱一下目錄，可以看到，從蒙元以來各種行紀，特別是17世紀中葉以後耶穌會士東來直到今天，反映早期從內陸和沿海來到中國的珍貴典籍各個階段情況的代表性的西文典籍於焉大體具備。換言之，在國內，北京大學圖書館的西文藏書既富於珍本善本，又切合今天的西方漢學及中西文化交流研究之用途。

本目錄所附題名頁上的各種藏書章，形象地再現了這一特藏的收集流程，在其背後，則是袁同禮、嚴文郁、毛子水、洪業、陳鴻舜、向達、梁思莊等幾代北大和燕大圖書館人為此付出的畢生智慧和心血，他們的作用與哈佛大學的哈佛燕京圖書館的裘開明、吳文津相若。哈佛大學為了慶祝哈佛燕京圖書館七十五周年大慶而舉辦的特藏展並在2003年出版的一部展覽目錄《燕京寶藏》（*Treasure of the Yenching*，香港：香港中文大學出版社，2003年），北大圖書館的這部解題目錄與之相映生輝。

本目錄的編纂體現了今天北大圖書館人強烈的使命感和責任心，

負責此項工作的北京大學圖書館特藏部主任張紅揚女史及其同仁與北大各院系師生精誠合作，克服語種、版本等諸多困難，使本書得以完成，值得人們衷心讚美。在提要編寫過程中，編者對所收錄的圖書在作者、版本方面進行了精心的核實和考證，釐清了一些原來編目中存在的問題，對於一種圖書的不同版本和譯本，以及原收藏者、印章、題簽等重要信息都有較好的揭示，在提要編寫方面也不乏獨到之處。本目錄的體例使人們想到 John Lust 為英國倫敦大學的東方與非洲研究院圖書館編寫的《館藏 1850 年前刊行的西方論述中國的注記書目》（*John Lust, comp., Western Books on China published up to 1850 in the library of the School of Oriental and African Studies, University of London: a descriptive catalogue*, London: Bamboo Publishing, 1987, 1992 年再版）。Lust 做了統計，倫敦大學的東方與非洲研究院圖書館所藏這批圖書大約相當於 Henri Cordier 的《中國學書志》（*Bibliotheca Sinica*）著錄的典籍的三分之一。北京大學圖書館的這批珍貴的有關中國的西文特藏或許數量上趕不上世界頂尖的專門研究中國的機構，但質量上絕不遜色於世界上絕大多數的研究性大學圖書館。這份文化遺產珍貴而沉重，它既見證光榮的過去，也昭示輝煌的未來。

　　如上所述，北大圖書館收藏 20 世紀初以前出版的有關中國的西文圖籍約達兩萬冊，本目錄不可能面面俱到。另外，北大圖書館除西文珍本圖書，還藏有西文珍貴期刊和報紙，如《中國叢報》（*The Chinese Repository*）等。如能繼續開掘，將有關館藏悉數揭示，將為讀者提供更大的參考空間。由此可見，北大圖書館的這一解題目錄旨在創始，衷心希望它成為我國這一領域工作之嚆矢。

張廣達謹序
二〇〇九年二月二日

本文原載於張紅揚編：《北京大學圖書館藏西文漢學珍本提要》（桂林：廣西師範大學出版社，2009），頁 1-3。

《唐代前期政治文化研究》序

　　松濤君將博士論文《唐代前期政治文化研究》修訂為專著，即將出版。二〇〇五年孟春，我在香港城市大學任教，和松濤夫婦第一次會面。我很高興地看到，松濤是當今能夠沉潛、為求學而讀書的人。三年來，松濤一直在沉心靜氣地讀書，據我所知，從北京大學求學時代起，松濤就仔細研讀了《資治通鑑》與胡注，在王小甫教授指導下取得博士學位後，松濤繼續系統地閱讀《春秋左氏傳》以及其他儒家經典著作，同時認真修改他的論文。

　　隋唐史領域中令人一貫關注的課題之一是「安史之亂」。因為它不僅是李唐一朝的劇變，其後果更直接影響唐代後期歷史的發展方向。松濤此書，將研究的重心直接放在了「安史之亂」這一重大歷史事件本身；並以此為中心，進一步展開了對唐代前期政治文化特色的討論。無論是 究「安史之亂」的歷史文化背景，還是唐代前期的政治文化特點，可供研究者利用的傳統史料並不是很豐富，更少有前賢的成果可資借鑒。松濤能夠細心爬梳各類史料，特別是新出土的石刻資料，並以陳寅恪先生「種族文化」史觀為框架，輔以社會科學有關理論方法，而成一家之言，其努力與成績都是值得肯定的。

　　松濤以文化為本位，研究唐代前期的政治文化特色，特別是研究權力與知識二者之間的關係。《唐代前期政治文化研究》一書，清晰表達了「安史之亂」前的唐代社會是中國歷史上文化最多元與包容的一段時期。相對於外來異質文化的盛行，傳統的儒家文化的社會地位與影響均處於一個相對低落的時期。安史胡人的叛亂，引發了世人對叛亂後的

社會生活和異質文化的反思。唐代的古文運動也正是基於這一反思而展開。此後向吸收了異質文化的中國本位文化的再回歸以及宋代理學的興起，才將中國歷史精神的發展納入新儒家道德體系的軌道上來。

　　松濤的家世使他有了對中國傳統文化的崇敬與熱愛，也便利了他對大陸，香港，臺灣三地華人世界的政治文化特色都有著獨到與深刻的省察。像其他歷史學者一樣，松濤表現出了他深厚的人文關懷精神；與其他具有獨立精神的知識分子一樣，松濤也秉承了對誠信、包容等這些傳統道德核心價值的堅持，以及對民主、法治、自由、多元等現代憲政社會的理念一貫追求。

　　古語有云：「容體不足觀，勇氣不足恃，族姓不足道，先祖不足稱。然而顯聞四方，流聲後胤者，其惟學乎」松濤君勉之。

張廣達
二〇〇八年八月十八日

本文原載於李松濤：《唐代前期政治文化研究》（臺北：臺灣學生書局，2009），頁 I-II。

《霞浦文書研究》序

一

　　馬小鶴先生的新作《霞浦文書研究》問世，可喜可賀。

　　何謂霞浦文書？倒退五六年，霞浦文書這一稱謂還不存在於學界。2008年，福建省霞浦縣文物工作人員在普查過程中尋獲了數量可觀的科儀文書。這批世代珍藏在當地法師等人士手中的民間宗教文書計有《奏申牒疏科冊》《興福祖慶誕科》《高廣文》《冥福請佛文》《借錫杖文》《借珠文》《付錫杖偈》《四寂贊》《送佛贊》《送佛文》《凶看貞明經畢用此文》《送三界神文》《功德奏名奏牒》《吉祥道場中函牒》《吉祥道場門書》《門迎科苑》《雨疏》《摩尼施食秘法》《繳憑請秩表》及多種無名科文。陳法師藏未名科儀書原封皮已失，陳法師加封後，名其為《摩尼光佛》，保存了較多源自唐代摩尼教的內容。此外，伴隨科儀文書，人們也檢獲《樂山堂神記》等與明教遺址或墓葬有關的文獻，還有柏洋鄉上萬村《林氏宗譜》、上萬村「闕下林」資料、柏洋鄉神洋村《孫氏宗譜》等族譜，以及從《明門初傳請本師》等傳教世系和族譜中輯出的宋元以來當地傳承明教的重要人物或聖化角色的資料。在這些人物的資料之中，以「宋摩尼」林瞪及其二女的資料最引人矚目，上面列舉的諸多科儀文書中的《興福祖慶誕科》，據說就是林瞪祖師請神本，直到今天仍由法師保存。由此可見，所謂霞浦文書，是一批內涵駁雜、數量可觀的民間宗教文書群的統稱，這批文書從一被發現，就受到各界人士的重視，漸次遐邇聞名。

　　小鶴先生很早就認識到這批宗教文書群的意義。他對這批新獲文書群的性質做了全盤通檢，承認霞浦文書涉及摩尼教或明教諸多方面的內容。於是，他在他得到的幾種照片中，選定「奏申牒疏科冊」中有關超度亡靈時祈請不同層次的神靈的「文檢」著手，解讀文本，展開研究。由於這批文檔展現著多元化的地方民間宗教的面貌，糅雜著多種民間信仰的神靈的稱謂，有時令人殊難驟然判定其中某一具體神祇的宗教屬性。這些關鍵問題正是小鶴先生著眼之所在。「返回事物自身」（zurück Sach selbst），面對事物的殊相，小鶴先生憑藉他多年來浸假於研究摩尼教而育成的深厚學養和銳見卓識，排比取證，參合發明，不僅指出霞浦文書中源自佛、道的術語及其神譜所涉及的神祇名稱，而且進而以之與敦煌摩尼教漢文文獻和宋明以來有關的明教的記載的教義和神明做出直接、間接的比對。駁雜的霞浦文書中顯現的多重表像和局部變異，經小鶴先生抉隱發微，將它們納入特定的歷史脈絡加以疏證，渙然得到其符合實際際遇的妥釋。2009 年 9 月 8-12 日，小鶴先生在愛爾蘭都柏林舉行的第七屆國際摩尼教學術討論會上介紹了《樂山堂神記》等這批新出的霞浦文書的內涵，報告了他的初步研究結果。與會的同行學者基於學術的敏感，給予這批新的發現以高度重視。不妨說，這是國際學界也關注霞浦文書之始。

　　從小鶴先生參加都柏林會議到今天，為時不過短短四年。四年來，小鶴先生黽勉從事，精心譔述，就霞浦文書的一些重點內容連續刊出長篇專論十數篇，而今小鶴先生將以上專論加以整齊排比，增補其內容，疏通各篇章的脈絡，完成了如今擺在我們面前的《霞浦文書研究》一書。展閱此書，我們看到小鶴先生旁徵博引，對霞浦地區的明教術語和神譜體系做了周詳的考釋，既從摩尼教最初原生地或原本（Urtext）探求其由來所自，又考察這些關鍵語彙與神祇名稱在東傳的過程中，因迭經不同語言的宣教場域而產生的話語演化，從跨文化的視野解讀其寓意。關於本書各章節的結構與主旨，小鶴先生在本書引言中做了要言不煩的交待。簡言之，在此書中，小鶴先生對摩尼教義從西亞源頭到霞浦

尾閭的來龍去脈及其經歷千年以上演化的方方面面，都做出了微觀的審視與宏概的考察，其學術價值之值得人們高度重視，無待贅敘。

在學術領域，人們常常看到，史實一落言詮，往往引發歧見，即便是攷證得清清楚楚、明明白白的事實，一進入闡釋階段，也不免人言言殊。由於英雄所見有所不同而引發商榷性意見，乃學術發展中的正常現象和必經過程。小鶴先生此書的貢獻正在於此：通過譔述本書，小鶴先生不僅解決了新出霞浦文書帶來的大量疑難，而且對其中一系列關鍵語彙的梳理啟發了人們的思考，推動了人們的進一步探求，從而促進學術的發展。所以說，馬小鶴先生的新作《霞浦文書研究》問世，可喜可賀。

二

人們也許進一步要問，小鶴先生為什麼能夠以短短的四年時間撰成這樣一部鴻篇鉅製？這一點並不難說明，因為小鶴先生的主、客觀條件允稱兼備，而主觀條件尤為勝出。小鶴先生的雄厚根基奠立在積年的廣泛閱讀之上。對於小鶴先生說來，近百年來舉世各地相關文物文書的出土情形與相關文書的解讀進展，研究摩尼教的開創性專著和前緣性論文的具體成就若何，皆了然於胸臆。霞浦文書近年的出現，無非是讓小鶴先生因緣際會，適將其前期博覽、精讀而取得的默會知識（tacit knowledge）和獨到的學術見地東西合璧，體現於此書諸篇的從容縷敘之中。沒有前期的苦功，此書既不可能四年之內下筆完成，更不可能在考察多種語言記載的資料的出入異同上達到如此精當的水準。

在這裡，應對小鶴先生的學術造詣稍做補敘。首先，令人欽佩的是，多年來，他以一種沉潛的耐力和耐心，自覺學習利應用語文學家們（philologists）的成果，鑽研與研究摩尼教有關的各種語言的研究成果，特別是在現代語言作為工具之外培育相應的語文學（philology）知識。浸假久之，漸得借助語文學成果治學的要竅。就我所知，小鶴先生

早在做章巽先生的碩士研究生階段即已略知粟特語研究概況，以後在哈佛訪學期間曾修過一年課程。其後，舉凡研究摩尼教所應具備的當代語文和各種古代語言，若希臘，拉丁，科普特，苦（閃）語系中的希伯來、阿拉姆、阿拉伯，東伊朗語支的各種語言的研究成果，一一皆在小鶴先生研習之列。讀者看到，本書所收霞浦文書中希奇古怪的四天王的名字，終於被小鶴先生勘定為四大天使名字的譯音；又，十天王的名稱作「阿薩漫沙」，經小鶴先生攷釋，這一不見于敦煌文書的「阿薩漫沙」之名，乃源自粟特文名字的譯音，又經吉田豐先生進一步考訂實為中古波斯文／安息文 * ʾsmʾnšʾḥ 之訛；又，耶俱孚一名，源自《聖經》中以色列人之祖雅各（Jacob）；這些富有科學旨趣的譯名，經小鶴先生再進一步攷釋，讓我們豁然頓悟，這些名字在東傳過程中幾經演變，如此等等，不遑枚舉。讀者悉心展讀本書，類似精彩的疏證與攷釋，比比皆是。天道酬勤，小鶴先生在利用語文學研究成果上下了苦工，今天在研究霞浦文書上之得心應手絕不偶然。

其次，小鶴先生非常瞭解文本闡釋與歷史環境和社會語境之間的依附關係。在不同的環境和語境中，歷史的一致性（historical coherence）各有各自的心智的、意識的投影，並通過史學、文學、藝術、宗教等不同方式的敘事（narrative）體現為文化的多樣性。摩尼的教義正是適應於特定的時間、特定的空間所處的生態環境（milieu）而獲得繼續的存在。正因為是這樣，研究宗教文本，必得相應研究社會結構、文化模式以及藝術、建築等相關領域。在霞浦文書中，以道教方式鋪陳摩尼教／明教教義和表現諸神譜系、神界層級結構的話語，論述宇宙起源和末世神話、亡魂世界的業報與救贖、聖化與永生等觀念的語彙，舉辦各種法會的儀軌儀式的專用術語，不僅是語義豐富，而是涵攝的題材複雜。在小鶴先生這裏，社會史、學術史、觀念史、宗教史（祆教、猶太教、靈知派、原始基督教、摩尼教、佛教）等相關方面的史料，只要有助於揭示文本中仍然遮蔽的或尚未展現的事物原貌，哪怕片斷，均在悉心萃聚之列，用以舉證歸納，參合發明，提供學界和讀者採擷參考。

三

　　閱讀小鶴先生的這部新作，就我個人而言，如同被小鶴先生導入了一座「沒有院牆的博物館」。書中一章章的論述，猶如小鶴先生在做導逛，我一邊參觀一間間的展廳和展室，一邊聽他的講解。這些時空二維度的展廳和展室藉助於他的充實佈置和生動講解而顯示出來博物館的廊廡光大氣象。

　　小鶴先生作講解說，死海古卷中的阿拉姆文《巨人書》實為摩尼撰寫《大力士經》的素材，從死海地區傳到吐魯番、敦煌的摩尼教文書證明了這一遙遠而切實的聯繫，如今這一聯繫經過敦煌，具體說來，通過摩尼教《殘經》等敦煌卷子，一直延伸到霞浦。

　　小鶴先生接下來展示和講解宋代以來道教化的霞浦明教神譜的變換：霞浦文書中相當於道教文檢的「科冊」中以「奏」所祈請的、久經官方認可的道教三位主神——三清（元始天尊、靈寶天尊、道德天尊），已被摩尼光佛、完全虛構的電光王佛（小鶴先生重新論證，電光佛當即摩尼教的光明童女）、夷數和佛（耶穌）所取代。在這一變換神譜的階層結構的過程中，摩尼教的最高主神——大明尊猶如印度教的創造之神梵天（Brahmā），也被架空了。

　　然後，明教的五祖「遞嬗」次序也在這一「沒有院牆的博物館」中定型。據霞浦文書，五佛為一佛那羅延（出自印度教），二佛蘇路支（即瑣羅亞斯德），三佛釋迦文（即佛陀），四佛夷數和（即耶穌），以上四佛都是摩尼的先驅，五佛則為摩尼自己，也就是最後光明使。「五佛」之說濫觴於吐魯番出土的圖像資料和回鶻文《摩尼大頌》，摩尼加上四個先驅構成「五佛」則到霞浦文書終成定論。歐洲古代的基督教反異端學者也好，中國方面的記載（《夷堅志》）也好，從來沒有能夠講清楚被神化的蘇路支（瑣羅亞斯德）、釋迦文佛（佛陀）、夷數佛（耶穌）與摩尼是什麼樣的關係，而今唯獨霞浦文書保存了摩尼教有關五位先知的明確記載。

　　為瞭解霞浦文書中有關地獄方面的文本內涵，小鶴先生佈置了「平等王」陳列室。小鶴先生為此而開注日本學者與其西方同行對近年問世的寧波繪畫——元代傳到日本去的明教繪畫《冥王聖圖》與《宇宙圖》的圖像研究的進展，因為這些圖像的闡釋與解讀，關係到摩尼教在其創世紀、輪迴說、末世論中的地獄觀念以及霞浦文書中有關地獄的內涵。這又啟示了我們，我們應該關注浙江、福建整個沿海地區的摩尼教、明教遺存，進一步瞭解沿海不同地區摩尼教、明教分別在各個歷史階段是怎樣各有合乎各自情況的環 和語境、各有合乎各自邏輯的表現。

　　繼佈置三常、四寂、五明性等教義陳列室之後，小鶴先生的「沒有院牆的博物館」設有呼祿（唐武宗會昌時人）、孫 （初剏龍首寺於 966年，龍首寺於元代改名樂山堂）、林瞪（1022-?）及其二女這些具體人物的陳列室。摩尼教義的變異通過他們發揮作用而在霞浦成為可能，並以與其他地區大同小異的外在形式保持著生命力。林瞪不再僅僅是一個歷史上的人名，不再是一個符號，而是曾經的現實。由於林瞪被納入道教的萬神殿，並傳說其靈驗，他生前傳下來的明教文典也就披上了民間宗教文獻的外衣。

　　就是這樣，我的感受是，在參觀和聽取講解之後，我如同被小鶴先生引上一座高峰，面前展現的是僅靠我個人延跂而望所無法想像的視野。

四

　　霞浦新出文書是西方學者完全沒有見過的漢文資料，這些文本展現了全新場域。霞浦文書的充分刊佈，必將關係到當今世界的摩尼教研究，並在民間宗教等諸多新領域都有所突破。這批文書又是中國學者擅長的漢文所書寫的文本，中國學者研究起來享有一定優勢，但是此前無緣接觸、無從涉獵，而現在湧現出來一批卓越學者，陸續刊出富有創見的論文。當然，結集多篇專論，泐為一編者，自以小鶴先生為先導。今

後結合這一批漢文文書來研究其他語種的摩尼教文書，必將有助於在某些方面跳脫原來的閾限，豐富和加深我們對摩尼教的認識。小鶴先生本書就是明證，感興趣的讀者必能發現本書蘊育的價值。

　　多年來與小鶴先生或書函往來，或促膝長談，讀書上備享切磋琢磨之樂，謹以感念和喜悅的心情祝賀小鶴先生的新書問世。出於欽佩小鶴先生的治學謹嚴與勤奮精神，我期待著小鶴先生更進一步做出獨到的貢獻。

張廣達

2013 年 5 月 19 日序於臺北

本文原載於馬小鶴：《霞浦文書研究》（蘭州：蘭州大學出版社，2014），頁 1-7。

外文

敦煌和吐魯番抄本中的官方文件
類型與結構：閱讀的一些關鍵 *

　　在敦煌和吐魯番的抄本中，有大量的官方文件，包括備忘錄、法令、詔書、升遷令或信件，性質非常多元。閱讀這些眾多的行政文件，需要充分了解朝廷制度和實施規則及結構。唐代製定了《公文公式令》，規定各類文件的性質和具體內容。這種規範不僅可以辨別保存的文件的確切類別，還可以找回在後來編纂這些文獻經常遺失的開頭與結尾。在不涉及太多細節和過度簡化的情況下，我們希望提供分類，以及理解這些文本所需的某些關鍵要素，避免讀者在由多個含義各異的術語組合而成的迷宮中迷失方向。事實上，某些字或詞組對漢學研究者而言，仍然晦澀難懂。為了解決這些謎團，必須參考多種資料和大量文獻。只有通過對各種文本的比較和深入分析，才能找到解決方案。

---

* 　此文為 "Les pièces officielles dans les manuscrits de Dunhuang et Turfan genre et structure: quelques clefs de lecture" 一文之摘要中譯，法文全文詳後頁 183-212。

Les pièces officielles dans les manuscrits de Dunhuang et Turfan genre et structure: quelques clefs de lecture

Parmi les manuscrits de Dunhuang ou de Turfan, se trouvent de nombreuses pièces officielles sous forme de mémoires, d'édits, de décrets, d'actes de promotion ou de lettres de nature très diverse. La lecture de ces nombreux textes administratifs exige une bonne connaissance des règles et des structures fixées et imposées par le Bureau impérial. Sous les Tang, une « Ordonnance des formules de pièces officielles », *gongshi-ling* 公式令 , a déterminé la nature et la teneur spécifique de chaque catégorie de documents. Cette codification permet non seulement d'identifier la catégorie exacte des documents conservés, mais également d'en restaurer le début et la fin qui manquent souvent dans les compilations faites à une époque postérieure. Sans trop entrer dans le détail et sans simplifier outre mesure, nous voudrions fournir certaines clés nécessaires à la classification et à la compréhension de ces textes. Nous essaierons de ne pas perdre le lecteur dans le labyrinthe formé par l'assemblage de termes multiples aux connotations diverses. En effet certains mots ou groupes de mots demeurent obscurs pour les spécialistes chinois eux-mêmes. Pour résoudre certaines énigmes, force est de recourir à plusieurs sources littéraires et à de nombreux documents. Seules une comparaison et une analyse fouillée des divers textes permettent de trouver la solution.

I. Classification des divers modes d'échanges administratifs

Toute pièce officielle comporte un certain nombre d'éléments qui ensemble déterminent une structure assez fixe, comme énumérée ci-dessous:

1. Mention d'un ou de plusieurs départements de l'administration selon la classification des décrets impériaux.

2. Mention du destinataire ou des destinataires selon un ordre hiérarchique déterminé et en fonction du niveau de classification des fonctionnaires.

3. Introduction du cas par la formule « concernant l'affaire ... ».

4. Contenu du document présenté sous diverses formes et formules, selon qu'il émane directement de l'empereur ou de la première autorité dans l'ordre hiérarchique. Chaque fonctionnaire responsable de la transmission de cette pièce officielle ajoute le caractère *zhe* 者 à la fin de sa propre copie de la décision initiale. Le terme *zhe* permet, au premier examen du document, de connaître l'ordre et le nombre des intervenants, du plus haut rang jusqu'au plus bas.

5. Rappel de l'autorité, ou de plusieurs autorités, selon l'importance du décret, appelées à émettre le document. C'est là que se trouve la liste des fonctionnaires, avec leurs titres, ayant signé le document et validant sa conformité à l'usage prescrit.

6. Indication de la date d'expédition accompagnée de l'apposition du sceau officiel du bureau chargé de le mettre en application. Sont aussi précisés les délais requis pour son entrée en vigueur.

Cette structure générale s'applique à l'ensemble des documents retrouvés. Toutefois, leur forme varie quelque peu suivant qu'ils émanent d'une autorité supérieure s'adressant à un inférieur, d'un subalterne faisant son rapport à sa hiérarchie, d'un fonctionnaire communiquant avec un autre de même rang. Chacun de ces cas est clairement défini dans les sections correspondantes du *Tang liudian* 唐六典 et du *Tang huiyao* 唐會要 qui sont les ouvrages de référence indispensables pour une telle étude des documents administratifs.

1. Documents émis par un supérieur à l'adresse d'un inférieur

Lorsque l'empereur décidait de communiquer avec un inférieur pour lui faire connaître ses décisions et ses avis, il disposait de trois catégories de documents portant un nom précis selon le *Xin Tangshu* 新唐書 [1]. À cela s'ajoutent deux formulaires d'ordre émanant d'un prince ou d'une princesse, et une catégorie plus générale. Il existait donc six catégories de pièces officielles dont les noms suivant:

1) l'édit, *zhi* 制

2) le décret impérial, *chi* 勅

3) le diplôme impérial, *ce* 冊

4) l'ordre donné par l'héritier impérial, *ling* 令

5) l'ordre émanant d'un prince ou d'une princesse, *jiao* 教

6) la lettre officielle, *fu* 符 .

Ces documents étaient tous transmis par le *shangshu dusheng* 尚書都省 , le Secrétariat général du Département des Affaires d'Etat, aux préfectures (*fu* 府 et *zhou* 州) qui les envoyaient à leur tour aux sous-préfectures (*xian*

---

1 Cf. *Xin Tangshu*, Pékin, Zhonghua shuju, 1975, *j*. 46, p. 1185. Cf. également *Tang liudian*, Pékin, Zhonghua shuju, 1992, *j*. 1, p. 10.

縣), lesquelles devaient les diffuser dans tous les cantons (*xiang* 鄉)[2].

Il est à noter que ces dénominations variées trouvent leur justification dans le degré hiérarchique de l'expéditeur, et non dans la nature de l'affaire traitée, ni dans le contenu ou la formulation de la lettre. Lorsque ces trois derniers éléments étaient pris en considération, la désignation du document changeait, ou du moins la nature des *zhi*, *chi* et *ce* était précisée. Si l'on s'en tient à ces trois catégories de pièces officielles envoyées « au nom du prince », *wangyan* 王言 , c'est-à-dire par l'empereur, on constate que le *Tang liudian*[3] les répartit dans sept genres différents. Les trois premiers étaient obligatoirement rédigés par le Département du Grand secrétariat impérial. Pour les quatre autres, la situation administrative ou politique et l'importance du contenu de la décision à communiquer déterminaient le choix du bureau habilité à rédiger le document. Cette autre classification d'après le contenu a été établie comme ci-dessous dans le *Tang liudian*. Lorsqu'il est possible de dresser un tableau précis de la disposition du document et des formules usitées, nous l'indiquons en chinois après la définition de chaque catégorie.

> 1) *Ceshu* 冊書 , lettre de nomination impériale. Cette lettre était employée pour désigner l'impératrice, pour nommer l'héritier légitime du trône, pour conférer un titre aux princes ou aux vassaux barbares ou pour faire observer les rites « sous le bord du toit », *linxuan* 臨軒 [4].

---

2   Cf. *Tang liudian, j.* 1, p. 11.

3   Cf. *Tang liudian, j.* 9, pp. 273-274; cf. également *Tang huiyao*, Taipei, Shijie shuju, 1989, *j.* 54, pp. 925-926.

4   *Linxuan* désigne une coutume qui remonte à l'époque des Han. Pour nommer les plus grands personnages de l'Etat que nous avons mentionnés, l'empereur ne s'asseyait pas sur le trône dans la grande salle officielle d'audience, *zhengdian* 正殿 ; il s'avançait sur le pas de la porte légèrement à l'extérieur, *yu qiandian* 御前殿 , sous le « rebord du toit ». Or, les deux poutres avancées du toit ressemblent aux ridelles d'une voiture, *xuan* 軒 , d'où

Pour le *ceshu*, nous ne disposons pas de formulaire suffisamment explicite pour en dresser un tableau.

2) *Zhishu*, 制書 , lettre ne forme d'édit impérial. Cette lettre était employée lorsque l'empereur infligeait de grands châtiments, décernait de grandes récompenses ou lorsqu'il nommait à de hautes fonctions et à une plus grande dignité mandarinale. L'empereur recourait encore à cette forme pour supprimer d'anciennes institutions gouvernementales, pour accorder une amnistie et le pardon aux prisonniers de guerre ayant manifesté leur soumission.

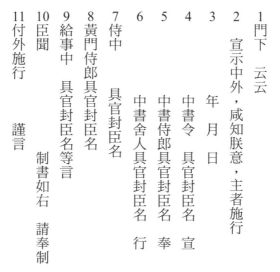

Le Département du Grand secrétariat impérial, *zhongshusheng* 中書省 , rédige le décret au nom de l'empereur, en s'adressant du Département de la Chancellerie impériale, *menxiasheng* 門下省 . Ceci correspond aux col.

---

l'expression *linxuan*, s'avancer sous le bord du toit de la salle. Cf. des Rotours, *Traité des fonctionnaires*, Leyde, E. J. Brill, Bibliothèque de l'Institut des Hautes Etudes Chinoises, 1947, t. 1, pp. 135-136, note 1.

1 à 6. À la suite (col. 7 à 11), le *menxiasheng* fait l'éloge du décret, puis le soumet à nouveau à l'approbation impériale; il demande à son tout que ce décret soit appliqué partout après promulgation. Rappelons ici qu'à la demande du *zhongshusheng* et sur présentation du texte initial, l'empereur met de sa propre main le jour exact de son approbation. Lorsque le texte revient au *zhongshusheng*, ses responsables hiérarchiques doivent signer aussi le document pour ratification officielle, et accompagner leur signature des termes *xuan* 宣 , *feng* 奉 et *xing* 行 . Les termes *yan* 言 et *jinyan* 謹言 sont réservés au *menxiasheng*.

3) *Weilao zhishu* 慰勞制書 , lettre d'exhortation et de stimulation ayant la valeur d'un édit impérial, pour récompenser des efforts accomplis, prodiguer des éloges ou pour encourager dans l'exercice d'une fonction. L'empereur se servait de ce type de lettre officielle pour distinguer les personnes reconnues pour leur sagesse et leur mérite.

```
6          5          4          3        2        1
中書舍人具官封名 中書侍郎具官封名 中書令 具官封名 年 月 御畫日 遣書，指不多及 皇帝敬問　某
                                                           云云
                              行          奉          宣
```

4) *Farichi* 發日勑 (ou *fachi* 發勑 , ou *yuhua farichi* 御畫發日勑), décret impérial sur lequel est précisée la date d'émission et à la fin duquel l'empereur, de sa propre main, trace en général le caractère

wen 聞 « écouté » et dans un cas précis *ke* 可 « approuvé »[5]. Ce type de décret dûment daté accorde l'autorisation d'augmenter ou de diminuer le nombre de postes de fonctionnaires, de créer ou de supprimer celui des préfectures et des sous-préfectures. C'est à ce même document que l'on recourt pour recruter des troupes ou réquisitionner des chevaux et les envoyer en expédition militaire, pour dégrader un fonctionnaire élevé dans la hiérarchie, pour conférer une charge à un fonctionnaire d'un rang égal ou inférieur au sixième degré, pour infliger une peine de bannissement, ou pour sanctionner par des peines encore plus lourdes selon les Codes des Tang. Ce type de décret impérial sert également pour ordonner à des fins diverses la dépense de cinq cents rouleaux de soie tirés du trésor impérial, de deux cent mille pièces de monnaie, de cinq cents *shi* 石 de grain provenant du grenier impérial; on l'utilise aussi, dans un document, pour exiger l'emploi de vingt esclaves, de cinquante chevaux ou cinquante bœufs, de cinq cents moutons et plus [6]. On sait maintenant qu'un *farichi* traite souvent des mêmes affaires que le *zouchao*, c'est-à-dire un document émanant d'un des vingt-quatre bureaux du Département des affaires d'État, *shangshusheng* 尚書省 ,

5   Comme nous l'expliquerons plus loin, il arrive que les *zouchao* 奏抄 émanant d'un inférieur deviennent des *farichi* par décision de l'empereur. Dans ce cas, l'empereur appose au bas du document le caractère *ke* ou *wen* ainsi que l'atteste le *Tanglü shuyi* 唐律疏議 , Pékin, Zhonghua shuju, 1983, *j.* 9, p. 198 et *j.* 19, pp. 350-351. Par extension, certains décrets impériaux qui dès leur rédaction étaient des *farichi*, furent accompagnés des caractères *wen*. Le caractère *ke* est ajouté, à notre connaissance, sur les documents concernant la nomination de fonctionnaires d'un rang égal ou supérieur au 5ᵉ degré. Pour la nomination aux rangs inférieurs, l'empereur traçait le caractère *wen* comme pour tous les autres documents de la catégorie *farichi*.

6   Cf. Tang *liudian, j.* 9, p. 274; *Tang huiyao, j.* 54, p. 925.

à l'adresse de l'empereur. Son contenu est le plus souvent identique. Cette identité vient de ce qu'une demande ou une proposition faite par l'un de ces bureaux a été directement acceptée par son autorité supérieure, le *shangshu* 尚書 , qui, sans rien modifier du texte initial, s'est contenté de faire apposer simplement l'approbation impériale par l'intermédiaire du Département de la Chancellerie impériale, *menxiasheng*, après délibération des responsables du Département du Grand secrétariat impérial, *zhongshusheng*, et de ceux du Département de la Chancellerie impériale. C'est seulement après cette délibération que le *menxiasheng* demande à l'empereur de porter le caractère wen 聞 à la fin du *zouchao* initial. Ainsi un *zouchao* est transformé en *farichi*, « décret à la date d'émission ». Ce dernier était utilisé pour toutes les décisions relatives aux affaires courantes concernant l'État et l'administration.

```
1  勅
   云云
   年
   月
   御畫日

2  年
   月
   御畫日
   宣

3  中書令 具官封臣姓名
   宣

4  中書侍郎 具官封臣姓名

5  中書舍人 具官封 姓名
   行

6  勅如右
   牒到奉行

7  年
   月
   日

8  侍中 具官封名

9  門下黃門侍郎 具官封名

10 給事中 具官封名
```

La disposition du document est analogue à celle du *zhishu* présenté ci-dessus. Le *Zizhi tongjian* 資治通鑑 [7] précise que tout *farichi* rédigé préalablement

---

7　Shanghai, Guji chubanshe, 1956, *j.* 205 et 217, vol. 14, p. 6496 et vol. 15, p. 6929.

par le *zhongshusheng* devait obligatoirement être soumis à l'empereur, afin qu'il appose de sa propre main la date exacte d'émission.

5) *Chizhi* 勅旨 , décret découlant d'une initiative impériale. Selon le *Tanglü shuyi*, à la différence du *zouchao*, l'empereur n'inscrit pas les caractères ke ou wen sur ce document [8]. Les fonctionnaires s'appuyant sur une décision verbale de l'empereur, faisant jurisprudence, rédigeaient un décret et en demandaient l'application sur une affaire précise[9].

Dans ce décret impérial dont les formules sont éditées ci-dessous, les col. 1 à 5 sont réservées au *zhongshusheng* qui rédige le texte du décret suivi de la date et de la signature de trois responsables. Les col. 6 à 11 sont réservées au *menxiasheng* qui donne son accord. On constate ainsi qu'à la suite de la partie réservée à la copie du *chizhi*, le *menxiasheng* ajoute une « lettre officielle », *die* 牒 , à l'adresse du *shangshusheng* chargé de le diffuser auprès des administrations concernées.

11	10	9	8	7	6	5	4	3	2	1
給事中	黃門侍郎	侍中		勅旨如右，	奉		中書舍人	中書侍郎	中書令	勅旨
				牒到奉行						云云
具官封臣姓名	具官封臣姓名	具官封臣姓名	年月日				具官封臣姓名	具官封臣姓名	具官封臣姓名	年月日
							行	奉	宣	

---

8   Cf. *Tanglü shuyi*, j. 9, p. 350.
9   Cf. *Tanglü shuyi*, j. 9, p. 274; *Tang huiyao*, j. 54, p. 925.

6) *Lunshi chishu* 論事勅書, lettre traitant d'une affaire sur la base d'une décision impériale. L'emploi d'une telle lettre à caractère de décret servait à faire connaître les encouragements prodigués par l'empereur à l'endroit des fonctionnaires de rang élevé d'une part, à déterminer les interdites que devaient respecter ceux d'un rang inférieur d'autre part.

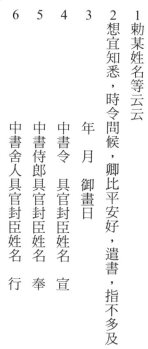

6	5	4	3	2	1
				想宜知悉，時令問候，卿比平安好，遣書，指不多及	勅某姓名等云云
中書舍人具官封臣姓名　行	中書侍郎具官封臣姓名　奉	中書令　具官封臣姓名　宣	年　月　御畫日		

On trouve dans le fonds Stein, conservé à la British Library à Londres, un document coté S. 11287. Il s'agit vraisemblablement d'un *lunshi chishu* datant de 711. L'un des points les plus intéressants de ce document est la présence d'un très grand caractère *chi* 勅 tracé à l'encre foncée après la troisième colonne du texte. L'écriture de ce caractère est une imitation du *chi* écrit par l'empereur sur l'original. Cette imitation faite sur la copie est vraisemblablement due à l'un des responsables du *menxiasheng* qui scellait la lettre. Ce dernier faisait parvenir directement le document à l'intéressé, soit par courrier spécial, soit par un émissaire en dehors des relais postaux habituels [10].

7) *Chidie* 勅牒, lettre rédigée en conformité avec les précédents décrets impériaux. Par une telle lettre officielle, il était confirmé, à propos d'une affaire, qu'aucun changement n'intervenait dans l'application des règlements antérieurs fixés par décret. Il semble que ce type de lettre émanait directement du *zhongshu menxia* 中書門下 [11], sans avoir à être soumise à l'approbation directe de l'empereur, puisqu'il s'agissait de confirmer les décisions antérieures.

```
6      5      4        3        2       1

牒     年     牒       中       右      某
：     月     ：奉勅   書門     某      某
奉     日              下牒     某      之
勅            云云              某      事
宰     牒     宜依     某
相            〔依奏   某      云
具            余依〕           云
官
封            牒至
臣            准勅
姓            故牒
名
```

Telles sont les six catégories de documents par lesquels l'empereur et ses chancelleries communiquaient avec l'ensemble des subalternes. Pour être complet, il convient de rappeler que les affaires examinées étaient évaluées selon leur degré d'importance comme « majeure » ou « mineur », c'est-à-dire que suivant des critères précis regroupés sous les termes *dashi* 大事 et *xiaoshi* 小事, on déterminait la nature du document le mieux

---

10   Cf. *Tang liudian*, p. 243; *Da Tang kaiyuan li* 大唐開元禮, *Siku quanshu zhenben* 8 *ji*, Taipei, Shangwu yinshuguan, *j*. 130. Cf. également des Rotours, vol. 1, p. 136.

11   Le *zhongshu menxia* désignait le lieu où se réunissaient les responsables du Département du Grand secrétariat impérial et ceux de la Chancellerie impériale; ils y délibéraient ensemble des affaires et prenaient les décisions nécessaires. Le *zhongshu menxia* est connu sous un autre nom, le *zhengshitang* 政事堂. Cf. des Rotours, vol. 1, p. 182.

approprié. Les trois premiers types de documents, *ceshu*, *zhishu* et *weilao zhishu*, servaient essentiellement pour les affaires de première importance, *dashi*. Les quatre autres étaient utilisés pour les affaires courantes, *xiaoshi*. Par ailleurs, pour désigner les lettres de nomination impériale *ceshu*, les édits *zhi* et les décrets impériaux *chi*, c'est-à-dire l'ensemble des documents énumérés ci-dessus, on employait un terme général, le caractère *zhao* 詔 . Mais en 690, l'impératrice Wu Zetian interdit l'usage de zhao devenu un caractère tabou, en raison de l'homophonie avec son nom personnel Zhao 曌 . Il fut remplacé par *zhi* 制 qui servit à désigner l'ensemble des pièces officielles, tout en gardant son usage antérieur appliqué aux édits impériaux.

2. Documents émis par un inférieur à l'adresse d'un supérieur

Lorsqu'un inférieur veut s'adresser à un supérieur, il recourt à plusieurs formes de lettres officielles. Dans le *Tang liudian*, on trouve deux listes d'appellations différentes concernant les rapports écrits par un intérieur à l'adresse de son supérieur. La première de ces deux listes figure dans le *j*. 1 et donne les noms de six documents différents [12] définis en fonction de la qualité du destinataire. C'est sur ce critère que le *Tang liudian* distingue les six documents ci-dessous:

1) *Biao* 表 , adresse à l'empereur. L'adresse était toujours destinée au Fils du Ciel.

2) *Zhuang* 狀 , mémoire à l'empereur. Cette pièce officielle est présentée par les fonctionnaires dans l'entourage immédiat de l'empereur.

3) *Jian* 牋 , adresse à un supérieur.

4) *Qi* 啟 , mémoire à l'intention du prince héritier. Le *jian* et le *qi* pouvaient

---

12 Cf. *Tang liudian*, *j*. 1, p. 11.

également être adressés à d'autres supérieurs, mais dans ce cas ils ne concernaient pas les affaires publiques.

5) *Ci* 辭, lettre particulière (ou privée, personnelle ?).

6) *Die*, lettre officielle. Dans cette catégorie sont rangées les lettres concernant les affaires publiques, rédigées par des mandarins d'un rang égal ou supérieur au neuvième degré.

Le *die* est en principe différent du *fu*. Il est normalement réservé aux inférieurs s'adressant à un supérieur (c'est le cas dans cette liste), mais l'Ordonnance des Formules des pièces officielles, *gongshiling*, autorise aussi le *shangshu dusheng* à recourir au *die* pour s'adresser aux vingt-quatre bureaux soumis à sa juridiction. On a gardé un formulaire de *die* émis par le *shangshu dusheng* dans le manuscrit Pelliot n°2819. Le *fu* est utilisé par le *shangshu dusheng* pour communiquer avec les administrations locales. Malgré ces différences d'emploi précisées par les règlements, le *die* et le *fu* étaient souvent employés indifféremment sous les Tang. Le *die* est également utilisé par les fonctionnaires de tous rangs s'adressant à un inférieur.

La seconde liste qui se trouve au *j*. 8 du même ouvrage [13] énumère six autres formes de documents définis en fonction du contenu et de la nature de l'affaire. Cependant les deux premières appellations de la liste précédente se retrouvent sur celle-ci, sans véritable modification de sens. Ce sont:

1) *Zouchao* 奏抄, rapport adressé au trône par l'un des vingt-quatre bureaux du Département des Affaires d'État, *shangshusheng*. Ce type de document était employé à propos des rites sacrificiels,

---

13   Cf. *ibid., j.* 8, pp. 241-242; cf. également *Tang huiyao, j.* 54, p. 926.

des revenus publics et des dépenses de l'État, et également lors de la nomination aux charges attribuées aux mandarins d'un rang inférieur ou égal à celui du sixième degré. On l'utilisait aussi pour les condamnations à la peine d'exil perpétuel ou à des peines plus légères, pour la destitution d'un fonctionnaire ou sa rétrogradation (*guandang* 官當) et pour toutes les affaires courantes comme dans le « décret à la date d'émission », *farichi*. Il subsistait toutefois une différence: le *zouchao* était un document adressé au supérieur, tandis que le *farichi* était destiné à un inférieur après approbation par l'empereur.

2) *Zoudan* 奏彈, dénonciation faite au trône. Les censeurs recouraient à cette sorte de lettre d'accusation pour dénoncer les actes illégaux commis par des fonctionnaires, quel que soit le bureau auquel ils appartenaient.

3) *Lubu* 露布, bulletin de victoire. Lors d'une victoire des armées sur les forces rebelles ou adverses, on annonçait la nouvelle au ministère de la Défense dépendant du département des Affaires d'État qui avait charge d'en informer l'empereur.

4) *Yi* 議, exposé d'une opinion. On recourait à ce type de document quand, à l'audience impériale, l'empereur soumettait un sujet à la délibération des ministres. Comme il arrivait souvent que les opinions soient divergentes, on les regroupait dans cette sorte de mémoire qui était alors présenté à l'empereur, afin qu'il prit sa décision tout à loisir.

5) *Biao* 表, adresse à l'empereur.

6) *Zhuang* 狀, mémoire à l'empereur.

3. Lettres échangées entre fonctionnaires de même rang

Lorsque des fonctionnaires de même rang communiquaient entre eux, ils rédigeaient leur document selon ces trois modèles [14]:

1) *Guan* 關 , communication.
2) *Ci* 刺 , avis.
3) *Yi* 移 , transmission.

Ces trois modèles de correspondance sont employés communément par les fonctionnaires, pour communiquer entre eux et leurs différents bureaux à propos des affaires courantes. Nous n'entrerons pas dans le détail à leur sujet.

II. Analyse de quelques modèles de lettres les plus représentatifs

1. Un formulaire de « lettre officielle », **fu 符**

Si nous présentons un texte relatif aux lettres officielles, *fu*, c'est que ce type de document est employé très couramment. Afin d'éclairer notre propos, nous voudrions citer une note jointe à un formulaire de *fu* figurant sur le manuscrit P. 2819, un fragment de l'Ordonnance des Formules de pièces officielles, *gongshiling*. Cette note, ajoutée sur le manuscrit, nous donne une idée générale concernant la procédure suivie dans l'élaboration et la diffusion d'un document officiel.

Le formulaire de lettre officielle, *fushi* 符式 , ci-dessus, est envoyé par le Secrétariat général du Département des Affaires d'État, *shangshu dusheng*. Tout ce qui doit être expliqué à propos d'un

---

14   Cf. *Tang liudian, j.* I, p. 11.

supérieur et tout ce qu'un fonctionnaire supérieur doit envoyer à un inférieur, voilà ce qu'on nomme *fu*. En ce qui concerne les fonctionnaires responsables de la décision, *shoupan zhi guan* 首判之官 , ils doivent normalement signer à l'emplacement marqué par l'expression *langzhong* 郎中 . Ceux qui émettent une lettre officielle, *fu*, doivent tous transmettre au *dusheng* 都省 le document après sa rédaction définitive selon les règles prescrites, afin qu'il le vérifie et l'examine. Si pour une affaire on doit encore « délibérer », *jihui* 計會 , avec les autres responsables, on doit au préalable convenir de la date de la prochaine rencontre. On fera parvenir conjointement les documents concernant le [texte du] *fu* et la date [de convocation] au *dusheng*. Tous les documents officiels, qu ils soient émis par les bureaux inférieurs ou extérieurs, doivent être rédigés selon ce modèle et suivant cette procédure.

La lettre officielle elle-même qu accompagne note a l avantage d être rédigée sous une forme abrégée. Elle émane du Secrétaire au Département des Affaires d État, *shangshu*. Elle comporte à la fois les termes en usage dans un *fu* et les espaces, relativement fixes, réservés à la mention des divers bureaux et du rang des fonctionnaires concernés par cette correspondance. À la lecture, cette lettre officielle fait nettement apparaître trois parties principales:

a) Partie réservée à la mention du bureau émetteur:

尚書省 Département des Affaires d'État

為某事 « concernant l'affaire de ... » (on indique ici le motif de la lettre ou encore son intitulé).

b) Partie réservée à la mention du destinataire (souvent plusieurs):

某寺主者 directeur d'un service donné

云云

« ainsi de suite ... » (le texte proprement dit de la lettre est donné ici)

案主姓名 , nom du destinataire de la lettre

符到奉行 « que ce *fu* soit mis en application dès réception ».

c) Partie réservée à la date et à la signature des fonctionnaires responsables de la décision *shoupan zhi guan* 首判之官 . À titre d'exemple, quand il s'agit d'un Secrétaire supérieur du Bureau des fonctionnaires, *libu langzhong* 吏部郎中 , il doit apposer ici sa signature. À sa suite apparaissent successivement les noms, titres et fonctions des *zhushi* 主事 , *lingshi* 令史 , *shulingshi* 書令史 .

Il convient d'attirer l'attention sur l'expression employée par le *Tang liudian: tongpan zhi guan jie lianshu* 通判之官皆連署 , c'est-à-dire qu'une pièce officielle transmise à un autre bureau devait être signée par tous les fonctionnaires du *tongpan*. En effet dans toute procédure administrative, un document était soumis à quatre niveaux d'examen préalable pour être accepté. Au rang inférieur, il y avait le *panguan* 判官 chargé d'élaborer le texte de la décision. Celui-ci transmettait alors cette ébauche au *tongpan* 通判 , qui regroupait les fonctionnaires d'un certain rang chargés de délibérer sur ce premier texte ou sur cette décision. En cas de désaccord, les fonctionnaires du niveau *tongpan* renvoyaient le texte de la décision à leurs inférieurs du *panguan*. En cas d'approbation, ils le transmettaient au responsable administratif, *zhangguan* 長官 , par la voie hiérachique du vice-responsable, le *fu zhangguan* 副長官 . En outre, sur toutes les correspondances échangées, on apposait toujours un sceau indiquant la date d'émission (*fari* 發日), afin de vérifier les délais de transmission.

2. *Un exemple de fu fans les documents retrouvés à Astana*

On retrouve la même structure, avec un plus plong développement et plusieurs ramifications, dans la seconde partie d'un document, daté de 648, trouvé dans une tombe à Astana (Ast. 221), et conservé sous la cote 73 TAM 221: 55 a, 56 a, 57 a, 58 a. Cette seconde partie correspond au *fu* proprement dit. Dans la même tombe, il y avait également une inscription funéraire datée de 653 et consacrée à Zhang Tuan'er 張團兒, chef des employés *xianwei* 縣尉 de la sous-préfecture de Jiaohe 交河 rattachée à *Xizhou* 西州. Le document traduit ci-dessous est édité parmi les « Documents découverts à Turfan »[15]; les éditeurs lui ont donné pour titre: « *fu* expédié à la sous-préfecture de Jiaohe 交河 par le Protectorat général d'Anxi 安西, après réception du décret impérial *chizhi* concernant [16] la décision d'imposer une amende aux membres des Trois gardes, *sanwei* 三衛, coupables d'une faute d'ordre personnel, *sizui* 私罪, ou public, comme le refus de prendre son tour de service, *weifan* 違番 [17] ». Ce texte offre un grand intérêt pour l'étude des documents, puisque nous trouvons réunis, en raison même des règles administratives de correspondance, un formulaire de décret impérial, *chizhi*, notifié par *die*, émanant du *menxiasheng* à l'adresse du *shangshushng*; celui-ci le transmet à son tour et dans la même journée[18] à l'administration inférieure. Grâce aux

---

[15]   Cf. *Tulufan chutu wenshu* 吐魯番出土文書, Pékin, Wenwu chubanshe, 1986, vol. 7, p. 3-7.

[16]   Cf. *wei ... shi* 為 ... 事.

[17]   Une telle faute était en effet sanctionnée d'après le règlement rapporté par le *Tanglü shuiyi, j.* 7, p. 165. Selon ce dernier les coupables étaient passibles de l'exil à Lingnan 嶺 南 (actuel Canton), alors que dans notre décret ils sont puis d'exil à Turfan, Xizhou 西 州.

[18]   Cf. ci-dessous la note 33, ajoutée à la traduction de la col. 19.

mentions de dates successives qui sont données dans ce document, nous pouvons également mesurer les délais réels nécessaires à l'application d'un décret impérial par une sous-préfecture aux confins occidentaux de la Chine. Ainsi entre la réception de la pièce officielle par le Département des Affaires d'État, *shangshusheng*, le 26e jour du 2e mois de la 22e année *zhenguan* (26 mars 648) et son archivage sur ordre du secrétaire de la sous-préfecture de Jiaohe le 5e jour du 7e mois de la même année (31 juillet), il s'écoule un peu plus de quatre mois. À cette durée, bien que ce ne soit as précisé exactement, il faut ajouter une journée, parfois deux, nécessaire à la transmission du texte entre le Grand secrétariat impérial, *zhongshusheng*, et la Chancellerie impériale, *menxiasheng*, tous deux signataires du présent document, jusqu'à son arrivée au Département des Affaires d'État. Il est vraisemblable qu'au cours du second mois de l'année, l'empereur eut connaissance de l'insoumission des gardes et décida de les sanctionner. Les membres du *zhongshusheng* mirent par écrit cette décision verbale et rédigèrent le texte du décret, le soumirent à l'approbation impériale, puis le firent promulguer. Si l'on en croit le *Tang liudian* [19], les délais de circulation et de transmission d'un ministère à l'autre, et entre les divers échelons administratifs, étaient rigoureusement fixés par les Ordonnances concernant les formules de pièces officielles, *gongshiling*. En cas de retard, les fonctionnaires étaient sanctionnés [20]. Dans le cas d'un décret impérial, cela doit se faire « dans la journée », *jiri xingxia* 即日行下 [21]. Le délai de transmission du document n'a donc pas excédé deux jours entre les trois instances supérieures, *sansheng* 三省 . Le *shangshusheng* transmet alors

---

19 Cf. *j.* 1, p. 11. Des Rotours, vol. 1, p. 24, note 2.
20 Cf. *Tanglü shuyi*, *j.* 9, pp. 196-197.
21 Expression soulignée dans le *Tanglü shuyi*, p. 196.

le décret impérial, *chizhi*, aux administrations inférieures sous la forme d'un *fu*. Les délais de transmission du *fu* sont eux aussi déterminés [22], mais ils sont rallongés en fonction de la nature et de l'importance du document et des distances à parcourir. En aucun cas, suivant les délais autorisés par le règlement administratif, le document en question ne devait parvenir à Jiaohe après quatre mois et une semaine. On s'étonne aussi d'un tel délai, quand on sait qu'il a fallu au messager vingt-huit jours seulement, à marche forcée certes, pour couvrir la distance entre Yanqi 焉耆 (Karashahr) et Chang'an 長安 afin d'annoncer en 644 la victoire à l'empereur Taizong 太宗 [23]. De toute évidence, ce décret appartenait à la catégorie des affaires mineures, *xiaoshi* 小事, mais il s'est produit un contretemps inconnu dans le cours de sa transmission.

Dans la traduction ci-après de cette pièce officielle quelque peu mutilée, au motif d'un décret impérial sanctionnant une faute de service, nous avons jugé nécessaire de séparer et d'introduire chacune des huit parties la composant.

Partie réservée au rappel du décret impérial dont le texte préparatoire a été rédigé par le Département du Grand secrétariat impérial zhongshusheng:

[1] Décret impérial, *chizhi*: Ce sont ceux qui jouissent d un privilège dû à leur ascendance familiale, *youyin* 有蔭, et d'une grâce impériale particulière, *bie'en* 別恩, qui bénéficient, *zhan* 霑, de la faveur d'être intégrés dans la garde impériale. Tels la constellation Gouchen 鉤陳, ils servent de près l'empereur. Une

---

22   Cf. *Tang liudian loc. cit.; Tanglü shuyi, loc. cit.*
23   Cf. *Zizhi tongjian*, vol. 13, p. 6212.

telle inimité

[2] ne peut être vécue avec légèreté. Voilà pourquoi on a établi un système d'examens (des mérites) successifs, *kaodi* 考第 , pour fixer les promotions, *jinxu* 進敘 , en fonction des capacités, *liangneng* 量能 . Ceux qui arrivent à des résultats méritants sont nécessairement inscrits, *lu* 錄 , sur les registres d'aptitude, afin qu'aucune de leurs talents ne soit perdu.

[3] ... des homes, qui n'ont pas le cœur à servir leur supérieur [24]; par des prétextes fallacieux, ils profitent de leur situation, *fangbian* 方便 , pour se faire relever ou dispenser de leur service.

[4] ... À compter de ce jour, tout membre des Trois gardes, coupable de faute personnelle, sera destitué et rayé de la fonction publique.

[5] ... [ils] devront être déférés devant un tribunal, *jieguan* 解官 , et soumis à un interrogatoire, afin que soit déterminé leur degré de culpabilité.

[6] ... si leur faute d'ordre personnel est légère ···

[7] ... conformément à la loi, *yifa* 依法 , ils seront astreints à verser une quantité [déterminée de *ke* 課 [25] pour racheter leur faute] ... Tous les examens [de mérite] ...

[8] À partir de ... , ce sera à l'ancienneté qu'il faudra examiner leurs mérites. Récemment ...

[9] Ceux qui manquent à leur tour de service seront bannis à Xizhou 西州 (Turfan) ...

---

24 *Fengshang* 奉上 , le supérieur désigne ici l'empereur.

25 Ils s'agit d'une amende calculée en *ke*, c'est-à-dire une « contribution ». Celle-ci est souvent versée en monnaie dans les régions du nord-ouest de l'empire.

Partie inscrite en retrait, réservée à la date, aux titres, fonctions et signatures des responsables du zhongshusheng:

[10] [tel jour de tel mois de] la 22ᵉ année de l'ère zhenguan (648), [11] le vice-président du Département du Grand secrétariat impérial, Cui Ren [shi] 崔仁 [師] [a contresigné] respectueusement *feng* 奉 [26].

[12] Le *chaoyilang* [27], cumulant la fonction de Rédacteur au Grand secrétariat, *zhongshu sheren* 中書舍人 [28], Liu [Shi] 柳 [奭], [a

---

[26] Comme nous l'expliquerons, le caractère utilisé ici dépend du rang du signataire. Voilà pourquoi figurent à cet endroit sur les documents les caractères *xuan* 宣 , *feng* 奉 et *xing* 行 . Le vice-président qui contresigne le brouillon dans l'attente de l'approbation de l'empereur emploie toujours le caractère *feng*. Le rédacteur au Grand secrétariat signe en utilisant le caractère *xing*. On peut en déduire qu'il manque sur notre document la signature *xuan*, pourtant obligatoire, du Président de Département du Grand secrétariat d'État.

[27] Titre honorifique non lié à une fonction particulière, mais attribué aux fonctionnaires de classe égale ou supérieure au sixième degré.

[28] Il y a six *zhongshu sheren* qui appartiennent tous au Département du Grand secrétariat impérial, *zhongshusheng*, et qui ont la charge des délibérations des affaires concernant chacun des six ministères du Département des affaires d'État, *shangshusheng*. L'un d'entre eux, appelé *zhizhigao* 知制誥 , est plus particulièrement chargé de recevoir les décisions verbales de l'empereur et de les transmettre aux autres *zhongshu sheren*, afin qu'ils les mettent par écrit, rédigent un projet de décret et soumettent le texte à l'approbation impériale. C'est le *zhizhigao* qui présente le projet à l'empereur pour qu'il y mette le jour de ratification, *yuhuari* 御畫日 , indispensable lorsqu'il s'agit des trois premiers types de décret *zhi, chi, ceshu*. Après cela, l'original est copié intégralement avec le *yuhuari* par un scribe au serviec des *zhongshu sheren*, puis conservé dans les archives du *zhongshusheng*. C'est cette copie, suivie des titres, noms et signatures du président et du vice-président du *zhongshusheng* et ceux du *zhongshu sheren* concerné, qui est transmise au *menxiasheng*. Les quatre Grands secrétaires *jishizhong* 給事中 du Département de la Chancellerie examinent le texte, en font l'éloge s'ils sont d'accord, ou apportent des corrections. Ils transmettent à nouveau le texte (c'est-à-dire cette copie initiale) à l'empereur en y ajoutant les titres, noms et signatures du président et vice-président du *menxiasheng* et ceux du *jishizhong*. L'empereur appose alors le caractère *ke* 可 ou *wen* 聞 , voire *chi* 敕 ,

contresigné] xing 行 .

Partie réservée au Département de la Chancellerie menxiasheng chargé de relire, corriger et rectifier les fautes et négligences du texte préparé par le zhongshusheng, puis de le transmettre au shangshusheng:

[13] Ayant reçu [des deux mains] *feng* 奉

[14] le décret impérial *chizhi* ci-dessus, on a rédigé cette lettre officielle, *die*. Qu'elle soit mise en application, dès réception[29] !

[15] Le deuxième mois de la 22e année de l'ère *zhenguan* [30].

[16] Le [poste de] Président de la Grande chancellerie étant « vacant » *que* 闕 , [copié par] le greffier du *menxia*[31] ...

[17] Le *taizhong daifu* 太中大夫 , cumulant la charge de vice-président du *menxiasheng*, Lin 臨…

[18] Le *chaosan daifu* 朝散大夫 , cumulant la charge de Grand

---

au bas du document en fonction de la nature du décret. On rappellera que le caractère ke est aussi utilisé dans un cas précis dans le cadre des *farichi*. Le document revient alors au *menxiasheng* qui garde le document, en réalité la première copie initiale effectuée par le *zhongshusheng* augmentée des appréciations et signatures des membres du *menxiasheng* et du *ke* par l'empereur, mais le recopie à son tour dans son intégralité. C'est donc cette seconde copie qui est envoyée soit au *shangshusheng* soit directement à la personne concernée quand il s'agissait de l'appeler à un poste auprès de l'empereur, ou pour s'inquiéter de sa santé dans le cas d'un *lunshi chishu*.

29   Après cette colonne se trouve le raccord des feuilles. Au verso, et sur le raccord, il y a la signature Hong 弘 qui authentifie la régularité du montage des feuilles, donc la validité du document. Il s'agit vraisemblablement de Jinghong 景弘 dont le nom est mentionné à la col. 40, plutôt que de Hongjian 弘建 également nommé à la col. 35.

30   Cette date est celle qui est donnée par le *menxiasheng*.

31   Il est de règle qu'après les noms et titres des principaux responsables des trois grands ministères *sansheng*, habilités à signer le document, on nomme aussi les noms et fonctions de leurs scribes principaux, dans la partie inférieure du document.

secrétaire de la Chancellerie impériale *jishizhong* 給事中 , Mao Jiang 茂將 [visé par] le Préposé aux affaires[32].

Partie réservée à la réception du document préparatoire par le Département des Affaires d'État shangshusheng chargé de le transmettre à l'administration concernée:

[19] Le 26ᵉ jour du deuxième mois, à l'heure *weishi* 未時 (entre 13 et 15 heures)[33], reçu *shou* 受 par le superviseur en chef *dushi* 都事 du Secrétariat du Département des Affaires d'État.

[20] Le Second gardien de l'héritier du trône *taizi shaobao* 太子少保 [qui l'a transmis au ministère des Armées *bingbu* 兵部][34].

Partie consacrée aux fu proprement dits. Le premier fu émane du bureau des Armées dépendant du Département des Affaires d'État, shangshusheng bingbu 尚書省兵部 *à l'adresse du Protectorat général d'Anxi* 安西都護府 *:*

[21] Du Département des Affaires d'État (qui émet le document).
[22] [À l'adresse du] responsable du Protectorat général d'Anxi *Anxi duhufu* 安西都護府 : [document] en provenance du *xingcong*

---

32   Il est de règle qu'après les titres des principaux responsables des trois grands ministères, habilités à signer le document, on nomme également les noms et fonctions de chacun de leurs premiers scribes, dans la partie inférieure du document.

33   Selon le *Tanglü shuyi, j* 27, p. 520, à la rubrique « Recherche des sceaux perdus » 亡失符印求訪條 , « tous les décrets impériaux *chi* et *zhi* doivent être transmis aux inférieurs au cours de la même journée. Pour le mode de promulgation, on se conformera à la règlementation du *Da Tang Kaiyuan li* 大唐開元禮 ».

34   Ici s'arrête réellement la copie du décret impérial suivi de son authentification par les principaux départements d'État.

行從 35.

[23] Que cette lettre officielle, *die*, émise conformément du Décret impérial recopié ci-dessus (suivi du caractère *zhe* 者 qui marque la fin de la recopie du document officiel), [soit l'objet de respect par le Protectorat général]

[24] et soit mise en application dès réception.

[26] Le secrétaire auxiliaire, *yuanwailang* 員外郎 , du Premier Bureau du ministère des armées, *bingbu* 兵部 , Li 禮 36 [sous l'autorité duquel le document a été copié et visé par:]

[25] Le préposé aux affaires, Nengzhen 能振 37

[26] Le scribe de première classe *lingshi* 令史 [...]

[27] Le scribe de seconde classe *shu lingshi* 書令史 [...]

[28] Transmis aux inférieurs, *xia* 下 , un jour du [3e] mois de la 22e année *zhenguan* (648).

[29] Reçu (un jour postérieur au) 20 du 6e mois, à l'heure (manquante), par [le greffier du Protectorat général].

[30] (Manquent ici les nom et prénom du fonctionnaire faisant office) d'administrateur des services *canjun* 參軍 , cumulant [la charge de greffier *lushi canjun* 錄事參軍 qui a transmis au service des troupes *bingcao* 兵曹 du Protectorat général].

Le second fu ajouté à la suite émane du Protectorat général d'Anxi qui

---

35 *Xingcong*, expression consacrée pour désigner les membres des différents ministères et chancelleries qui accompagnent l'empereur durant ses déplacements.

36 Prénom du secrétaire auxiliaire. Le nom de famille n'est pas donné. Rappelons ici que le ministère des Armées comprenait six bureaux, le premier étant aussi appelé *bingbu*. Ce bureau traitait de l'administration des armées.

37 Le nom de famille de ce subalterne n'est pas donné. C'est lui qui a rédigé cette dernière partie réservée au bureau émetteur, en l'occurrence le *bingbu* 兵部 .

a reçu tout le document précédent et le transmet à son tour à la sous-préfecture de Jiaohe 交河縣 *sous sa juridiction:*

[31] Du Protectorat général d'Anxi.

[32] À l'adresse du responsable de la sous-préfecture de Jiaohe: Que la lettre officielle, *fu*, émise conformément au Décret impérial recopié ci-dessus, soit mise en application dès réception de cette lettre officielle, *die* (suivi du caractère *zhe* 者 qui marque la fin de la recopie du document officiel).

[33] Que la sous-préfecture respecte ce décret et le mette en application dès réception.

[34] [Copié par] le secrétaire (du protectorat), *fu* 府.

[35] [Transmis par] l'administrateur du service judiciaire *facao canjun* 法曹參軍, cumulant la charge des affaires du service des troupes *bingcao shi* 兵曹事, Hongjian 弘建.

(Manquent 3 colonnes où devaient être indiqués le nom du troisième scribe, la date de réception puis de transmission du document aux inférieurs.)

Partie réservée à l'administration de la sous-préfecture de Jiaohe:

[36] L'assistant du sous-préfet *cheng* 丞 n'étant pas présent, [le document] est transmis à l'administrateur du service judiciaire.

[37] Informé du décret conformément à ce qui précède, dans sa parfaite intégrité, on l'a porté à la connaissance de tous les inférieurs.

[38] Rapport respectueux.

[39] Le 5e jour du 7e mois de la 22e année *zhenguan*, le secrétaire *shi* 史 [de la sous-préfecture], Zhang Shoulou 張守洛

(Raccord des feuilles, au verso duquel se trouve à nouveau la signature Hong 弘)

[40] Document donné (sous-entendu au service concerné, vraisemblablement aux archives de la sous-préfecture). Pour avis, Jinghong 景弘 [38],

[41] le 5ᵉ jour.

[42] Le 5ᵉ jour du 7ᵉ mois, reçu par le secrétaire [de la sous-préfecture].

(Manque la suite de document.)

3. Un exemple de lettre officielle die, rédigée par un fonctionnaire local

Le second exemple de document officiel émanant de fonctionnaires locaux nous est fourni par un manuscrit découvert à Dandan-Uiliq [39].

Il s'agit d'une requête concernant les habitants de Jiexie 傑謝 , actuel Dandan-Uiliq, dans la région de Khotan. Ce document est un bel exemple de lettre officielle dans laquelle un fonctionnaire, vraisemblablement le préfet, a fait recopier les décisions et chaque élément de correspondance échangée entre plusieurs fonctionnaires concernés par une même affaire. Nous avons constaté précédemment que dans un document officiel

---

38   Bien que le nom de famille ne soit pas mentionné, on peut supposer que Jinghong est le sous-préfet ou vice-sous-préfet de Jiaohe, puisque le caractère *shi* 示 implique un avis émanant du sous-préfet ou du vice-sous-préfet.

39   Rapporté par Aurel Stein sans que l'on sache comment il se l'est procuré, ce document a été reproduit par A.F. Rudolf Hoernle dans *A collection of Antiquities from Central Asia*, Part II, Extra-number 1, 1902, pp. 21-24 et planche III, un numéro publié en complément du *Journal of the Asiatic Society of Bengal*, vol. LXX, part I, 1901. Ce texte a été édité, traduit et commenté par Édouard Chavannes dans un *Appendix A* sous le titre « Chinese Documents from the Sites of Dandan-Uiliq, Niya and Endere » dans l'ouvrage de Mark A. Stein, *Ancient Khotan*, vol. I, Oxford, Clarendon Press, 1907, pp. 521-524.

émanant de l'administration centrale de l'empire, il existait une succession
d'éléments s'emboîtant les uns dans les autres, en fonction des divers
niveaux de circulation du texte. Il en est de même, en plus simplifié, dans
les documents rédigés par les fonctionnaires locaux.

[Titre officiel de l'expéditeur]

Lettre [officielle adressée] aux « Cent familles » (littéralement «
Cent noms », *baixing, pa'kisina*) ainsi qu'aux ... à propos d'une
requête [présentée par] les habitants (*baixing, pa'kisina*) de Jiexie
(c'est-à-dire Gayseta) concernant les compensations en grains
pour suppléer aux diverse corvées.

La lettre officielle ci-jointe, émanant du Commandant de la garnison
[en réponse à une précédente requête], déclare: « J'ai reçu la requête des
habitants de Jiexie rédigée en langue barbare, et j'en ai fait traduire son
contenu, à savoir que:

"Les habitants mentionnés ci-dessus [⋯] sont profondément soucieux
de leur subsistance. Depuis de nombreuses années, les 'êtres noirs' (c'est-
à-dire le petit peule) souffrent des exactions des brigands et ne savent plus
comment assurer leur existence. Récemment, ils ont obtenu d'un émissaire
la faveur d'être déplacés (c'est-à-dire se réfugier) dans les Six Villes (*liu
cheng*). L'année dernière, les corvées ont été entièrement acquittées par
substitution, sous forme de fournitures de grains. [⋯] grâce à vos bontés,
cette année il reste quelques petites corvées qu'il leur a été accordé de
différer jusqu'à la moisson d'automne, et dont ils s'acquitteront à terme.
[Mais] leurs grains se trouvent tous à Jiexie, et ils n'osent pas s'y rendre

pour s'y approvisionner. Ils attendent humblement votre délibération [40] !"

La décision prise par le Vice-commissaire impérial [a été la suivante]: "Que tout soit suspendu !" Or, leurs hommes et leurs grains se trouvent [toujours] à Jiexie affirme la requête, et aucune décision [les concernant] n'a encore été prise. Les habitants de Jiexie, dans leur requête rédigée en langue barbare, faisant état de diverses corvées et réquisitions de grains. Sur ce point, les autorisations de l'émissaire impérial ont été transmises aux responsables. [Il n'en demeure pas moins que] leurs hommes et leurs grains sont toujours à Jiexie. Malgré leur désir d'envoyer des hommes pour y retirer les grains, ils n'ont pas osé [outrepasser les décisions prises précédemment] et agir de leur propre chef. Ils ont donc présenté le dossier [aux autorités], afin que soit émis un avis et qu'une décision soit prise [à ce sujet], puis stipulée à chaque responsable [41].

Le Vice-commissaire décide désormais: "Que les habitants assurent eux-mêmes le transport [42] !"

Lettre aux motifs de cet arrêt.

Le document a été rédigé par Cheng Xian, chargé des écritures, le 23e jour du 3e mois de la 3e année *dali* (768).

L'*amaci* [43] Weichi Xin, préfet de Zhiluo (Cira), [centre administratif ?] des Six Villes.

[Signature]

---

40   La fin de la copie de la requête est marquée par le caractère *zhe* 者.

41   Copie suivie du même caractère *zhe*.

42   Nouvelle décision suivie elle aussi du caractère *zhe*.

43   Titre et nom du chef local qui appose sa signature afin de valider le document.

III. Conclusion

En nous limitant à ces quelques exemples, nous sommes conscients de n'avoir pas dressé la liste complète de toutes les catégories de documents en usage sous les Tang. Afin de garder une certaine clarté dans notre exposé, et pour ne pas perdre le lecteur dans l'enchevêtrement des formules et des textes, nous avons opéré un choix et nous nous sommes limité aux plus représentatifs et aux plus importants. En outre nous avons surtout étudié les documents émanant de l'empereur, sous leur forme la plus simple. Notre but n'était-il pas de donner les clefs nécessaires et suffisantes pour accéder aux structures fondamentales des textes, et pour comprendre le sens des formules employées ? Notre préoccupation fut aussi de bien mettre en relief les modes d'élaboration et de transmission d'un document, notamment à l'intérieur des trois grands départements d'État, *sansheng*. Ainsi nous espérons apporter notre contribution aux études que d'autres chercheurs effectuent sur les documents officiels et administratifs conservés dans les manuscrits, souvent mutilés, de Dunhuang et Turfan. Mais il est bien évident que, pour de plus amples détails et pour toutes les catégories complexes de documents, il faut se reporter aux travaux de Nakamura Hiroichi [44].

"Les pièces officielles dans les manuscrits de Dunhuang et Turfan. Genreet structure: quelques clefs de lecture", in *De Dunhuang au Japon: Études chinoises et bouddhiques offertes à Michel Soymié*, textes réunis par Jean Pierre Drège. Genève: Droz, 1996, pp. 179-201.

---

[44]   Cf. Nakamura Hiroichi 中村裕一 , *Tōdai seichoku kenkyū* 唐代制敕研究 , Tokyo, Chūbun shuppansha, 1991; *Tōdai kanbunsho kenkyū* 唐代官文書研究 , Kyoto, Kyoō shoen, 1991.

7 世紀至 11 世紀的中國與中亞文明 *

主席先生，

親愛的同事們，

女士和先生們：

　　我深感榮幸能受邀擔任法蘭西公學院今年的國際講座教授，您們給予我莫大的榮譽，讓我成為您們其中一員不僅是一項殊榮，更是一項極具挑戰性的責任。事實上，正是在這裡，自從 1814 年創立中國和韃靼滿洲語言文學的講座以來，中國研究首次在中國和日本以外的地區出現，並由西方漢學界的巨擘們進行闡釋。首先，讓我們回顧一下沙畹（Édouard Chavannes，1865-1918）的貢獻，他於 1893 年進入法蘭西公學院，在法國乃至整個西方的歷史上，標誌著這些研究迎來了一個重要的時刻。沙畹在既有知識領域中開拓了新的研究方向：語言學、文學、歷史、考古學、金石學、地理學、地圖學、藝術、中國宗教和外國宗教。他是第一個將歐洲的文本批評方法，應用於中國文學基本來源研究之人。沙畹及其四位主要門徒，包括伯希和（Paul Pelliot，1878-1915）、葛蘭言（Marcel Granet，1884-1940）、馬伯樂（Henri Maspero，1883-1945）和戴密微（Paul Demiéville，1894-1979），讓法國漢學在世界上享有無與倫比的聲譽。

---

* 　此為張廣達院士 1994 年 2 月 14 日於法蘭西公學院國際講座開幕演講 "La Chine et les civilisations de l'Asie centrale du VIIe au XIe siècle" 之開場致詞中譯，法文演講提要詳後頁 217-239。

就我的研究領域而言，即在於中國與中亞文明。法蘭西公學院首次進行了有關這個重要文化交匯處的歷史研究。這是一個匯聚了中國人、西藏人、突厥人、蒙古人、東伊朗人、阿拉伯人，甚至在蒙古時代後期，來自義大利、法國或俄羅斯的使者、傳教士與商人的廣闊地區。這個地區夏季酷熱、冬季寒冷，充斥著強盜，被沙塵風暴吹襲，但它卻成為大量創新和各種傳統、技術、文學、藝術、宗教的傳播之地，從而在我們古代世界的演變中擔當至關重要的角色。正是透過這些中國軍隊和政府多次開闢的路線，源自印度與伊朗的宗教，如佛教，進入中國並到達西方；而且還將世界各地的其他發明，如絲綢、紙張、馬具等藉此傳播，從而改變人類歷史的進程。

第一位開拓先河的西方學者是儒蓮（Stanislas Julien，1797-1873），他是當時傑出的語言學家。他於 1857 年和 1869 年分別出版了兩卷厚重的作品《大唐西域記》（*Mémoires sur les contrées occidentales*），這是第一個歐洲語言翻譯的版本。這部作品記載了玄奘在 629 年至 645 年間，從中國到印度的十六年旅程，對於我們了解當時中亞各國和印度的考古學與佛教歷史，提供最豐富和最準確的資料。儒蓮的翻譯現今可能已不再適用，而這位學者的主要研究貢獻在於他的著作《中國文獻所見梵文名詞的破譯和轉寫方法》（*Méthode pour déchiffrer et transcrire les noms sanscrits qui se rencontrent dans les livres chinois*）。

正是沙畹開啟中國與外國民族關係歷史研究。沙畹重建了西突厥的歷史，以及他們與唐朝的軍事與外交關係，揭示粟特人（Sogdiens）在伊朗和遠東（Extrême-Orient）之間的角色，以及中國和拜占庭帝國之間的關係。此外，我們也不能忽視偉大的印度、西藏、中國和佛學研究者萊維（Sylvain Lévi，1863-1935）的貢獻。他對中亞歷史知識所做的一切貢獻都至關重要，特別值得一提是他的《中國對印度的中文注釋》（*Notes chinoises sur l'Inde*），以及他關於中亞語言的著作，特別是龜茲語（koutchéen）或吐火羅語 B（tokharien B），還有《中國僧侶玄奘的

路線：從 765 年到 790 年》（*Itinéraire de pèlerin chinois Wou-k'ong* de 765 à 790）。

　　除了葛蘭言之外，我所提及的所有法國學者都曾擔任過法蘭西公學院的教授，這就彰顯了法蘭西公學院在我所研究的領域，具有重要的歷史意義。

La Chine et les civilisations de l'Asie centrale du VIIe au XIe siècle

Monsieur l'Administrateur,

Mes chers Collègues,

Mesdames, Messieurs,

C'est un redoutable honneur que vous m'avez fait, Monsieur l'Administrateur et mes chers Collègues, en m'accueillant parmi vous et en m'invitant à occuper cette année la chaire internationale du Collège de France. En effet, c'est ici que les études chinoises ont été pour la première fois représentées hors de Chine et du Japon avec la création d'une chaire de Langues et Littératures chinoise et tartare-mandchoue en 1814, ici même que ces études ont été illustrées par les plus grands noms de la sinologie occidentale. Permettez-moi d'évoquer tout d'abord l'œuvre d'Édouard Chavannes dont l'entrée au Collège de France en 1893 marque une date décisive dans l'histoire de ces études non seulement en France, mais en Occident. Dans presque toutes les branches du savoir, Édouard Chavannes a ouvert de nouvelles voies à la recherche: philologie, littérature, histoire, archéologie, épigraphie, géographie, cartographie, art, religions chinoises et religions d'origine étrangère en Chine. Il est le premier à avoir appliqué aux sources fondamentales de la littérature chinoise les méthodes de critique textuelle en usage en Europe. Édouard Chavannes et ses quatre principaux disciples, Paul Pelliot, Marcel Granet, Henri Maspero et Paul Demiéville ont assuré un rayonnement sans égal à la sinologie française.

Pour ce qui touche à mon domaine d'étude, la Chine et les civilisations de l'Asie centrale, c'est au Collège de France qu'ont été menées les premières études relatives à l'histoire de ce grand carrefour de peuples et de cultures où se sont côtoyés Chinois, Tibétains, Turcs, Mongols, Iraniens orientaux, Arabes et même, plus tard, à l'époque mongole, envoyés, missionnaires et marchands venus d'Italie, de France ou de Russie. Les pistes de cette vaste région, torrides en été, glaciales en hiver, infestées de brigands et balayées par des vents de sable, ont servi de lieux de passage à un grand nombre d'innovations et de traditions diverses, techniques, littéraires, artistiques, religieuses, assurant ainsi, dans l'évolution de notre ancien monde, une fonction capitale. C'est par ces routes, maintenues ouvertes à plusieurs reprises par les armées et l'administration chinoises, qu'ont pénétré en Chine des religions originaires des confins indo-iraniens, de l'Inde et de l'Iran, et que sont parvenus en Occident la soie, le papier, le collier d'attelage et bien d'autres inventions qui ont transformé l'histoire de l'humanité.

Le premier savant occidental à ouvrir la voie est ce philologue, exceptionnel pour son époque, que fut Stanislas Julien, auteur de la première traduction dans une langue d'Europe, en deux gros volumes parus en 1857 et 1869, des *Mémoires sur les contrées occidentales* de Xuanzang. Ces notes, rédigées par ce moine bouddhique au cours des seize années de son voyage en Chine en Inde, de 629 à 645, sont la source la plus riche et la plus précise que nous ayons pour l'archéologie et pour l'histoire du bouddhisme sur les divers pays de l'Asie centrale et sur l'Inde à cette époque. La traduction de Stanislas Julien n'est sans doute plus guère utilisable de nos jours, et le principal apport de ce savant à la recherche est sa *Méthode pour déchiffrer et transcrire les noms sanscrits qui se rencontrent dans les livres chinois.*

C'est avec Édouard Chavannes que commencent véritablement les premiers travaux de valeur sur l'histoire des rapports de la Chine avec les peuples étrangers. Chavannes a retracé l'histoire des Turcs dits occidentaux et celle de leurs relations militaires et diplomatiques avec les Tang, révélé le rôle des Sogdiens entre Iran et Extrême-Orient, ainsi que les relations entre la Chine et l'Empire byzantin. Mais on ne peut oublier non plus la contribution de ce grand maître des études indiennes, tibétaines, chinoises et bouddhiques que fut Sylvain Lévi. Tout ce qu'il a apporté à la connaissance de l'histoire de l'Asie centrale a été capital. Rappelons en particulier ses *Notes chinoises sur l'Inde*, ses travaux sur les langues de l'Asie centrale, surtout sur le koutchéen ou tokharien B, et son *Itinéraire de pèlerin chinois Wou-k'ong* de 765 à 790.

À l'exception de Marcel Granet, tous les savants français que j'ai cités furent professeurs au Collège de France. C'est dire l'importance de cette institution dans l'histoire de mon domaine d'études.

**

En même temps que l'exploitation de cette source presque inépuisable que constituent les textes historiques, administratifs ou littéraires en chinois, de remarquables découvertes devaient renouveler et enrichir de façon décisive à partir du début de ce siècle notre connaissance de l'histoire complexe et mouvementée de l'Asie centrale. Les très grands écarts de température qui règnent dans cette immense région, la rareté des précipitations et les tempêtes de sable représentaient pour ses habitants et pour les voyageurs de très graves inconvénients. Mais l'extrême sécheresse du climat et les dépôts de sable ont constitué aussi des conditions éminemment favorables à la conservation d'objets et de documents qui peuvent nous fournir aujourd'hui des indications inestimables sur la vie et les civilisations des époques anciennes. Ainsi ont pu être retrouvés intacts, d'une part, dans des tombes de la région de Turfan et dans des sites plus occidentaux de précieux documents officiels et privés dont les dates vont du Ve au VIIIe siècle, d'autre part, dans une des grottes des Mille Buddha près de Dunhuang, des dizaines de milliers de manuscrits sur papier dont le premier daté est de 406 et le dernier de 1002. La plus grande masse de tous ces documents est rédigée en chinois, mais une partie aussi dans les langues en usage à ces époques en Asie centrale: tibétain surtout, turc ouigour, sogdien, khotanais, koutchéen ou tokharien B, agnéen ou tokharien A ... Les premiers documents ont été ramenés au début de notre siècle par plusieurs missions archéologiques d'Europe.

C'est à Chavannes que Marc Aurel Stein avait confié l'étude des documents chinois qu'il avait ramenés de ses deux premières expéditions et à Henri Maspero, ceux de sa troisième, preuve éloquente de ce que ces deux savants étaient alors les seuls qualifiés pour une tâche aussi difficile. Un célèbre article, publié en collaboration par Édouard Chavannes et Paul Pelliot en 1911, « Un traité manichéen découvert en Chine », avait révélé, d'après un document chinois retrouvé à Dunhuang trois ans plus tôt, un fait qu'on n'aurait guère imaginé auparavant: l'existence en Chine de communautés manichéennes.

L'un des disciples de Chavannes, Paul Pelliot s'est révélé comme un philologue de génie grâce à l'étendue de son savoir, son accès à de nombreuses langues, la rigueur de sa méthode et son extraordinaire mémoire. Paul Pelliot a joui en Chine d'une immense réputation. Cette réputation s'explique par sa capacité à tirer parti à tous moments de l'extraordinaire ampleur de ses connaissances. En cela, il reste un de leurs modèles pour les chercheurs chinois d'aujourd'hui. Il fut d'ailleurs le premier savant français à établir des relations aussi étroites avec les plus éminents lettrés de son temps, tels que Luo Zhenyu et Wang Guowei. Il en parlait avec les plus grands éloges. Wang Guowei était, à ses yeux, « un des plus féconds et des plus sérieux érudits que la Chine ait jamais connus ». Et comme Luo Zhenyu et Wang Guowei s'étaient attachés eux aussi, après Chavannes, à l'étude des documents chinois rapportés d'Asie centrale par Marc Aurel Stein, Pelliot soulignait l'importance de l'apport de ces deux savants. « J'ai déjà eu plusieurs fois l'occasion de dire, écrivait-il, qu'on ne devait plus parler des fiches de Stein sans recourir aux publications de MM. Luo Zhenyu et Wang Guowei », rappelant ainsi l'importance et la nécessité d'une collaboration avec les érudits Chinois. Cette collaboration devait être illustrée après la dernière guerre par Paul Demiéville qui, dans sa recherche des manuscrits chinois et tibétains de Dunhuang relatifs à une curieuse controverse bouddhique qui eut lieu au Tibet au VIIIe siècle entre un moine chinois et un moine indien, a bénéficié des indications de Wang Zhongmin, le premier après Pelliot à faire un nouvel inventaire de la collection des manuscrits de Dunhuang conservés à Paris.

Grâce à la grande tradition philologique de la Chine qui remonte aux XVIIe et XVIIIe siècles et faisait appel aux modes de preuve les plus divers pour la reconstitution des textes anciens, les savants chinois n'ont eu aucune difficulté à dialoguer dès leur première rencontre avec leurs homologues français. Les érudits chinois possédaient, sur leurs collègues occidentaux, l'inestimable avantage d'une connaissance bien plus large des sources chinoises les plus diverses, une grande capacité à se les remémorer et à s'orienter parmi elles, de telle sorte qu'ils pouvaient les mettre immédiatement à profit dans la lecture et l'interprétation de documents inédits. Ils avaient en outre une pratique de la paléographie chinoise qui faisait défaut aux sinologues d'Occident. Mais peu d'entre eux s'intéressaient aux relations extérieures de la Chine, ils étaient rares à connaître d'autres langues anciennes que le chinois et ils ignoraient tout, au début de ce siècle, des courants de pensée qui orientaient la recherche en Occident. Aussi l'exemple donné par les sinologues européens a-t-il eu en Chine des effets déterminants: il a incité les savants chinois à une plus large ouverture en matière aussi bien linguistique que méthodologique. L'œuvre de Chavannes sur les Turcs occidentaux et les articles de Paul Pelliot continuent à servir en Chine de référence et de modèles. Savants chinois et occidentaux dont les formations étaient différentes mais complémentaires avaient le plus grand avantage à collaborer. L'Europe, et la France tout particulièrement, s'étaient montrées novatrices dans leurs méthodes de travail et dans leurs conceptions de l'histoire des sociétés. Ainsi s'explique l'influence qu'elles ont exercée en Chine, avec toutefois un certain retard. Ce n'est que dans les années 30 que les noms de Durkheim et d'Henri Berr furent connus en Chine. Traduite en chinois, La cité antique de Fustel de Coulange y eut, chez les historiens de l'antiquité chinoise, autant de retentissement que, chez les linguistes, le reconstitution des prononciations anciennes du chinois par le suédois Bernard Karlgren et le Français Henri Maspero, dont les travaux prenaient en compte non seulement, comme on l'avait fait jusqu'alors en Chine, les anciens dictionnaires de rimes chinois, mais les formes du sino-japonais et du sino-vietnamien. Ceux qui, après la génération des Luo Zhenyu et Wang Guowei, furent mes maîtres, Weng Dujian, Shao Xunzheng et Han Julin, tous mongolisants, sont venus à Paris pour y suivre les enseignements de Pelliot. Et si vous me permettez d'évoquer mon propre exemple, ce sont les œuvres des savants français qui m'ont amené à étudier votre langue. J'ai puisé chez eux de précieuses inspirations. En me proposant d'occuper cette année une chaire intitulée «

La Chine et les civilisations de l'Asie centrale du Ve au Xe siècle », vous avez réaffirmé l'importance d'une collaboration scientifique franco-chinoise qui remonte au début de ce siècle. Puissé-je être digne du choix que vous avez fait et pour lequel je vous exprime, mes chers Collègues, toute ma gratitude.

**

Savant français et chinois ont donc montré la voie d'une indispensable collaboration dès le début de ce siècle. Mais depuis cette époque, les travaux sur l'histoire de l'Asie centrale sont devenus un domaine d'études internationales en plein essor. La collaboration s'est étendue à d'autres pays, dont le Japon à partir des années 60, à Paris depuis 1973, avec une équipe de recherche créée par Paul Demiéville pour l'étude et l'établissement du catalogue des documents chinois rapportés par Paul Pelliot et conservés à la Bibliothèque nationale, et en Chine même, après la terreur et les destructions de la Révolution culturelle, un renouveau d'intérêt s'est manifesté pour les archives récupérées à Dunhuang et à Turfan. En témoignent la création en 1982 d'une Association chinoise pour l'étude de Dunhuang et Turfan, et la publication en dix volumes des documents exhumés depuis 1949 dans les tombes d'Astâna et Kara-khoja aux environs de l'ancien Qočo de Turfan. Cette collection, composée de documents aussi bien privés qu'officiels, établie par l'équipe du professeur Tang Zhangru, de l'Université de Wuhan, a jeté une vive lumière sur l'histoire administrative des Tang, sur les règlements relatifs aux corvées, à la conscription militaire et aux relais de poste à la longue distance, ou encore au système de répartition égale des terres aux hommes en état de les cultiver, système qu'on avait longtemps cru purement théorique avant la découverte des manuscrits de Dunhuang et de Turfan. Au cours de recherches méticuleuses et systématiques, les données glanées dans ces documents ont été confrontées avec les renseignements fournis par les recueils de lois et d'ordonnances de la tradition historique chinoise ou même japonaise. Des regroupements de ce genre permettent d'illustrer bien des passages qui se présentent sous une forme extrêmement laconique dans ces recueils.

Tous les nouveaux acquis exigent cependant un humble et patient travail de reconstitution des documents, d'autant plus difficile et ingrat qu'il n'en subsiste souvent que des fragments et que, plus grave encore, ces fragments ont été souvent dispersés dans des collections différentes, chaque mission ne rapportant qu'une partie des documents trouvés sur le même site. Il a fallu aussi remettre en ordre des manuscrits qui avaient été mêlés à la suite de pillages ou de fouilles trop hâtives, confronter les documents retrouvés depuis 1949 avec des fragments des collections rapportées au début du siècle par différentes missions étrangères et répartis entre Paris, Londres, St Pétersbourg, Kyoto, ou parfois même chez des particuliers.

Les premiers essais de regroupement ont porté sur les manuscrits de Turfan ramenés par la mission japonaise Ôtani en 1914 et conservés les uns au Japon, les autres à Lüshun, ville occupée jadis par le Japon. C'est ainsi que deux fragments relatifs aux règlements administratifs du ministère des finances des Tang datant des années 678-679 et étudiés tout d'abord par un savant chinois ont été rapprochés par deux chercheurs japonais d'une marqueterie d'une centaine de petits fragments provenant du même document, puis, par un autre savant chinois, de trois autres manuscrits de la tombe 225 d'Astâna. Cet ensemble de textes a permis de se faire une idée plus précise de la façon dont le gouvernement chinois parvenait à entretenir ses armées à plusieurs milliers de kilomètres de la capitale. Il le faisait grâce à des transports et à des dépôts de soieries qui servaient en même temps à assurer le fonctionnement des communications dans les régions occidentales. Des travaux analogues ont permis de rétablir le calendrier en usage à Qočo et les lignées royales des principautés de Qočo et de Khotan. De son côté, M. Georges-Jean Pinault est parvenu à reconstituer celle du royaume de Kuča dans la première moitié du VIIe siècle. Des résultats si satisfaisants ont incité à la chasse à de nouveaux manuscrits et on a lancé, pour ainsi dire, une nouvelle expédition de Londres, Berlin et St Pétersbourg pour récupérer des fragments non encore identifiés. À Pékin même, ont été retrouvées 3 614 pièces de provenances diverses.

Les chercheurs chinois l'emportent par leur expérience traditionnelle du recoupement des données et des preuves. Mais ils ont compris au cours de leurs recherches combien il leur était nécessaire de traiter de documents apparentés, mais rédigés dans d'autres langues que le chinois, en raison des contacts intenses et des influences réciproques qui s'étaient exercées en Asie centrale. Ils ne pouvaient résoudre tous les problèmes sans faire appel à des spécialistes d'autres cultures, turcologues, tibétologues, indianistes et iranisants, linguistes ou historiens, et ils devaient chercher à avoir eux-mêmes accès à ces autres langues. La confrontation de traductions de sûtra bouddhiques en sanskrit, prakrit, tibétain et chinois a pu servir en effet au déchiffrement d'autres langues d'Asie centrale. Le rapprochement de trois formules pénales analogues qui apparaissent en prakrit, en khotanais et dans la langue de Tumshuq a permis à Douglas A. Hitch de retrouver le sens du mot *kana*, « coup de férule ». Autre exemple: en rapprochant des formules traditionnelles qui désignaient un règne et son époque dans trois documents différents, l'un en gandhârî, l'autre en khotanais et le troisième en sogdien, un jeune chercheur chinois a proposé de restituer pour l'ancien nom de Tumshuq, un site où Paul Pelliot a fait d'importantes découvertes archéologiques, celui de *Gâzdî. C'est bien par un travail constant de rapprochement et de comparaison entre des documents provenant de cultures différentes qu'ont pu être acquises de nouvelles connaissances.

**

Les régions les plus orientales et les plus proches de la Chine, celles de Dunhuang et de Turfan faisaient déjà figure de carrefours et de foyers de cultures diverses aux VIIe et VIIIe siècles. Grâce aux sources dont nous disposons actuellement, nous savons qu'il y avait à Dunhuang une importante colonie de Sogdiens et que, dans l'oasis de Turfan, cohabitaient des populations parlant chinois, turc, ouigour, sogdien, koutchéen et agnéen. Il y avait parmi eux des bouddhistes, des zoroastriens ou mazdéens, des manichéens et des nestoriens. Ce mélange de peuples et de religions était le produit de la géographie: les routes de la Soie était les seules à relier, à travers le continent eurasien, l'Asie orientale aux régions situés au nord-ouest de l'Inde, au sous-continent indien, au plateau iranien, au Proche-Orient et au bassin méditerranéen. A l'époque des Tang, c'était près de Guazhou que la route de la Soie bifurquait, deux de ses branches contournant le bassin de Tarim. L'une, au nord, passait par Turfan, Qarashahr, Kuča, Aqsu et Kashgar ; l'autre, au sud, par Charchan, Niya, Khotan, et aboutissait elle aussi à Kashgar. Ces oasis en bordure du désert du Tarim ont été dans l'antiquité et au moyen âge les centres politiques et cultures d'autant de royaumes

À en juger par l'importance historique de Dunhuang depuis les Han et compte tenu des dizaines de milliers de manuscrits sur papier qui y ont été retrouvés, en chinois surtout, mais aussi en tibétain et dans d'autres langues d'Asie centrale et occidentale　— on y a même retrouvé un document en hébreu —, on ne peut que commencer par rappeler le rôle capital de cette ville dans l'histoire des relations entre la Chine et les régions occidentales. Située à l'extrémité de ce qu'on appelle le corridor du Gansu, la province chinoise du Nord-Ouest qui s'étend sur plus de 1 500 kilomètres, Dunhuang était presque extérieure à la Chine au début des Tang, et quand le moine bouddhique Xuanzang s'engagea seul dans les sables de l'Asie centrale en 629, personne n'était autorisé à franchir la ligne des tours de guet qui se trouvait à peu de distance à l'est de Dunhuang. C'était déjà en effet, pour les gens de l'époque, une région frontalière. Comme le dit un poète des Tang :

« Je vous invite encore à prendre un verre de vin ; Passé Yangguan, vous ne trouverez plus de vieil ami ».

La passe de Yang ou Yangguan est située à une soixantaine de kilomètres au sud-ouest de Dunhuang. Mais en tant que poste frontière, Dunhuang bénéficiait d'une situation unique pour les contacts qu'elle pouvait entretenir avec les oasis du bassin du Tarim, oasis dont chacune était le siège d'un royaume indépendant. Les influences indiennes, hellénistiques et iraniennes s'y mêlaient avec celles de la Chine. C'est depuis ces oasis que de grandes religions et des cultes divers en voie d'évolution et d'adaptation se sont diffusés jusqu'à l'intérieur de la Chine. Certains des manuscrits retrouvés à Dunhuang nous permettent d'apprécier l'ampleur des processus d'assimilation et d'acclimatation que le bouddhisme a subis dans son expansion de l'Inde à la Chine à travers la route de la Soie. Masculin en Inde, le bodhisattva Avalokiteśvara s'est transformé en Guanyin chinoise. Divinité protectrice du royaume de Khotan, Vaiśrava a devait métamorphoser en Chine en un dieu de la Fortune et de la Richesse. Et ce n'est pas un hasard si les sûtra apocryphes, tel que celui de *La lourde dette de reconnaissance à l'égard des parents*

(Fumu enzhong jing), se sont multipliés à la faveur des influences chinoises en Asie centrale et à Dunhuang.

Les circonstances historiques devaient accroître l'importance exceptionnelle de Dunhuang. Depuis le début du IVe siècle, des peuples divers d'origine non chinoise s'était installés en Chine du Nord et mêlés à la population chinoise, y formant une dizaine de royaumes. Pendant plusieurs siècles, ce fut une des époques les plus confuses de l'histoire de la Chine, mais en même temps l'unc des plus riches en contacts avec les populations de Mongolie, du plateau tibétain et de l'Asie centrale, la plus féconde en rapports nouveaux dans la vie aussi bien matérielle que spirituelle. Les monarques barbares de la Chine du Nord et leurs proches avaient plus d'énergie et de vitalité que les frêles souverains chinois et l'aristocratie décadente qui s'étaient réfugiés dans la vallée du Yangzi. Le goût de l'exotisme se fit sentir dans tous les domaines. Ce fut une prédilection pour les modes vestimentaires et culinaires des Barbares, leurs sports violents, leurs danses, chants et musiques, dont les artistes et les poètes s'inspirèrent et qui donnèrent son style très particulier à cette époque. Ainsi la vaisselle en or, en argent ou en verre venue par les routes de l'Asie centrale, richement ornée de motifs iraniens et la nouvelle technique de martelage et de ciselage des objets précieux se répandirent alors en Chine du Nord et influencèrent l'art décoratif.

Deux facteurs peuvent expliquer l'engouement des hautes classes pour toutes ces nouveautés exotiques depuis le IVe siècle jusqu'à l'époque même des Tang: bien que fortement sinisés, les souverains d'alors dans les provinces du Nord de la Chine étaient d'origine étrangère et l'aristocratie des Tang était elle-même de sang mêlé, à demi turque et à demi chinoise. Ces gens était par là-même mieux disposés à accueillir ces apports étrangers que les Chinois. Chang'an, la capitale des Tang, était une immense ville cosmopolite où se rencontraient tous les peuples de l'Asie.

Mais un autre facteur n'a pas moins contribué à ces phénomènes d'acclimatation. C'est l'extrême ferveur religieuse qu'a suscitée le bouddhisme du IVe au IXe siècle. Cette grande religion étrangère était patronnée et encouragée par l'aristocratie et par les souverains eux-mêmes que le clergé bouddhique identifiait souvent à des Buddha. La ferveur était alors à son comble. En témoignent le nombre des religieux, des lieux de culte, des grottes taillées dans le roc, l'importance prise par la peinture, l'architecture et la statuaire d'inspiration indienne, hellénistique et sérindienne.

Les premières grottes bouddhiques à Dunhuang auraient été creusées en 366 et cette ville devait jouer, en raison de sa situation, un rôle essentiel dans la transmission des influences venues du bassin du Tarim. La bibliothèque retrouvée à Dunhuang en 1889 ou 1990 regorge des diverses traductions connues de la Triple corbeille du bouddhisme (*sûtra, vinaya et abhidharma*), mais aussi de textes bouddhiques jusqu'alors inconnus (apocryphes, entretiens de maîtres chinois et étrangers, commentaires philosophiques) qui ont jeté de nouvelles lumières sur l'évolution du bouddhisme en Chine. Une des découvertes les plus remarquables a été celle d'un nouveau genre littéraire, que Paul Demiéville a rapproché de la chantefable médiévale de l'Europe. Il s'agit de récits en prose vulgaire entremêlés de parties versifiées qu'accompagnait l'exposition d'un rouleau peint, orné des scènes correspondant à chaque épisode de la narration. Une de ces chantefables en turc ouigour retrouvée à Dunhuang, « Le conte bouddhique du bon et du mauvais prince », traduit et commenté successivement par Clément Huart, Paul Pelliot et James Hamilton, semble être la traduction de textes rédigés tout d'abord en chinois. L'existence d'un autre texte en agnéen ou tokharien A, « Le drame de la rencontre avec Maitreya » ou *Maitreyasamiti-nâṭaka* nous permet de supposer que les chantefables que nous font connaître les manuscrits de Dunhuang sont les ancêtres du conte populaire, du roman et même du théâtre en Chine. Comme l'avait indiqué M. Georges-Jean Pinault, les textes tokhariens ont très souvent élargi et modifié la matière de récits édifiants antérieurs par l'adjonction et l'insertion de nouveaux contenus.

Mais quittons Dunhuang pour Turfan. Ancienne résidence de l'administration chinoise bien des siècles avant l'époque des Tang, sous les Han et les dynasties du Nord, Turfan était déjà une marche-frontière, un territoire d'Occident aux yeux des Chinois, bien que les influences chinoises y fussent encore très sensibles. Géographiquement et historiquement, le région avait d'autant plus d'importance qu'elle était un carrefour de routes. Sous les Tang, aux VIIe et VIIIe siècles, les routes principales qui reliaient Chang'an, la capitale, aux deux grands Protectorats généreux d'Asie centrale, le Protectorat général de Anxi (« de la pacification de l'Ouest »), à Kuča, et le Protectorat général de Beiting (« la cour du Nord »), à Tingzhou, ou Beshbaliq en turc, au nord d'un contre-fort oriental des Tien-shan, près de l'actuel Jimsa, atteignaient d'abord Gaochang (Qočo, ancien chef-lieu de Turfan) et Jiaohe (Yar-khoto, point stratégique de la région de Turfan). De Yar-khoto, plusieurs pistes se séparaient, les unes vers Beiting, au nord, les autres au sud-ouest, vers Qarashahr, Kuča et Kashgar. Premier grand croisement de routes en Asie centrale, Turfan servait depuis les Han de passage obligé entre la Chine et les royaumes-oasis du bassin du Tarim. Il était donc capital pour les Chinois de tenir cette région, la plus proche pour eux et la plus menacée par les incursions des guerriers nomades de la steppe. C'est toujours à partir de Gaochang et de Beiting que les nomades se jetèrent sur les petits royaumes du Tarim, se disputant avec les Chinois le contrôle de la route de la Soie et la domination de ces royaumes. Et c'est pour faire pièce à cette menace et s'assurer le contrôle du bassin du Tarim que les Tang établirent les deux grands Protectorats généraux de Anxi et de Beiting. La prise de Gaochang par les Tang en 640 marque donc le commencement de leur expansion, de même que l'occupation de fait de Turfan par les Tibétains en 792, le repli définitif de la Chine.

Turfan était aussi le rendez-vous de toutes les ethnies de l'Asie centrale: peuples parlant des dialectes indo-européens tels que les Jushi, les Kuchéens, les Agnéens; Turcs Tölös, Turcs occidentaux, Sodgiens de Transoxiane, Persans, sans parler bien sûr des Chinois···Après avoir écrasé les Turcs orientaux en 630 et occupé Turfan dix ans plus tard, les Tang soumirent à une juridiction à la fois militaire et civile la région la plus orientale, au nord-ouest de Dunhuang, celle de Hami (Qomul), Turfan (Qočo) et Beiting (Beshbaliq). Du point de vue civil, ces trois districts ont été incorporés au système de l'administration provinciale de l'intérieur de la Chine en qualité de préfectures, les règlements et ordonnances en usage dans le reste de l'empire étant seulement modifiés ou remaniés en fonction des particularités locales. Du point de vue militaire, ces trois nouvelles préfectures de Yizhou (Hami), Xizhou (Turfan) et Tingzhou (Beshbaliq) furent regroupées sous l'autorité du Protectorat général du Anxi et leurs préfets cumulèrent leurs fonctions civiles avec celles de Gouverneurs généraux ou *dudu*. Ce titre de *dudu* s'appliquait spécialement en Chine aux préfets des régions frontalières dont les attributions étaient surtout militaires. Il devait tomber quasiment en désuétude en Chine même dès le milieu du VIIIᵉ siècle, mais son importance dans la première moitié de la dynastie des Tang est attestée par le fait qu'il est entré dans les langues de l'Asie centrale sous l'influence de la Chine. C'est ainsi qu'on le retrouve sous la forme de *to-dog* en tibétain, *totoq* en turc et en ouigour, *twtwk'n* en sogdien et *ttuttu* en khotanais. Dans les documents chinois de l'époque de l'occupation tibétaine à Dunhuang, de 786 à 848, Paul Demiéville ne l'a trouvé appliqué qu'à des fonctionnaires tibétains.

Les documents chinois exhumés dans les tombes des deux cimetières d'Astâna et de Karakhoja, à proximité de l'ancienne ville de Qočo, sont de contenu très varié. Ce sont des fragments de feuilles de rouleaux de papier découpées aux ciseaux pour être réutilisées pour la confection de vêtements, de draps ou de couvertures funéraires ou encore pour servir à la réparation de chaussures ou de masques destinés à couvrir le visage du mort. Un certain nombre de documents provienne des archives de l'administration, et principalement des bureaux du Gouvernement général de Xizhou. Ces débris de pièces officielles sont pour nous une source de première main sur le fonctionnement des institutions locales. Les registres de correspondance, à l'arrivée et au départ, des documents émanant des divers bureaux de ce Gouvernement général de deuxième classe qu'était celui de Xizhou nous permettent de connaître précisément les procédures administratives de chaque maillon de la machine bureaucratique et d'imaginer l'énorme masse de papier qui était nécessaire à son fonctionnement.

À la différence des trois préfectures dont je viens de parler, la partie plus occidentale, celle des royaumes-oasis du bassin de Tarim — Kuča, Khotan, Qarashahr et Kashgar, les Quatre places fortes — était placée sous le commandement militaire du Protectorat général du Anxi. Se trouvant aux prises avec les Turcs et les Tibétains, les Tang ont entrepris de couper les alliances de ces rudes adversaires par des mesures aussi bien diplomatiques que militaires, et de s'assurer la soumission des gouvernants aborigènes par un savant dosage de mesures de faveur et de contrainte connu sous le nom de *jimizhi* (« gouvernement par les entraves et les bienfaits »), système que l'on n'avait pu connaître suffisamment à partir de la littérature historique. Les souverains de ces Quatre places fortes que les Tang s'efforçaient de maintenir sous leur domination étaient honorés du titre chinois de roi et cumulaient héréditairement les hautes fonctions de préfet et de gouverneurs généraux. Mais, à partir de 662, la situation se modifia en Asie centrale en raison d'incursions incessantes des Tibétains dans le bassin du Tarim. Au fur et à mesure que le système des milices, sorte de conscription mise en place au début des Tang, était tombé en désuétude, la tâche de protéger l'empire ainsi que ses vassaux contre les incursions des barbares fut confiée dans ces régions très éloignées de la capitale à des troupes d'élite. En 692, un corps de trente mille de ces soldats, formé uniquement de Chinois, fut stationné à Kuča, Khotan, Qarashahr et Kashgar, mettant fin ainsi pendant un siècle aux incursions tibétaines. Dans chacune des Quatre places fortes de Kuča, Khotan, Qarashahr et Kashgar, ces soldats d'élite étaient retranchés le long des routes principales et dans des sites stratégiques, regroupés en garnisons, forteresses, forts ou fortins, et maintenus en liaison, de nuit et de jour, par un système très élaboré de signaux au moyen de feux et de fumées, ainsi que par les lignes de relais de poste et d'écuries qui servaient aux déplacements des fonctionnaires, aux transports à longue distance et à la transmission des renseignements urgents. Les documents des VIIe et VIIIe siècles retrouvés à Turfan nous apportent la preuve et nous informent du fonctionnement effectif de ces systèmes de communication.

Alors que les Han, à partir du 1er siècle de notre ère, ne s'étaient imposés dans ces régions que par la conquête, le contrôle des Tang à l'ouest de la province du Gansu a été le résultat d'une décision prise après d'âpres discussions entre les hauts fonctionnaires de la cour et d'une œuvre méthodique qui s'est poursuivie sous plusieurs souverains.

Quant aux régions encore plus lointaines situées au-delà des Pamirs, Tokharistan et Sogdiane, connues en Occident sous le nom de Transoxiane, les circonscriptions administratives que les Chinois y avaient créées à

Samarcande, Maimargh, Kish et Bukhara, étaient purement nominales, bien que les influences réciproques et les relations de la Chine avec les Sogdiens et les Iraniens aient été importantes jusqu'à la conquête arabe. La contre-offensive chinoise menée à partir de 745 contre l'avance des Arabes dans ces régions devait se solder par un échec. En 751, une armée chinoise commandée par le général impérial Gao Xianzhi, d'origine coréenne, gouverneur en second du Protectorat général de Anxi à Kuča, est écrasée par les Arabes à la fameuse bataille de la rivière Talas au sud du lac Balkhash, dix-neuf ans après celle de Poitiers. Cet événement marque la fin des ambitions chinoises en Transoxiane.

Les historiens chinois, dans leur style extrêmement concis, ne nous présentent que des événements et leurs dates. C'est ainsi qu'ils nous apprennent qu'en 741 et 750, les Tibétains menacèrent les petit royaumes pamiriens de Gilgit, Baltistan et Wakhan et y établirent leur suzeraineté. Des armées chinoises sous le commandement du même Gao Xianzhi franchirent deux fois le Pamir. Plusieurs milliers de cavaliers descendirent à Gilgit par le col de Boroghil, exploit qui a été considéré comme un miracle par Marc Aurel Stein. Mais il n'y avait pas là de miracle: comme nous le montre le patient travail de reconstitution des fragments retrouvés dans les garnisons chinoises d'Asie centrale et, en particulier, le document concernant la gestion budgétaire des années 678-679, c'est toute l'organisation mise en place par les Tang pour assurer la levée des impôts en soieries, leur transport, le recrutement, le ravitaillement, les communications à longue distance qui a assuré pendant plus d'un siècle le maintien de la présence chinoise en Asie centrale, à plusieurs milliers de kilomètres de la capitale. C'est cette remarquable organisation administrative qui a permis aux Tang de monter des expéditions jusqu'au Pamir et de surmonter les plus grandes difficultés naturelles.

**

Lorsqu'en 1902, le célèbre explorateur anglais Aurel Stein s'aventura au nord de Khotan, en descendant la rivière Yurungkash qui se perd dans les sables du désert de Taklamakan, il n'imaginait pas que cet ancien tracé de l'itinéraire méridional de la route de la Soie le mettrait en présence de vestiges d'un extrême intérêt. En effet, au cours d'une seconde et d'une troisième mission dans cette région, il découvrit de nombreux documents sur le site de Mazâr Tâgh (Shenshan en chinois, Śin-śan en tibétain), une colline qui se dresse sur la rive gauche du Yurungkash, à 160 kilomètres environ de l'actuelle oasis de Khotan. Les textes ainsi arrachés aux sables se répartissent en trois catégories: des documents rédigés en chinois et datant de la première période des Tang ; des documents en tibétain datant de l'occupation de la région de Khotan par les Tibétains au cours de la première moitié du IXe siècle ; des documents émanant du royaume de Khotan qui s'étagent entre le VIIe siècle et le début du IXe. On a là au total plus de 300 documents. Tous ont donc été rédigés à l'époque des Tang. Leur ensemble est actuellement conservé à Londres.

Les 111 textes de Mazâr-tâgh rédigés en chinois faisaient partie du lot de manuscrits dont Aurel Stein avait confié une partie à Edouard Chavannes et à Henri Maspero. Lee premier nous a laissé une étude fouillée de 23 de ces manuscrits, le second un déchiffrement précis de 20 autres, l'analyse de 68 documents restant, plus fragmentaires, ayant été l'œuvre de savants chinois. Quant aux documents en tibétain, ils furent édités presque intégralement par Frederick William Thomas, cependant qu'à Harold Walter Bailey incombait la tâche de présenter les textes khotanais.

C'est à l'analyse de cet ensemble cohérent que je compte m'attacher en particulier au cous de quelques conférences, l'originalité de mes recherches par rapport à celles de mes devanciers consistant dans le rapprochement et l'étude comparée, aussi précise que possible, de tous ces documents, quelle que soit la langue dans laquelle ils ont été écrits. C'est un travail qui n'a jamais été entrepris. Or une telle approche de ce que j'appellerais « le fond de Mazâr-tâgh » nous révèle que nous sommes en présence de documents conservés, à l'époque, dans les bureaux d'une garnison militaire et dans un relais de poste. Il n'y a rien là d'étonnant, puisque Mazâr-tâgh occupait une position stratégique sur une piste qui longeait la rivière Yurungkash et reliait l'itinéraire nord de la route de la Soie passant par Kuča à celui du sud où se trouvait Khotan. La plupart de ces documents sont de caractère administratif et ils nous renseignent avec précision, pendant une durée de deux siècle, sur la vie quotidienne dans la garnison — parfois même sur les croyances —, sur les procédés de l'intendance, la distribution et la répartition des approvisionnements en vivres et en vêtements, le système des relais de poste et leurs connexions, le recrutement des soldats et jusqu'à celui des porteurs affectés aux armées. Ces textes nous conduisent une nouvelle fois à reconnaître que la domination des Tang dans ces régions si éloignées de la capitale tenait avant tout à la supériorité de leur organisation administrative. Quant aux Tibétains, ils adoptèrent un autre système, mais non moins efficace, ce qui peut expliquer leur puissance d'alors et leur capacité à conquérir une partie importante des territoires contrôlés antérieurement par les Chinois. Il consistait en une répartition des populations indigènes en communes soumises aux régiments tibétains. Comparé à ces deux types d'administration, celle des Khotanais fait bien piètre figure !

Mais pour que mes recherches ouvrent un nouveau champ de connaissances précises sur le royaume de Khotan, sans doute l'un des plus importants royaumes-oasis dans l'histoire de l'Asie centrale, je m'attacherai aussi à l'étude d'autres documents, découverts à Gaysata et dans la région dite des « Six villes », située au nord de Domoko et de Gulakhma, à une centaine de kilomètres à l'est de Khotan. Ces manuscrits sont plus difficiles d'accès puisqu'ils sont dispersés entre Londres, Saint Pétersbourg et Stokholm, et que certains ne subsistent qu'à l'état d'infimes fragments. Pour beaucoup d'entre eux, on ne peut parvenir à identifier leur origine exacte. Néanmoins, à force de recherches et de comparaisons, je suis arrivé à la conclusion qu'un bon nombre de ces fragments provenait de Gaysata, l'actuel Dandan Uïliq, situé sur l'ancien itinéraire méridional de la route de la Soie, qui passait 100 à 200 km plus au nord que l'actuel tracé, les rivières s'étant asséchées progressivement depuis l'époque des Tang, tandis que les autres provenaient de la région des « Six villes ». On a pu retrouver ainsi deux cents noms d'habitants de ces deux sites. Ces documents apportent des compléments à notre connaissance des royaumes de Kuča, Qarashahr, Kashgar et surtout Khotan. Leur analyse nous permet de connaître de façon précise, malgré leur caractère souvent très fragmentaire, le système de protectorat imaginé par les Tang pour assurer leur domination sur ces petits royaumes d'Asie centrale. Ils nous révèlent que les Tang accordaient aux rois de ces royaumes des oasis le titre de préfet et le pouvoir de signature des décrets et d'autres actes administratifs. Mais ce pourvoir n'était qu'apparent. L'empereur nommait en effet à leurs côtés un gouverneur chinois qui jouait officiellement le rôle d'un vice-préfet, conseiller attentif et dévoué, mais qui était en fait le véritable décideur.

**

Voici que se multiplient des documents sans lesquels nous ignorerions bien des réalités et des institutions fondamentales. Des manuscrits bilingues, chinois-khotanais, ont permis de comprendre de façon précise les procédés employés par les Tang pour s'installer de façon durable en Asie centrale aux VIIe et VIIIe siècles. Tous ces documents réunis nous donnent une claire vision des méthodes de gouvernement et d'administration adoptées pas la dynastie des Tang dans ces régions en même temps qu'une image vivante des influences si diverses qui s'y sont mêlées. Par la diversité des langues dans lesquelles ils ont été rédigés, par la persistance de l'usage du tibétain à Dunhuang et dans le bassin du Tarim après la fin de la domination tibétaine, par la présence de textes ouigours traduits du chinois mais rédigés en écriture tibétaine, par maints détails précis et jusque dans leur vocabulaire, ils évoque les extraordinaires phénomènes de contacts qui se sont produits en Asie centrale et le rôle capital que cette région a joué dans l'histoire de notre contient eurasien.

"La Chine et les civilisations de l'Asie centrale du VIIe au XIe siècle." Leçon Inaugurale faite le Vendredi 14 janvier 1994, Paris: Collège de France, Chaire internationle. 123.

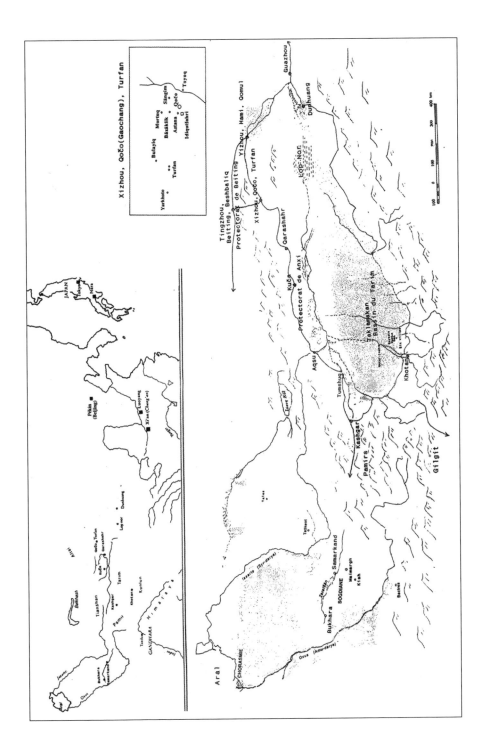

反身性現代化時代下有關中國與全球社會漢學研究的再思考 [*]

　　很榮幸受邀來發表關於漢學研究的演講。受國立臺灣大學人文社會高等研究院主辦之「全球化時代東亞研究的新取向」國際研討會主題的啟發，我想就我們如何思考反身性現代化（reflexive modernization）時代脈絡中的漢學研究，提出一些思考。

　　當今在全球化的情勢下，現代化開始加速推進，沒有人再能忽視現代體制透過全球化過程的擴展。各國家之間的聯繫更加緊密，這不僅是藉由現代通訊和運輸系統，還源於高成長的世界經濟。全球貿易急遽增長，也因此引發了當前的金融危機及其他即將來臨的非預期事件。科學、技術和經濟持續在人類行為的各個領域產生益發重大的影響，並且重塑我們的生活，以適應不斷變化的景況。空前的世界性一體化社會，跨越了傳統邊界，也引發了國際交易及跨文化關係的許多議題。全球社會（global society）的概念就此形成。這是一個全球社會，它不是就一個世界社會（world society）的意義而言，而是一個不確定的空間。全球社會不同於傳統社會作為一個確定的實體，它是一個新的行動與經驗的社會宇宙，是一個新形態的相互依存及社會紐帶必須被有效建立的世界，而非過去或傳統的承繼。進入全球社會作為一個非自願的事件，需要我們絞盡腦汁，以嶄新的方式來感知現在、重新思索過去。

　　然而不止於此。越來越多的證據表明，我們面臨的不只是體制現代

---

*　　此為張廣達院士 2008 年 12 月於「全球化時代東亞研究的新取向」國際研討會，專題演講 "Rethinking Chinese Studies in an Age of Reflexive Modernization: China and Global Society" 之摘要中譯，英文全文詳後頁 245-256。

化的新階段，而且是智識現代性的新階段。現代性往往被視為一個時代
特有的一套特徵。不過傅柯在他討論康德〈什麼是啟蒙？〉的文章中已
指出，現代性應該被視為一種態度，而不是一個特定的歷史時期。傅柯
緊跟著波特萊爾的論述，他所謂「現代性的態度」指向一種思考與感覺
的方式、一種行動與行為的方式，這種方式標誌了對當代現實的歸屬關
係。「現代性是一種態度，使人能夠掌握當下的英雄式層面。」「現代性
是一股將當下『英雄化』的意志。」傅柯認為，1784 年康德發表〈什麼
是啟蒙？〉一文之前，有關當下的哲學反思主要採取三種形式。首先，
當下可以被表述成屬於世界的某個時代，因為某些固有特徵或戲劇性
的重大事件，而與其他時代相區分（柏拉圖）；其次是對當下的審視，
試圖從中解讀即將來臨事件的預兆（奧古斯丁）；第三，當下也可以被
解析為朝向新世界之黎明的過渡點（維柯）。在關於啟蒙的文章中，康
德只討論了當代現實的問題。他在尋思差異：今天相對於昨天究竟有
什麼差異？回顧康德，傅柯在自己的文章總結道，他不知道我們是否會
像康德所期望的那樣達到成熟的成年期，在他看來，「康德的反思是一
種哲理性的思考方式，在過去兩個世紀間，它的重要性及有效性始終存
在。」（頁 319）

　　傅柯的論點至今仍有價值。他的論點提醒我們注意不成熟的狀態，
建議我們以與當代現實相連結的方式，思考政治、社會及個人行為的種
種問題。

　　目前在某些社會理論或社會學中，我們經常碰到反身性
（reflexivity）[1] 這個術語，而非反思性（reflectivity）。晚期現代性的顯著
智識特徵之一，是積極將反思（reflection）納入個人的、人際的或體制
的行動，帶有一種尋求反思（reflection）自身當下的意味，或以一種反

---

[1]　例如：烏爾里希・貝克（Ulrich Beck，1944-2015）長期主編《社會世界》
（*Soziale Welt*），創設「反身性現代化研究中心」，1986 年發表了《風險社會》
（*Riskogesellschaft*），被譯為三十五種語言。

思關係（reflective relation）的模式面對後傳統和當今風險社會的種種情況。對社會實踐之反身性的顯著關注，始於個體進行反思的意識——反思其主動性、反思其與所有現存體制及社會組織的身分位置。這意味著人類所致力投身的每個領域，都應該被反身地解釋、反身地組織及建構。社會將變得更加自我覺知、更加反思，也因而更加反身。

　　我的論文旨在簡要檢視反身性的兩種類型：一是現代化概念中的體制反身性（institutional reflexivity），二是漢學研究領域中的知識論反身性（epistemological reflexivity）。

Rethinking Chinese Studies in an Age of Reflexive Modernization: China and Global Society

Abstract

It is a great honor to be invited to give a speech on Chinese studies. Inspired by the keynote of the International Conference on the New Horizon of East Asian Studies in the Globalization Age sponsored by the Institute for Advanced Studies in Humanities and Social Sciences, National Taiwan University, I would like to propose a few remarks on what we think about Chinese studies in the context of reflexive modernization.

Today when modernization begins to gather accelerated pace in globalized circumstances, nobody can any longer be unaware of the extensional spread of modem institutions via globalizing processes. All countries are closer interconnected not only by modem communications and transport systems, but also by the high-growth world economics. There has been a dramatic increase in global trade, hence an epidemic of current financial crisis and other unexpected forthcoming events. Science, technology, and the economy go on to have an increasingly great impact on every field of human behavior and reshape our lives in a way appropriate to the changing situation. Traversing the traditional borders, an ever worldwide integrating society raises a number of issues for international transactions and cross-cultural relations. The concept of global society is thus formulated. It is a global society, not in the sense of a world society, but as one of indefinite space. Unlike traditional society as a definite entity, a global society is a new social universe of action and experience. It is one where new forms of interdependence and social bonds have effectively to be made, rather than inherited from the past or tradition. The entrance into a global society as an involuntary happening racks our brains to have fresh ways of perceiving present and approaching anew the past.

But there is more. There is growing evidence that we face not only a new phase of institutional modernization, but also a new phase of intellectual modernity. Modernity is often spoken of as a set of features characteristic of an epoch. But, Michel Foucault has already pointed out in his article on Immanuel Kant's Aufklärung, entitled also "What is Enlightenment?", modernity should be envisaged rather as an attitude than a specific period of history. By 'attitude of modernity,' Foucault, close following Baudelaire's suggestion, means a way of thinking and feeling and a way of acting and behaving that marks a relation of belonging to contemporary reality. "Modernity is the attitude that makes it possible to grasp the "heroic aspect of the present moment." "It is the will to 'heroize' the present." In Foucault's opinion, philosophical reflections on the present had taken three main forms up until 1784, when Immanuel Kant published his article "What is Enlightenment". First, the present may be represented as belonging to a certain era of the world, distinct from the others through some inherent characteristics, or separated from others by some dramatic event (Plato). Second, the present may be interrogated in an attempt to decipher in it the heralding signs of a forthcoming event (Augustine). Thirdly, the present may also be analyzed as a point of transition toward the dawning of a new world (Vico). In the text on Enlightenment, Kant deals with the question of contemporary reality alone. He is looking for a difference: What difference does today introduce with respect to yesterday.

Thinking back on Kant, Foucault concludes his own article by saying that he does not know whether we will ever reach mature adulthood as Kant expected. It appears io him that "Kant's reflection is even a way of philosophizing which has not been without its importance or effectiveness during the last two centuries." (p. 319)

Foucault's remark is still valuable in the present day. His argument reminds us of our immature condition, suggesting us a way to think about the problems of politics, society, and individual behavior in connection with contemporary reality.

Currently we often meet the term reflexivity instead of reflectivity when we fix eyes on some social theories or social sciences. One of the distinguishing intellectual features of late modernity is the active incorporation of reflection into individual, interpersonal, or institutional actions with a sense of seeking to reflect on its own present or with a mode of reflective relation to the post-traditional present. The marked attention to reflexivity in social practices begins with the awareness of individuals to reflect, on their own initiative, upon their own status and all existent institutions and social organizations. This means that every field of human endeavor should be reflexively accounted for, reflexively organized and constructed. Society is becoming increasingly more self-aware, reflective, and hence reflexive.

My paper aims at examining briefly two types of reflexivity—first, institutional reflexivity in the notion of modernization and second, epistemological reflexivity in the discipline of Chinese studies.

I

Reflexive modernity is the concept mainly introduced by Anthony

Giddens in a teamwork study – together with Ulrich Beck and Scott Lash – of the impact of radicalized modernity on social and personal life as an alternative to the conception of Western postmodernity. Important changes that mark and specify our era have really occurred, but contemporary societies haven't gone beyond modernity. It's just a 'high', 'late', or 'radicalized' phase of modernity, not postmodernity. As Anthony Giddens puts it, reflexive modernity is describing the radicalized conditions that not only have made uncertainty and rapid chage the everyday expectation but also have spawned the conditions of globalization. "High-speed industrial dynamism" undercuts the structure of simple modernity – the self-destruction of Western modernization.

Ulrich Beck is more interested in finding the new political dynamic of reflexive modernity. Western modernity has begun, as Ulrich Beck formulates, to modernize its own foundations. Western modernization is in the process of producing ever-greater risk uncertainties and being destroyed by itself, because risk and uncertainties arise from the human failure to predict the behavior of nature and society. Beck stresses that late/high modern societies offer both unprecedented opportunites and unparalleled risks and dangers. Reflexive modernization is a process of modernization that is characteristic of risk society.

Scott Lash emphasizes that reflexive modernization does not lead to mancipation. In contrary, it often intensifies stratification of individuals and societies.

While maintaining the view that reflexive modernization brings about to society a higher level of risk, Giddens is more interested in the processes of society. He differentiates between pre-modern, modern and late/high modern societies and stresses that late/high modern societies is also a developed, detraditionalized modernity (the society of refelxive modernization). In accordance with this differentiation, he points out the notion of tradition in early modernity is transforming into new traditions in the context of reflexive modernity.

Moreover, early modern science in popular culture in the West appeared to have the formulaic power of traditional truth. Tradition involves collective memory, ritual, and "formulaic" truth. It has "guardians" to protect and perpetuate it. It binds people morally and emotionally. The outcome of these conditions of tradition is repetition; this is a system for controlling time. It "presumes a kind of truth antithetical to ordinary 'rational inquiry'." There was a compulsive strain in modernity with roots in the repetitiveness of tradition.

These varying functions of tradition in early modernity, in Giddens's account, were transformed as reflexive modernization took the stage. He finds that two interrelated processes undermined the earlier modernity: (a) globalization and (b) "the excavations of most traditional contexts of action. " A commonly observed feature of modernity, according to Giddens, is that we are disembedded from time and space. In pre-modern societies, space was the area in which one moved, time was the experience one had while moving. By controlling time, tradition controls space. In modern global society, the social space is no longer confined by the boundaries set by the space in which one moves. Global society encourages innovative approaches to the study of global and international issues from a range of disciplines, including history. Globalization, by contrast, controls time by controlling space. More concretely, he means that globalization "disembeds" traditional institutions. It does so not from an imperial center, as in early modernity, but from many directions.

Giddens brings out a contrast between traditional (pre-modern) culture and post-traditional (modern) culture. In traditional societies, individual actions are predetermined by the customs, traditions, etc. The persistence of disembedded "traditions" or detraditionalized ideas in the new period of reflexive modernization in one of two ways. They either acquired new value in (1) a new plurality of values or they transformed into aggressive forms of (2) fundamentalism. In post-traditional society people (actors, agents) are much less concerned with the precedents set by previous generations.

It seems to me that Giddens' theory of late/high of reflexive modernity constitutes an expedient reference to Chinese studies in an era of global order or society, especially if we take into consideration the fact that contiental China has not yet emerged quite successfully from the shadows of the authority of her despotic past. In Giddens's view of reflexive modernization, traditions – habits or relics - "only persist in so far as they are made available to discursive justification and are prepared to enter into open dialogue ... with alternative modes of doing things." Remnants of despotically traditional habits or relics often persist without ties to the formulaic truths from which they originated; they exist as relics in a "living museum." Giddens' theory may help promote the analysis of social or historical background from a multitude of disciplines, including international relations, political science, political philosophy, international political economy, international law, international conflict analysis, enabling a better understanding why so many early Chinese modernists were unable to establish personal and collective identities.

Another distinctive property of modernity lies in the field of knowledge. In pre-modern societies, it were the elders and sovereigns who possessed the knowledge. Historically, a saint, a sage, or a philosopher is distinguished for wisdom and sound judgment. This statement reminds us of the cases in Chinese history that Edouard Chavannes, professor at College de France in Paris, has fully enunciated in 1893. But, now, in modern societies, we must rely on expert systems, as there's always a risk we have to take.

But it should be stated that Giddens treat his theme from European experience, mostly in close connection with newly invented tradition (cf. Eric Hobsbawn, The Invention of Tradition, 1983, pp. 1-14). His theory of tradition didn't touch and clarify numerous questions of China. Sure, it can serve as great references for probing the history of modern nation-state making and the problem of a east-west, ancient-modern, static-progressive dichotomy in the Eurocentric historical narrative. Perhaps, contrast may contribute to explain China in terms of its social and cultural differences from the West. Many social phenomena can be rendered meaningful by bringing out the contrast between different historical settings in which they are produced. Certainly the Chinese case would be better rendered intelligible in Chinese historical contextuality or in a Chinese tradition vs. modernity framework. Such a framework would be more appropriate to examine the tradition of China.

II

As for epistemological reflexivity, it requires us to engage with the question how the research question has defined. Being practically impossible to remain 'outside of one's subject matter' while conducting research, epistemological reflexivity pushes us to reflect upon the assumptions (about the world, about knowledge) that we have made in the course of the research, and it helps us to think about the implications of such assumptions for the research and its findings, overcome the established scientific practice and faciliate to renew paradigms.

Alvin Gouldner (1920-1980) claimed sociology could not be objective.

He is remembered for his work *The Coming Crisis of Western Sociology* (1970). This work argued that sociology must turn away from producing objective truths and understand the subjective nature of sociology and knowledge in general and how it is bound up with the context of the times. But Gouldner was not the first sociologist to be critical of subjective knowledge of society. He argued that ideology often produced false premises and was used as a tool by a ruling elite, therefore critical subjective thought is much more important than objective thought.

History also shows us both objectivity and subjectivity. Not seldom are the cases that make us learn how history can be distorted to political ends when the leadership of a certain society intentionally seeks to suppress or chooses to alter portions of its past record or collective memory.

Bourdieu's theory of knowledge definitely merits investigation. The structure of Bourdieu's theory of knowledge, practice, and society is dissected by Loic Wacquant. He collaborated with Bourdieu in a dialogue in which they discussed central concepts of Bourdieu's work, outlined Bourdieu's views of the relation of sociology to philosophy, economics, history, and politics and gave a description of how to practice the craft of reflexive sociology. "Reflexivity requires an awareness of the researcher's contribution to the construction of meanings throughout the research process, and an acknowledgment of the impossibility of remaining 'outside of one's subject matter while conducting research." Throughout, he stressed Bourdieu's emphasis on reflexivity – his inclusion of a theory of intellectual practice as an integral component of a theory of society – and on method – particularly his manner of posing problems that permits a transfer of knowledge from one area of inquiry into another.

For Pierre Bourdieu, reflexivity includes both a subjective process of <u>self-consciousness</u> inquiry and the critical study of <u>social behavior</u>

with reference to theories about <u>social relationships</u>. Sociologists must at all times conduct their research with conscious attention to the effects of their own position, so as not to unwittingly distort their objectivity. Social scientists are inherently laden with biases and only by becoming reflexively aware of those intellectual biases can they free from themselves from these biases. Reflexivity is an analytical attitude which helps researchers to overcome the established scientific practice, its norms and paradigm.

Moreover, in Bourdieu's vocabulary, the conception of reflexivity is a collective endeavor, aimed at exposing the socially conditioned unthought structures that underlay the formulation of theories and perceptions of the social world. It promotes the analysis of transactions at multiple levels, and in particular, the way in which these transactions blur the distinction between the sub-national, national, transnational, international and global levels.

Globalization is often used to refer to economic globalization, that is, integration of national economies into the international economy through trade, foreign direct investment, capital flows, migration, and the spread of technology. According to Bourdieu, <u>globalization</u> is also a term used to describe a process by which the people of the world are unified into a single society and function together. This process is a combination of economic, technological, sociocultural and political forces. The reflexivity of modern social life claims that social practices are constantly examined and reformed in light of increased knowledge and information about those very practices.

With special attention accorded to epistemological reflexivity and with an ever wider and broader perspective in an ever integrating global society, students of Chinese studies would incessantly renovate the established have to examine the way of addressing the past of the Chinese world and explore fresh approaches to the Chinese studies.

The educational reforms in China in the 1890s created a group of professionally trained historians as well as a class of modern intellectuals. From the beginning of the twentieth century onward, almost all western social and philosophical theories with their new terminology, analysis categories and instrumental concepts made their impact more and more felt in Chinese scholars' works. The new professional historians began employing western ideas, notions and concepts as tools in conceptualizing social formation and fashioning new understandings of Chinese historical processes. Fostering a new way of thinking about Chinese history, Chinese historiography witnessed a greater inclusiveness of the themes that expanded into every field of Chinese history. Along with this new practice, the paradigm shift in historical study stirred also critical thought. Newlly introduced philosophical and sociological trends helped Chinese practicing historians set their craft from traditional historiography by conceptualizing the historical process and categorizing the past happenings in the context of intense social and intellectual changes.

*

One subsequent consequence is that the European models and Eurocentric judgment cast a shadow on all thinking about China, even affecting Chinese to conceive their own history. Emphasizing methodological issues and paying due attention to the evolution of an Asian regional system, a Chinese-centered approach emerged. For some Chinese-centered orientation scholars, traditional culture did not constitute an unsurmountable obstacle to envision and appreciate modernity. They argue there is no incompatibility between traditional and modern society and Chinese traditional culture was perfectly capable of generating from within itself the impulse to change. But it seems the matter is not so simple. We have to examine how the Western experience has shaped knowledge of China and what was really China's own historical dynamic. In light of reflexivity, our primary concern is not only to perceive Chinese development "in less Eurocentric terms," but to formulate the Chinese past, firstly, more within its Asiatic given context, then in a worldwide perspective and in innovative and boundary-crossing modes of inquiry.

A List of Reference

Blue, Gregory and Timothy Brook, eds.

   1999　*China and Historical Capitalism: Genealogies of Sinological Knowledge*, Cambridge: Cambridge University Press, 1999.

Bourdieu, Pierre and Loïc Wacquant

   1992　*An Invitation to Reflexive Sociology*, Chicago: The University of Chicago Press, 1992, Pt. I, §6 Epistemic Reflexivity; §7 Reason, Ethics, and Politics.

Cohen, Paul A.

   2003　*China Unbound: Evolving Perspectives on the China Past*, London: Routledge Curzon, 2003.

Foucault, Michel

   1984　*What is Enlightenment?* translated by Catherine Porter, in *The Foucault Reader*, edited by Paul Rabinow, New York: Random House, 1984.

   1994　*Qu'est-ce que les Lumières?* in *Michel Foucault, Dits et écrits 1954-1988*, vol. IV, Paris: Gallimard, 1994, pp.562-578.

   2004　*Qu'est-ce que les Lumières?* Michel Foucault texte intégral, édition de: Olivier Dekens, Rosny-sous-Bois (Seine-Saint-Denis): Bréal, 2004, Collection La Philothèque, numéro 20.

   2006　Amended translation by Catherine Porter, in Michel Foucault,

Ethics: Subjectivity and Truth (*Essential Works of Foucault 1954-1984*, vol. I), ed. by Paul Rabinow, New York: The New Press, 2006, pp. 305-319.

Giddens, Anthony

1994   "Living in a Post-Traditional Society," in Ulrich Beck, Anthony Giddens, and Scott Lash, *Reflexive Modernization: Politics, Tradition and Aesthetics in the Modern Social Order*, Cambridge: Polity Press, 1994, pp. 56-109.

White, Hayden

2002   Foreword to Reinhart Koselleck, *The Practice of Conception History: Timing History, Spacing Concepts*, Stanford: Stanford University Press, 2002, pp. ix-xiv.

Winks, Robin W.

2003   "The Value of History," Preface to R.W. Winks and Lee P. Wandel, *Europe in a Wider World 1350-1650*, Oxford: Oxford University Press, 2003, pp. ix-xv.

本文原載於《「全球化時代東亞研究的新取向」國際學術研討會論文集》（臺北：臺灣大學人文社會高等研究院，2008），頁 13-21。

附錄

張廣達先生論著目錄

說明：本目錄按年編排。篇名後凡括注 A、B、C、D、E 者，係收入
《張廣達文集》四種（桂林：廣西師範大學出版社，2008；臺北：政大
出版社，2024）及《于闐史叢考》（增訂本，北京：中國人民大學出版
社，2008）。略稱如下：

A＝《文書、典籍與西域史地》；

B＝《文本、圖像與文化流傳》；

C＝《史家、史學與現代學術》；

D＝《于闐史叢考》（增訂本）；

E＝《中原、域外與歷史交流》。

1955 年

（翻譯）柯斯文：《原始文化史綱》（與張錫彤合譯），北京：人民出版
　　社，1955 年。

1956 年

（翻譯）阿爾茨霍夫斯基：《考古學通論》第十一、十二章，北京：科學
　　出版社，1956 年，頁 197-241。

1957 年

（翻譯）杜曼：《論西漢時代（公元前三世紀到一世紀）中國的社會經濟
　　制度》（合譯），北京：高等教育出版社，1957 年。

1963 年

（翻譯）卡爾・馬克思：《法蘭西內戰》（草稿、初稿、二稿及片斷），中共中央馬克思恩格斯列寧斯大林著作編譯局編譯：《馬克思恩格斯全集》17，北京：人民出版社，1963 年，頁 533-662。

（翻譯）卡爾・馬克思：《給維・伊・查蘇利奇的復信草稿》（初稿、二稿、三稿），《馬克思恩格斯全集》19，北京：人民出版社，1963 年，頁 430-452。

1973 年

（翻譯）尼・伊・普羅申：《沙特阿拉伯》，北京：人民出版社，1973 年 7 月。

1978 年

（翻譯）阿・波波夫：《沙俄征服中亞史片斷》（與徐庭雲合譯），吉林師範大學歷史系翻譯組譯：《俄羅斯帝國主義：從伊凡大帝到革命前》，北京：三聯書店，1978 年，頁 425-504。

〈沙俄侵藏考略〉，《中央民族學院學報》1978 年 1 期，頁 21-50；收入中國人民大學清史研究所編：《中國近代史論文集》下，北京：中華書局，1979 年，頁 955-1001；又收入中央民族學院藏族研究所編印：《藏族研究論文集》，1982 年，頁 218-227。

〈關於馬合木・喀什噶里的《突厥語詞匯》與見於此書的圓形地圖〉（上），《中央民族學院學報》1978 年 2 期，頁 29-42+ 封三附圖。（A：頁 46-66）

〈從「普里桑乾」橋談起〉，《人民日報》1978 年 9 月 4 日，第六版。

1979 年

〈評戴維・麥肯齊著：塔什干之獅：米・格・切爾尼亞耶夫（1828-1898）將軍的生平〉，《中俄關係研究會通訊》1979 年 3 期，頁 1-5。

〈碎葉城今地考〉,《北京大學學報》1979 年 5 期,頁 70-82;收入北京
　　大學社會科學處編:《北京大學哲學社會科學優秀論文選》2,北
　　京:北京大學出版社,1988 年,頁 319-341。(A:頁 1-22)

〈臺灣省近年的宋史研究情況〉,《中國史研究動態》1979 年 10 期,頁
　　9-11。

〈歐美近年研究宋史簡況〉,《中國史研究動態》1979 年 10 期,頁 12-
　　16。

〈福赫伯主持的「金史計畫」進展情況〉,《中國史研究動態》1979 年 10
　　期,頁 32。

〈關於元人傳記資料索引的編纂情況〉,《中國史研究動態》1979 年 11
　　期,頁 33-34。

〈國外近年對敦煌寫本的編目工作〉,《中國史研究動態》1979 年 12
　　期,頁 12-19。

〈一部值得注意的新編蒙古學書目〉,《中國史研究動態》1979 年 12
　　期,頁 33。

《沙皇俄國侵略擴張史》(上)第二章,北京:人民出版社,1979 年,頁
　　36-57。

1980 年

《沙皇俄國侵略擴張史》(下)第十八、十九、二十八章,北京:人民出
　　版社,1980 年,頁 97-128、129-150、404-425。

〈從世界近代史看反封建主義鬥爭的長期性和艱巨性〉(與陳佳榮合
　　撰),《探討》試刊 1 期,1980 年,頁 56-64。

〈唆里迷考〉(與耿世民合撰),《歷史研究》1980 年 2 期,頁 147-159。
　　(A:頁 25-41)

1981 年

〈試論俄國東方學家瓦・弗・巴托爾德對蒙古史的研究及其《突厥斯
　　坦》一書〉(與張錫彤合撰),《民族研究通訊》1981 年 2 期,頁

1-12；收入中國元史研究會編：《元史論叢》1，北京：中華書局，
　　1982 年，頁 200-213。（C ：頁 176-195）

〈唐代禪宗的傳入吐蕃及有關的敦煌文書〉，中華書局編輯部編：《學林
　　漫錄》3，北京：中華書局，1981 年，頁 36-58。（A ：頁 242-262）

1982 年

〈吐蕃飛鳥使與吐蕃驛傳制度──兼論敦煌行人部落〉，北京大學中國中
　　古史研究中心編：《敦煌吐魯番文獻研究論集》，北京：中華書局，
　　1982 年，頁 167-178。（A ：頁 215-225）

〈關於唐末宋初于闐國的國號、年號及其王家世系問題〉（與榮新江合
　　撰），北京大學中國中古史研究中心編：《敦煌吐魯番文獻研究論
　　集》，北京：中華書局，1982 年，頁 179-209。（D ：頁 15-37）

1983 年

〈研究中亞史地的入門書和參考書〉（上），《新疆大學學報》1983 年 3
　　期，頁 76-88。

〈研究中亞史地的入門書和參考書〉（下），《新疆大學學報》1983 年 4
　　期，頁 78-86。

〈蘇聯的烏孫考古情況簡述〉（與黃振華合撰），王明哲、王炳華著：《烏
　　孫研究》，烏魯木齊：新疆人民出版社，1983 年，頁 185-200。

〈和田、敦煌發現的中古于闐史料概述〉（與榮新江合撰），《新疆社會科
　　學》1983 年 4 期，頁 78-88。（D ：頁 1-14）

1984 年

"Les noms du royaume de Khotan: Les noms d'ère et la lignée royale de la
　　fin des Tang au début des Song" (with Rong Xinjiang), *Contributions
　　aux études de Touen-houang III*, sous la direction de Michel Soymié.
　　Paris: Ecole française d'Extrême-Orient, 1984, pp. 23-46 + plates I-IV.

〈出土文獻與穆斯林地理著作對於研究中亞歷史地理的意義〉（上），《新

疆大學學報》1984 年 1 期，頁 57-64。

〈出土文獻與穆斯林地理著作對於研究中亞歷史地理的意義〉（下），《新
　　疆大學學報》1984 年 2 期，頁 55-63。

〈近年西方學者對中國中世紀世家大族的研究〉，《中國史研究動態》
　　1984 年 12 期，頁 29-31。（C：頁 263-266）

〈中亞歷史研究書目介紹〉（之一）（與王小甫合撰），《中亞研究資料》
　　1984 年 3 期，頁 70-73。

〈中亞歷史研究書目介紹〉（之二）（與王小甫合撰），《中亞研究資料》
　　1984 年 4 期，頁 76-81。

1985 年

〈中亞歷史研究書目介紹〉（之三）（與王小甫合撰），《中亞研究資料》
　　1985 年 1 期，頁 64-68。

《大唐西域記校注》（合著），北京：中華書局，1985 年 2 月。

《大唐西域記今譯》（合譯），西安：陝西人民出版社，1985 年 4 月。

〈論隋唐時期中原與西域文化交流的幾個特點〉，《北京大學學報》1985
　　年 4 期，頁 1-13。（B：頁 1-22）

〈古代歐亞的內陸交通——兼論山脈、沙漠、綠洲對東西文化交流的影
　　響〉，中國史學會編：《第十六屆國際歷史科學大會中國學者論文
　　集》，北京：中華書局，1985 年，頁 253-270。（B：頁 117-130）

〈中國史〉，國家教育委員會高教一司編：《哲學社會科學研究現狀和
　　發展——高校「七五」科研規劃諮詢報告》，北京：北京大學出版
　　社，1985 年，頁 319-330。

〈比較和對照——西方學者研究中國的常用方法〉，《文史知識》1985 年
　　10 期，頁 86-92。

〈鎮海〉，韓儒林編：《中國大百科全書‧中國歷史‧元史》，北京：中
　　國大百科全書出版社，1985 年，頁 157-158；收入中國大百科全
　　書總編輯委員會《中國歷史》編輯委員會編：《中國大百科全書‧

中國歷史 III》，北京：中國大百科全書出版社，1992 年，頁 1521-
1522。

1986 年
〈唐代六胡州等地的昭武九姓〉，《北京大學學報》1986 年 2 期，頁 71-
82、128。（B：頁 75-96）
〈當代史學研究的趨勢——參加第十六屆國際歷史科學大會的觀感〉，
《北京社會科學》1986 年 2 期，頁 153-156。
〈敦煌「瑞像記」、瑞像圖及其反映的于闐〉（與榮新江合撰），北京大學
中國中古史研究中心編：《敦煌吐魯番文獻研究論集》3，北京：北
京大學出版社，1986 年，頁 69-147+ 圖 20-34。（D：頁 166-223）
〈唐代的中外文化彙聚和晚清的中西文化衝突〉，《中國社會科學》1986
年 3 期，頁 37-51。（B：頁 97-116）
〈于闐佛寺志〉（與榮新江合撰），《世界宗教研究》1986 年 3 期，頁 140-
149。（D：頁 224-239）
〈阿夫拉西阿卜城址〉、〈阿克別希姆城址〉（A：頁 23-24）、〈阿伊爾
塔姆城址〉、〈阿伊哈努姆城址〉、〈安諾文化〉、〈巴拉雷克城堡遺
址〉、〈巴里黑城址〉、〈巴米揚佛教遺跡〉、〈貝格拉姆城址〉、〈伯希
和〉、〈布哈拉古城〉、〈豐杜基斯坦佛寺遺址〉、〈哈達佛寺遺址〉、
〈哈爾恰揚城址〉、〈克爾捷米納爾文化〉、〈勒科克〉、〈木鹿城址〉、
〈納馬茲加 IV-VI 期文化〉、〈尼薩城址〉、〈片治肯特城址〉、〈紹托
爾佛寺遺址〉、〈紹托拉克佛寺遺址〉、〈斯坦因〉、〈斯文赫定〉、〈蘇
爾赫科塔爾遺址〉、〈鐵爾梅茲城址〉、〈托普拉克卡拉城址〉、〈瓦拉
赫沙城址〉、〈烏滸水窖藏〉、〈哲通文化〉、〈中亞古代和中世紀錢
幣〉、〈中亞土塚墓群〉、〈中亞中石器時代文化〉、〈中亞中世紀早
期粟特壁畫〉（以上與陳俊謀合撰）、〈穆格山城堡遺址〉（與王小甫
合撰），中國大百科全書出版社編輯部編：《中國大百科全書・考
古學》，北京：中國大百科全書出版社，1986 年，頁 3、3-4、9、

9-10、17-18、28、28、28-29、46、53、56、125-126、153、153、
257、268、341、343、352、364-365、469、469、484、485、493-
494、527、537、538-539、545-546、647、722-723、724-725、725、
725、341-342。

〈突厥〉，中國大百科全書總編輯委員會《民族》編輯委員會編：《中國
　　大百科全書・民族》，北京：中國大百科全書出版社，1986 年，頁
　　424-426。

〈貴霜〉，孫毓棠編：《中國大百科全書・中國歷史・秦漢史》，北京：
　　中國大百科全書出版社，1986 年，頁 53-54；收入中國大百科全
　　書總編輯委員會《中國歷史》編輯委員會編：《中國大百科全書・
　　中國歷史 I》，北京：中國大百科全書出版社，1992 年，277 頁。
　　（A ：頁 42-43）

1987 年

"Sur un manuscrit chinois découvert à ira près de Khotan" (with Rong
　　Xinjiang), *Cahiers d'Extrême-Asie* 3 (1987): 77-92.

〈中國傳統文化在西方——略論西方對中國傳統文化認識的變化〉
　　（上），《文史知識》1987 年 1 期，頁 65-72。

〈中國傳統文化在西方——略論西方對中國傳統文化認識的變化〉
　　（中），《文史知識》1987 年 2 期，頁 109-113。

〈中國傳統文化在西方——略論西方對中國傳統文化認識的變化〉
　　（下），《文史知識》1987 年 3 期，頁 84-90。

〈敦煌文書 P.3510（于闐文）《從德太子發願文（擬）》及其年代〉（與榮
　　新江合撰），敦煌文物研究所編：《1983 年全國敦煌學術討論會文
　　集》文史・遺書編（上），蘭州：甘肅人民出版社，1987 年，頁
　　163-175。（D ：頁 38-47）

〈海舶來天方，絲路通大食——中國與阿拉伯世界的歷史聯繫的回顧〉，
　　周一良編：《中外文化交流史》，鄭州：河南人民出版社，1987

年，頁 743-802。（B：頁 133-180）

〈向達先生文史研究的貢獻〉，霍松林、傅璇琮編：《唐代文學研究年鑑
　　（1985）》，西安：陝西人民出版社，1987 年，頁 470-482；收入沙
　　知編：《向達學記》，北京：三聯書店，2010 年，頁 71-81。（C：
　　頁 196-205）

〈巴黎國立圖書館所藏敦煌于闐語寫卷目錄初稿〉（與榮新江合撰），北
　　京大學中國中古史研究中心編：《敦煌吐魯番文獻研究論集》4，北
　　京：北京大學出版社，1987 年，頁 90-127。（D：頁 118-148）

1988 年

〈阿史那社爾〉、〈裴行儉〉、〈契苾何力〉，唐長孺編：《中國大百科全
　　書・中國歷史・隋唐五代史》，北京：中國大百科全書出版社，
　　1988 年，頁 111-112、265-266、270。

〈勃律〉（與榮新江合撰）（A：頁 90-91）、〈大食〉（B：頁 181-184）、
　　〈拂菻國〉（B：頁 131-132），唐長孺編：《中國大百科全書・中國
　　歷史・隋唐五代史》，北京：中國大百科全書出版社，1988 年，頁
　　118、130-132、159；收入中國大百科全書總編輯委員會《中國歷
　　史》編輯委員會編：《中國大百科全書・中國歷史 I》，北京：中國
　　大百科全書出版社，1992 年，頁 52、144-145、233-234。

〈李珣〉、〈蓮花生〉（A：頁 265-266）、〈裴矩〉（與榮新江合撰）（A：
　　頁 86-87）、〈棄松德贊〉（A：頁 263- 264）、〈薩珊朝波斯〉（B：
　　頁 69-71）、粟特（B：頁 66-68）、〈隋唐西域〉（A：頁 80-85）、
　　〈吐火羅〉（A：頁 44-45），唐長孺編：《中國大百科全書・中國歷
　　史・隋唐五代史》，北京：中國大百科全書出版社，1988 年，頁
　　230、230-231、264-265、269、283-284、327-328、341-345、390-
　　391；收入中國大百科全書總編輯委員會《中國歷史》編輯委員會
　　編：《中國大百科全書・中國歷史 II》，北京：中國大百科全書出版
　　社，1992 年，頁 566、573、750、766-767、863-864、1030、1054-

1056、1165。

〈王玄策〉（與榮新江合撰）（A：頁88-89）、〈義淨〉、〈昭武九姓〉
　　（B：頁72-74），唐長孺編：《中國大百科全書‧中國歷史‧隋唐
　　五代史》，北京：中國大百科全書出版社，1988年，頁400、432、
　　445-446；收入中國大百科全書總編輯委員會《中國歷史》編輯委
　　員會編：《中國大百科全書‧中國歷史 III》，北京：中國大百科全
　　書出版社，1992年，頁1200-1201、1399、1514。

〈回鶻〉（A：頁177-182）、〈黑汗王朝〉（A：頁67-70），鄧廣銘編：
　　《中國大百科全書‧中國歷史‧遼宋西夏金史》，北京：中國大百
　　科全書出版社，1988年，頁198-201、192-194；收入中國大百科全
　　書總編輯委員會《中國歷史》編輯委員會編：《中國大百科全書‧
　　中國歷史 I》，北京：中國大百科全書出版社，1992年，頁413-
　　415、364-365。

〈《唐大曆三年三月典成銑牒》跋〉（與榮新江合撰），《新疆社會科學》
　　1988年1期，頁60-69。（D：頁106-117）

〈關於和田出土于闐文獻的年代及其相關問題〉（與榮新江合撰），《東洋
　　學報》69卷1/2號，東京，1988年，頁59-86。（D：頁48-69）

〈唐滅高昌國後的西州形勢〉，《東洋文化》68，東京，1988年，頁69-
　　107。（A：頁114-152）

《天涯若比鄰——中外文化交流史略》（與王小甫合著），香港：中華書
　　局，1988年9月。

1989年

〈唐代的吏〉，《北京大學學報》1989年2期，頁1-10。

〈有關西州回鶻的一篇敦煌漢文文獻——S6551講經文的歷史學研究〉
　　（與榮新江合撰），《北京大學學報》1989年2期，頁24-36。（A：
　　頁153-176）

〈上古于闐的塞種居民〉（與榮新江合撰），《西北民族研究》1989年1

期，頁 172-183。（D：頁 149-165）

〈關於敦煌出土于闐文獻的年代及其相關問題〉（與榮新江合撰），北京
　　大學中國中古史研究中心編：《紀念陳寅恪先生誕辰百年學術論文
　　集》，北京：北京大學出版社，1989 年，頁 284-306。（D：頁 70-
　　105）

〈中外文化交流〉（與王小甫合撰），丁守和編：《中華文化辭典》，廣
　　州：廣東人民出版社，1989 年，頁 931-947。

1990 年

〈劉郁《西使記》不明地理考〉（與王小甫合撰），中國中亞文化研究協
　　會、中國社會科學院歷史研究所中外關係史室編：《中亞學刊》3，
　　北京：中華書局，1990 年，頁 199-213。（B：頁 204-223）

〈十一世紀的圓形地圖〉，曹婉如等編：《中國古代地圖集・戰國──
　　元》，北京：文物出版社，1990 年，頁 19-22+ 圖版說明，頁
　　3+Notes on the Plates, p. 20.

1991 年

〈蘇聯出版的幾部民族史著作〉，《漢學研究通訊》10 卷 1 期，1991 年，
　　頁 22-25。（C：頁 277-284）

〈美國討論施堅雅的區域系統觀的幾篇評論〉，《漢學研究通訊》10 卷 1
　　期，1991 年，頁 25-29。（C：頁 267-276）

〈學人專介──魏特夫與艾伯哈教授〉，《漢學研究通訊》10 卷 1 期，
　　1991 年，頁 30-33。（C：頁 206-213）

〈歐美漢學論著選介〉，《漢學研究通訊》10 卷 2 期，1991 年，頁 102-
　　108。含以下幾種：

1. *Cambridge History of Early Inner Asia*（劍橋早期內陸亞洲史）, ed. by
　　Denis Sinor, pp. 102-104.（B：頁 349-353）

2. *Selected Papers on Asian History*（亞洲史論文選集）, by Luciano
　　Petech, p.104.

3. *Mongol Imperialism: The Policies of the Grand Qan Monke in China, Russia and the Islamic Lands, 1251-1259*（蒙古帝國主義：1251-1259 年蒙哥大汗對中國、俄國和伊斯蘭地區的政策），by Thomas T. Allsen, pp. 104-106.（C：頁 302-305）

4. *Buddhistische Stabreimdichtungen der Uiguren*（迴鶻人的佛理頭韻詩集），ed. by Peter Zieme, p. 106.

5. *Die Stabreimtexte der Uiguren von Turfan und Dunhuang: Studien zur Alttürkischen Dichtung*（吐魯番敦煌出土的迴鶻人頭韻詩──古突厥詩研究），by Peter Zieme, p. 106.

6. *Vostochnyj Turkestan v Drevnosti i rannem Srednevekov'e──Ocherki Istorii*（古代和中古早期東突厥斯坦史綱），eds. S. L. Tikhvinsky and B. A. Litvinsky, pp. 106-108.（A：頁 291-295）

〈唐末五代宋初西北地區的般次和使次〉，李錚、蔣忠新編：《季羨林教授八十華誕紀念論文集》（下），南昌：江西人民出版社，1991 年，頁 969-974。（A：頁 183-191）

〈歐美漢學論著選介〉，《漢學研究通訊》10 卷 3 期，1991 年，頁 184-188。含以下兩種：

1. *Opisanie Tibetskikh Svitkov iz Dun'khuana Sobranii Instituta Vostokovedeniya AN SSSR*（蘇聯科學院東方學研 究所收藏敦煌藏文寫卷注記目錄），ed. by L. S. Savitsky, pp. 184-187.（C：頁 312-318）

2. *State and Scholars in T'ang China*（唐代中國的國家與學者），by David McMullen, pp. 187-188.（C：頁 298-301）

〈伊本‧胡爾達茲比赫《道里邦國志》中譯本前言〉，宋峴譯：《道里邦國志》，北京：中華書局，1991 年，頁 1-22。（B：頁 185-203）

〈歐美漢學論著評介及提要〉，《漢學研究通訊》10 卷 4 期，1991 年，頁 302-309。含以下三種：

1. *Catalogue des manuscrits chinois de Touen-houang Fonds Pelliot chinois de la Bibliothèque Nationale, Volume IV, nos. 3501-4000*（法國國家圖

書館藏伯希和編號敦煌漢文寫卷目錄——第四卷：3501-4000 號），
pp. 302-304.（C：頁 306-311）

2. *Chinese Thought, Society, and Science—The Intellectual and Social
Background of Science and Technology in Premodern China*（中國思
想、社會與科學——近代之前中國的科學與技術的思維背景與社會背
景），by Derk Bodde, pp. 304-307.（作者誤為李清安，續期做了更正）
（C：頁 285-292）

3. *Tibetan History and Language—Studies Dedicated to Uray Géza on His
Seventieth Birthday*（西藏的歷史和語言——烏瑞七十誕辰祝壽文
集），Herausgegeben von Ernst Steinkellner, pp. 307-309.（A：頁 267-
271）

1992 年

〈歐美漢學論著評介及提要〉，《漢學研究通訊》11 卷 3 期，1992 年，頁
206-208：*Confucianisme et Sociétés Asiatiques*（儒教與亞洲社會），
eds. Yuzô Mizoguchi et Léon Vandermeersch, Publié avec le concours du
CNRS, de l'université de Paris VII, de l'Institut of Asian Cultures de
l'université Sophia (Tôkyô), Editions L'Harmattan-Sophia University
Tôkyô, 1991.（C：頁 293-297）

〈《唐吐蕃大食政治關係史》序〉，王小甫：《唐吐蕃大食政治關係史》，
北京：北京大學出版社，1992 年，頁 4-7。（C：頁 250-253）

〈迴鶻〉（與郭平梁合撰），中國大百科全書總編輯委員會《中國歷史》
編輯委員會編：《中國大百科全書・中國歷史 I》，北京：中國大百
科全書出版社，1992 年，頁 412-415。

1993 年

〈九世紀吐蕃的《敕頒翻譯名義集三種》——*bKas bcad rnams pa gsum*〉，
周紹良等編：《周一良先生八十生日紀念論文集》，北京：中國社會
科學出版社，1993 年 1 月，頁 146-165。（A：頁 226-241）

〈蒙元時期大汗的斡耳朵〉，張寄謙編：《素馨集——紀念邵循正先生學
　術論文集》，北京：北京大學出版社，1993 年 12 月，頁 16-35。
　（A：頁 272-290）
《于闐史叢考》（與榮新江合著），上海：上海書店，1993 年 12 月。

1994 年

"Trois exemples d'influences mazdéennes dans la Chine des Tang", *Études
　chinoises* XIII 1/2 (1994): 203-219.

La Chine et les civilisations de l'Asie centrale du VIIe au XIe siècle. Leçon
　Inaugurale faite le Vendredi 14 janvier 1994, Paris: Collège de France,
　Chaire internationle. 123.（1994 年 1 月 14 日星期五就職法蘭西學
　院國際講席首講，123 號）（E：頁 213-238）

1995 年

《西域史地叢考初編》，上海：上海古籍出版社，1995 年 5 月。（中華學
　術叢書）

1996 年

*Chapters in History of Civilizations of Central Asia, vol. III, The
　Crossroads of Civilizations: A.D. 250-750*. Paris: UNESCO Publishing,
　1996. Chap. 1, "Historical Introduction" (with B. A. Litvinsky), pp.
　19-33; Chap. 11, "The City-states of the Tarim Basin", pp. 281-301;
　Chap. 12, "Kocho (Kao-Ch'ang)", pp. 303-314; Chap. 20, "Central
　Asia, the Crossroads of Civilizations" (with B. A. Litvinsky), pp. 473-
　490. 另見中譯本，〔俄〕B. A. 李特文斯基主編，張廣達副主編，
　馬小鶴翻譯：《中亞文明史：第三卷・文明的交會：西元 250 年 至
　750 年》，北京：中國對外翻譯出版公司，2003 年 1 月。

"The Last Refuge of the Sogdian Religion: Dunhuang in the Ninth and
　Tenth Centuries" (with F. Grenet), *Bulletin of the Asia Institute* (new

series) 10 (Studies in Honor of Vladimir A. Livshits) (1996): 175-186.
"Les pièces officielles dans les manuscrits de Dunhuang et Turfan. Genre et structure: quelques clefs de lecture", in *De Dunhuang au Japon. études chinoises et bouddhiques offertes à Michel Soymié, textes réunis par Jean Pierre Drège*. Genève: Droz, 1996, pp. 179-201.（E：頁 181-212）
〈祆教對唐代中國之影響三例〉，龍巴爾、李學勤編：《法國漢學》1，北京：清華大學出版社，1996 年，頁 143-154。（B：頁 240-249）

1997 年
〈「歡佛」與「歡齋」──關於敦煌文書中的《齋琬文》的幾個 問題〉，田餘慶等編：《慶祝鄧廣銘教授九十華誕論文集》，石家莊：河北教育出版社，1997 年，頁 60-73。（A：頁 192-210）
〈唐代祆教圖像再考〉，榮新江編：《唐研究》3，北京：北京大學出版社，1997 年，頁 1-17。（B：頁 274-289）
〈八世紀下半與九世紀初的于闐〉（與榮新江合撰），榮新江編：《唐研究》3，北京：北京大學出版社，1997 年，頁 339-361。（D：頁 240-263）

1998 年
〈評介《古代和中世紀早期的西域》〉，季羨林等編：《敦煌吐魯番研究》3，北京：北京大學出版社，1998 年，頁 339-370。（A：頁 296-331）
"A Concise History of the Turfan Oasis and Its Exploration" (with Rong Xinjiang), *Asia Major* (third series) 11.2 (1998): 13-36.（本文漢譯收入 A：92-113）

1999 年
〈吐魯番出土漢語文書所見伊朗語地區宗教的蹤跡〉，季羨林等編：《敦煌吐魯番研究》4，北京：北京大學出版社，1999 年，頁 1-16。

（B：頁 224-239）

〈十世紀于闐國的天壽年號及其相關問題〉（與榮新江合撰），余太山
　編：《歐亞學刊》1，北京：中華書局，1999 年，頁 181-192。（D：
　頁 289-302）

〈師恩難忘——緬懷鄧師恭三先生〉，《仰止集——鄧廣銘先生紀念文
　集》，石家莊：河北教育出版社，1999 年，頁 200-207。（C：頁
　214-220）

〈我和隋唐、中亞史研究〉，張世林編：《學林春秋三編》上，北京：朝
　華出版社，1999 年，頁 59-76。（C：頁 319-334）

2000 年

"Une représentation iconographique de la Daēnā et de la Daēva? Quelques
　pistes de réflexion sur les religions venues d'Asie centrale en Chine",
　in La Sérinde, terre d'échanges: art, religion, commerce du Ier au
　Xe siècle: actes du colloque international, Galeries nationales du
　Grand Palais, 13-14-15 février 1996 (XIVes Rencontres de l'Ecole du
　Louvre), direction scientifique Monique Cohen, Jean-Pierre Drège,
　Jacques Giès. Paris: La Documentation française, 2000, pp. 191-202.
　（本文漢譯收入 B：頁 274-289）

"Iranian Religious Evidence in Turfan Chinese Texts", *China Archaeology
　and Art Digest IV.1, Zoroastrianism in China* (Dec. 2000): 193-206.

"L'irrigation dans la région de Koutcha", in *Les manuscrits chinois de
　Koutcha: Fonds Pelliot de la Bibliothèque Nationale de France, par É.
　Trombert avec la collaboration de Ikeda On et Zhang Guangda*. Paris:
　Institut des Hautes Études Chinoises du Collège de France, 2000, pp.
　143-150.（本文漢譯收入 A：頁 71-79）

"The State and the Law in East Asia", in M. A. Al-Bakhit, L. Bazin and
　S. M. Cissoko eds., *History of Humanity: Scientific and Cultural*

Development, Vol. IV, From the Seventh to the Sixteenth Century, chapter 3, sec.5. London and New York: Routledge; Paris: Unesco, 2000, pp. 60-62.

"China", in M. A. Al-Bakhit, L. Bazin and S. M. Cissoko eds., *History of Humanity: Scientific and Cultural Development*, Vol. IV, *From the Seventh to the Sixteenth Century*, chapter 27. London and New York: Routledge; Paris: Unesco, 2000, pp. 421-446.

〈融攝內外文化成果，迎接「大時間」的挑戰〉，《中華讀書報》2000 年 7 月 19 日。

〈綠色生活〉，《讀書》2000 年 5 期，頁 27-30。

2001 年

"Section of Faju Jing (Dhammapada Sutra) before 368 CE", in Annette L. Juliano and Judith A. Lerner ed., *Monks and Merchants: Silk Road Treasures from Northwest China*. New York: Harry N. Abrams, Inc., with the Asia Society, 2001, pp. 148-149.（本文漢譯收入 A：頁 211-214）

〈悼克里姆凱特教授〉，季羨林等編：《敦煌吐魯番研究》5，北京：北京大學出版社，2001 年，頁 287-293。（C：頁 221-228）

〈關於唐史研究趨向的幾點淺見〉，劉東編：《中國學術》2001 年 4 期，頁 279-297；收入胡戟等編：《二十世紀唐研究》序一，北京：中國社會科學出版社，2002 年，頁 1-10。（C：頁 229-249）

〈唐代的豹獵──文化傳播的一個實例〉，榮新江編：《唐研究》7，北京：北京大學出版社，2001 年，頁 177-204+ 圖版 1-6；收入鄭培凱編：《西域：中外文明交流的中轉站》（中國文化中心講座系列），香港：香港城市大學出版社，2009 年，頁 157-185。（B：頁 23-50）

〈《中古中國與外來文明》序〉，榮新江：《中古中國與外來文明》，北

京：三聯書店，2001 年 12 月，頁 1-6。（C：頁 254-258）

2002 年

"Sogdian Settlements and Tang Material Culture", paper presented to "New Perspectives on the Tang: An International Conference", April 18-20, 2002, Princeton University.

(Trans.) Wu Zhen, "'Hu' Non-Chinese as They Appear in the Materials from the Astana Graveyard at Turfan" (with Valerie Hansen), Sino-Platonic Papers, Number 119, July 2002.

"The Role of the Sogdians as Translators of Buddhist Texts", in Annette L. Juliano and Judith A. Lerner, éd., *Nomads, Traders and Holy Men Along China's Silk Road*. Papers presented at a symposium held at The Asia Society in New York, November 9-10, 2001, Silk Road Studies VII. Turnhout, Belgium: Brepols, 2002, pp. 75-78.（本文漢譯收入 B：頁 290-294）

〈聖彼得堡藏和田出土漢文文書考釋〉（與榮新江合撰），季羨林等編：《敦煌吐魯番研究》6，北京：北京大學出版社，2002 年，頁 221-241。（D：頁 267-288）

〈《敦煌吐魯番天文曆法研究》序〉，鄧文寬：《敦煌吐魯番天文曆法研究》，蘭州：甘肅教育出版社，2002 年 9 月，頁 1-6。（C：頁 259-262）

〈再讀晚唐蘇諒妻馬氏雙語墓誌〉，袁行霈編：《國學研究》10，北京：北京大學出版社，2002 年 11 月，頁 1-22。（B：頁 250-273）

2003 年

〈唐代長安的波斯人和粟特人——他們各方面的活動〉，《唐代史研究》6，東京，2003 年 8 月，頁 3-16。（B：頁 51-65）

〈王國維的西學和國學〉，劉東編：《中國學術》2003 年 4 期，頁 100-139。（C：頁 1-41）

2005 年

（翻譯）巴斯蒂（M. Bastid）：《梁啟超 1919 年的旅居法國與晚年社會
　　文化思想上對歐洲的貶低》，李喜所編：《梁啟超與近代中國社會文
　　化》，天津：天津古籍出版社，2005 年 1 月，頁 218-237。

〈唐代漢譯摩尼教殘卷──心王、相、三常、四處、種子等語詞試釋〉，
　　《東 方 學 報》77（2004），京 都，2005 年 3 月，頁 376-336【65-
　　105】。（B：頁 295-348）

〈內藤湖南的唐宋變革說及其影響〉，鄧小南、榮新江編：《唐研究》11
　　（唐宋時期的社會流動與社會秩序專號），北京：北京大學出版社，
　　2005 年 12 月，頁 5-71。（C：頁 57-133）

2006 年

Book Review of Les Sogdiens en Chine, sous la direction d'Étienne de la
　　Vaissière et Éric Trombert, *Études chinoises* XXV (2006): 276-289.
　　（本文漢譯收入 B：頁 354-364）

〈王國維（1877-1927）在清末民初中國學術轉型中的貢獻〉，香 港浸會
　　大學中文系演講稿，2005 年 2 月 23 日，刊載於香港浸會大學主辦
　　《人文中國學報》12，2006 年 9 月，頁 99-114。（C：頁 42-56）

2007 年

（翻譯）巴托爾德：《蒙古入侵時期的突厥斯坦》（與張錫彤合譯），上
　　海：上海古籍出版社，2007 年 6 月。

2008 年

（專題演講）"Rethinking Chinese Studies in an Age of Reflexive Modernization:
　　China and Global Society", 收入《「全球化時代東亞研究的新取向」
　　國際學術研討會論文集》，臺北：臺灣大學人文社會高等研究院，
　　2008 年 12 月，頁 13-21。（E：頁 241-256）

《文書、典籍與西域史地》（張廣達文集之一），桂林：廣西師範大學出

版社，2008 年 7 月。（＝A）

《文本、圖像與文化流傳》（張廣達文集之二），桂林：廣西師範大學出
　　版社，2008 年 9 月。（＝B）

《史家、史學與現代學術》（張廣達文集之三），桂林：廣西師範大學出
　　版社，2008 年 7 月。（＝C）

《于闐史叢考》（增訂本）（與榮新江合著），北京：中國人民大學出版
　　社，2008 年 9 月。（＝D）

《歷代中外行紀》（與陳佳榮、錢江合著），上海：上海辭書出版社，
　　2008 年 12 月。

〈從「安史之亂」到「澶淵之盟」──唐宋變革之際的中原和北方〉，黃
　　寬重編：《基調與變奏：七至二十世紀的中國》3，臺北：政治大學
　　歷史學系等，2008 年 7 月，頁 1-20。（E：頁 3-27）

2009 年

"On the Dating of the Khotanese Documents from the Area of Khotan"
　　(with Rong Xinjiang), in Judith A. Lerner and Lilla Russell-Smith
　　eds., *Journal of Inner Asian Art and Archaeology* 3/2008, Turnhout,
　　Belgium: Brepols, 2009, pp. 149-156.

〈中國與鄰邦間思想與形象的悠久交流的再探索〉(together with an
　　English version: Recapturing the Centuries-old Past of the Idea
　　Symbol Exchanges between China and Her Neighbors)，《「匯聚──
　　交流中所形塑的亞洲」國際學術研討會論文集》專題演講，臺北：
　　故宮博物院，2009 年 3 月，頁 1-24。

〈《北京大學圖書館藏西文漢學珍本提要》序言〉，張紅揚編：《北京大
　　學圖書館藏西文漢學珍本提要》，桂林：廣西師範大學出版社，
　　2009 年 3 月，頁 1-3。（E：頁 165-167）

〈《唐代前期政治文化研究》序一〉，李松濤：《唐代前期政治文化研究》，
　　臺北：臺灣學生書局，2009 年 5 月，頁 I-II。（E：頁 169-170）

2014 年

"À Propos d'Édouard Chavannes: Le Premier Sinologue Complet"（論
沙畹：首位全才的漢學家）, *Académie des Inscriptions et Belles-
Lettres: Comptes Rendus*（金石銘文與文藝學院評論）, 2014 年第 2
期（4-6 月號）, Paris, pp. 995-1001。

〈陶模、陶保廉父子在新疆〉，收入藍美華主編：《漢人在邊疆》，臺北：
政大出版社，2014 年，頁 177-212。（E ：頁 111-145）

〈《霞浦文書研究》序〉，收入馬小鶴著：《霞浦文書研究》，蘭州：蘭州
大學出版社，2014 年，頁 1-7。（E ：頁 171-177）

2015 年

〈從隋唐到宋元時期的胡漢互動兼及名分問題〉，收入許倬雲、張廣達
主編：《唐宋時期的名分秩序》，臺北：政大出版社，2015 年，頁
139-196。（E ：頁 29-86）

2018 年

〈《邊民在內地》緒論〉，收入藍美華主編：《邊民在內地》，臺北：政大
出版社，2018 年，頁 v-xxii 。（E ：頁 147-162）

2020 年

"À Propos d'Édouard Chavannes: Le Premier Sinologue Complet"（論
沙畹：首位全才的漢學家・修訂本），刊於 Pierre-Étienne Will
et Michel Zink, éd. *Jean-Pierre Abel-Rémusat et ses successeurs,
Deux cents ans de sinologie française en France et en Chine*（Jean-
Pierre Abel-Rémusat 及其繼承者：在法國和中國的漢學二百年），
Académie des Inscriptions et Belles-Lettres, Paris, 2020, pp. 223-229.

2022 年

〈唐宋變革時期中原王朝與內陸亞洲主要族群政權的互動〉（陶晉生講座
第一講），《東吳歷史學報》42（2022 年 12 月），頁 1-22。

2023 年

〈征服者與統治者——唐末五代以來內亞諸草原帝國與中原農耕地區政權的抗爭和互動之複雜性〉（陶晉生院士歷史講座紀要），《東吳歷史學報》43（2023 年 12 月），頁 1-6。

2024 年

《中原、域外與歷史交流》（張廣達文集之四），臺北：政大出版社，2024 年。（＝ E）

〈征服者與統治者——唐末五代以來內亞諸草原帝國與中原農耕地區政權的抗爭和互動之複雜性〉（陶晉生講座第二講），《東吳歷史學報》44（2024 年 12 月）。

附：訪談錄

〈發揮優勢、講求方法，走出我國史學研究的新路子——訪北京大學歷史系張廣達教授〉（何誠採訪），《世界史研究動態》1986 年 1 期，頁 25-29。

〈溝通世界的文化傳譯者——張廣達教授訪談記事〉（傅揚採訪、整理），《臺大歷史系學術通訊》3，2009 年 5 月，頁 1-10。（E：頁 317-331）

〈我將盡力表彰中華文明〉（李懷宇採訪），《時代週報》67，2010 年 2 月 24 日；採訪全文題作「張廣達：研究歷史要關懷現實」，收入李懷宇：《世界知識公民——文化名家訪談錄》，臺北：允晨文化出版公司，2010 年 5 月，頁 161-187。

〈時代巨變中的淬礪〉，《我的學思歷程 6》，臺北：國立臺灣大學出版中心，2012 年，頁 206-247。

〈逆境中的磨練——張廣達教授專訪〉、〈再訪張廣達教授〉（史薈編輯小組採訪整理），政治大學歷史系《史薈》47，2014 年 5 月，頁 1-30。（E：頁 333-361）

《張廣達先生八十華誕祝壽論文集》篇目

東西文化交流

陳健文　〈論中國與古代南西伯利亞間的文化互動〉

高田時雄　〈Khumdan 的對音〉

蔡宗憲　〈佛教文獻中的山神形象初探〉

姚崇新　〈唐宋時期巴蜀地區的火祆教遺痕〉

陳懷宇　〈由獅而虎——中古佛教人物名號變遷略論〉

劉惠萍　〈圖像與文化交流——以 P.4518(24) 之圖像為例〉

王媛媛　〈庇麻與頭冠——高昌摩尼教聖像藝術的宗教功能〉

學術史

佐竹靖彥　〈項羽史實與神話〉

余欣　〈《唐六典》修纂考〉

王一樵　〈雲莊大易師程智與其弟子們的學術思想實踐——明清之際儒學宗教化的一個實例〉

王楠、史睿　〈伯希和與中國學者關於摩尼教研究的交流〉

王震邦　〈1951 年陳寅恪「唐史三論」發微〉

榮新江　〈喚起廢墟遺址中酣睡的文化性靈——張師廣達先生《文書、典籍與西域史地》讀後〉

本書編輯委員會　〈編後記〉

朱鳳玉、汪娟主編：《張廣達先生八十華誕祝壽論文集》（臺北：新文豐出版社，2010）。

《中原與域外：慶祝張廣達教授八十嵩壽研討會論文集》篇目

呂紹理　　　〈序〉

甘懷真　　　〈再論東亞作為一種方法〉

渡辺信一郎　〈西涼樂始末〉

榮新江　　　〈唐代于闐史新探：和田新發現的漢文文書研究概說〉

羅新　　　　〈蒙古國出土的唐代僕固乙突墓誌〉

林冠群　　　〈吐蕃「尚」、「論」與「尚論」考釋──吐蕃的社會身份
　　　　　　　分類與官僚集團的銜稱〉

大澤正昭　　〈隋唐時期的「本錢」運用〉

羅彤華　　　〈唐代繼室婚姻研究〉

王德權　　　〈酌古之要，適今之宜──杜佑與中唐士人自省風氣〉

陳俊強　　　〈唐代後期流放官人的研究〉

平田茂樹　　〈宋代的御前會議與宰相執政會議〉

呂紹理、周惠民主編：《中原與域外：慶祝張廣達教授八十嵩壽研討會論文
集》（臺北：國立政治大學歷史學系，2011）。

The Table of Content of *Great Journeys across the Pamir Mountains: A Festschrift in Honor of Zhang Guangda on his Eighty-fifth Birthday*

Huaiyu Chen and Xinjiang Rong eds., *Great Journeys across the Pamir Mountains*, Leiden: BRILL, 2018.

《帕米爾的卓越穿行：
張廣達先生 85 頌壽紀念文集》簡介

李鴻賓（中央民族大學歷史文化學院教授）

　　由陳懷宇和榮新江主編的《帕米爾的卓越穿行：張廣達先生 85 頌壽紀念文集》由西方著名的 Brill 出版社於 2018 年出版（Huaiyu Chen and Xinjiang Rong, eds., *Great Journeys across the Pamir Mountains: A Festschrift in Honor of Zhang Guangda on his Eighty-Fifth Birthday*, Leiden and Boston: Brill, 2018），這是對從事隋唐五代史、西域史、中西交流史著稱的張廣達先生以往學術志業追求的紀念。此前數年，海內外同仁亦曾囊匯一集以紀念張先生 80 壽誕，名為《張廣達先生八十華誕祝壽論文集》以漢文版刊行；這次的紀念文集則為英文版，考慮到張先生涉及的研究領域為海內外多國學者所共享，英文發表不但便於海外學者之撰述，更利於國際學界同道之交流，國內學界對英文專攻者亦大有人在，閱讀當不成問題。實際上，這一領域的發表成果，英文之便捷，是無需贅言的。

一、文集的主要內容

　　全書由十二篇專論構成。現根據我粗淺的閱讀簡述如下：

　　第一篇是慶昭蓉撰寫的《庫車世俗文書中詞彙 ṣau 的釋義》。該文是就今新疆庫車出土的古代吐火羅 B 語（又稱庫車語）官府文書殘片涉及的 ṣau 這一詞語含義進行的探討。該語種文獻原本就極為稀少且所出多係殘片，人們對此掌握的信息並不豐富，但該地佛教的盛行則殆無疑義，這些零散的殘片就屬佛經這一領域，那份含有 ṣau 詞的官府文書殘

片出現在佛教寺院遺痕中即可證明。作者在前人和時賢研究的基礎上，將 şau 比對為 chao 即漢文之「抄」。「抄」是唐朝官府文件傳送的一種形式，這在吐魯番、于闐和庫車等地其他殘文書中多有反映。如果這個推測能夠成立，那麼唐對當地施行有效治理的事實就被再一次確證。作者由此揣摩 THT2692.4 文書中的 Twānkerräşşe 一詞就是漢文「團結兵」的對應，這意味著 8 世紀的安西四鎮之庫車存在著唐朝征調駐軍的現象，這些征調的人員可能就是當地的民眾。

　　第二篇論文是戴仁（Jean-Pierre Drège）撰寫的《敦煌與漢文書籍的兩次變革》。作者指出，有關漢文書籍變遷的研究近年已有不小的進展，然而學界更多關注的是印刷通行的明清兩代；比較而言，源自唐朝的印刷事業對認識中國書籍的發展和衍變更有意義，但因其遺存甚微而使早期的相貌模糊不清。這篇論文就是以伯希和、斯坦因所獲敦煌文書為依憑，專門探索中國古書早期的發展變遷。該文指出，就斯、伯二人而言，斯坦因不通漢文，遂集中精力於敦煌文書中的各種胡語文本；伯希和則仔細分辨胡漢諸本，從梵文、回鶻文和藏文寫本紙張的排列、裝訂的規格等，判定漢文的卷軸樣式應受其影響而成，這應是漢文書籍的一次變革。另一次變化則是印刷文本的生成，它出現於唐。雖然印刷技術的難度和高成本使它初始進展緩慢，但抄寫的難於保質這一弊端使印本的重要性很快得到了認可。伯希和從敦煌所獲為數不多的 10 世紀印品那純熟工藝的分析中，認定它們應屬敦煌本地技術工匠的精心之作。換言之，漢文書籍從抄本到印本的轉變、發展與傳佈，其關鍵的變革均與敦煌文書有著不解之關聯，敦煌文書對認識中國書籍歷史變遷的重要性，不言而喻。

　　第三篇論文是荻原裕敏撰寫的《柏林收藏的兩份吐火羅 B 語 *laissez-passers* 殘卷釋義》。這是作者從保存在柏林的古本文書中發現的編號 THT1555 和 1586 laissez-passers 兩份殘卷，它們原出於新疆克孜爾石窟。作者將其與巴黎同類文本進行比較，就這兩份殘卷的語言、文本等方面的問題進行討論，認為這兩份殘卷屬於唐朝控制龜茲（治今新

疆庫車）的時代，類似「過所」或「行牒」等官文書。雖然這種文獻存遺甚少，但它對揭示今克孜爾石窟及周邊地帶的歷史地理頗有幫助，對增進吐火羅 B 語寫本的了解也很有價值。

第四篇是馬小鶴撰寫的《摩尼教〈殘經〉採擇〈巨人之書〉的可能性》。作者在張廣達、林悟殊、劉南強（Samuel N. C. Lieu）和宗德曼（W. Sundermann）等先生研究的基礎上，就科普特語（Coptie）《教義篇章》第 38 章與《殘經》中涉及的征服、巨人，以及聖靈（the Living Spirit）之五子因被憎恨、貪欲等罪孽（與此相對的則是愛、信念等美德）所宰制而夭折的現象進行了有針對性的討論。作者據此推測，源自安息本 The Sermon of the Light-Nous 的摩尼教《殘經》與科普特語《教義篇章》中第 38、70 章的內容可能都來自《巨人之書》，只是具體的內容有所差別而已。

第五篇是榮新江撰寫的《五世紀後半葉的柔然汗國與西域：基於吐魯番新發現的漢文文書》。作者依據 1997 年吐魯番洋海寺廟遺址發現的一份漢文文書，就其涉及的供奉外國使節之役夫、馬匹等事項，論述了 5 世紀後半葉柔然汗國與西域之間的密切關係。這裡因受西部嚈噠（白匈奴）勢力的威脅，綠洲國家轉向柔然或北魏尋求幫助，這在《魏書》裡亦有相應記載。這份文書更具體地反映了他們從高昌和「北山」（即天山）通往柔然尋求支持的過程，文書所在的高昌此時已成為柔然與西域腹地聯繫的一個戰略要地，它溝通東西南北的獨特作用再次得以證實。

第六篇是辛威廉（Nicholas Sims-Williams）與畢波合撰的《一份來自尼雅的粟特殘卷》。這是作者應約對新疆尼雅出土的一份粟特殘頁內容進行的解讀。因殘損過甚，很多內容無從詳解，從形制看，與早年敦煌附近發現的粟特信札頗為相似，後者被斷定為 4 世紀初葉的產物。此份殘頁發現前，絲路南道除了樓蘭、于闐有少許粟特殘本之外，沒有更多的信息記載粟特人的活動。這份殘頁不僅揭示了他們在南路活動的情形，而且表明他們之選擇南路進入中國內地，可能有避開北路不安全

形勢的考慮，這為進一步了解粟特人商貿活動的具體情節提供了某種便利。

第七篇是高田時雄撰寫的《玄奘〈大唐西域記〉中「Syr Darya」的漢名對譯》。「Syr Darya」這一詞彙標識的是一條河，以其岸邊的城市稱謂而得名，然而它在古代文獻中則有不同的詞語表述，譬如玄奘的《大唐西域記》就稱作「葉河」，但在《大唐大慈恩寺三藏法師傳》裡則稱作「葉葉河」。作者推定，玄奘本人的記載是「葉河」而非「葉葉河」。那「葉河」稱謂源自何方呢？作者認為玄奘採納的是當地的詞彙，但他並沒有深究，這一名稱也就無從確證了。

第八篇是王小甫撰寫的《牟羽可汗改宗摩尼教的再探討》。有關回鶻人在牟羽可汗的率領下改信摩尼教問題，學術界久已關注且研究成果不凡，但為什麼將它奉為國教呢？這一問題仍有索解不明之處，作者針對此點而專門研討。他認為，牟羽可汗南下中原，首先是應唐廷之約協助鎮壓安史叛亂，同時也將摩尼教高僧延請至漠北以助其汗國之建構。這是因為汗國屬民的意識尚未整齊劃一，粟特人的宗教信奉與思想意識固然多有影響，但對汗國的凝結甚少有益。摩尼教高僧的到來，意味著牟羽可汗借助這支宗教的信仰促進回鶻人的認同與王朝的結合一體，回鶻汗國從此踏上了歷史新征程。

第九篇論文是由徐文堪撰寫的《超越譯解：30年來吐火羅研究的展望》。吐火羅語寫本最早於1892年被學界所認識，它主要發現在中國的新疆和甘肅敦煌等地，隨之受到西方學術界的高度關注。自從它被認定為印歐語系的一種語言開始'，有關它確切的歸屬和使用該語言人群及其活動的蹤跡，就成為學者們關注的重要問題。前後百餘年來，經過學者們的持續努力和鑽研，這種語言的形跡日漸清晰。在此文中，作者重點介紹了中國學者如季羨林、耿世民等人及國外學者最近30年間有關研究的新收穫。其中值得關注的是採用這種語言的人群狀態，人們多推定他們最早應於公元前2000年左右，從頓河和第聶伯河流域輾轉東遷，最後到達中國新疆一帶，他們與漢文文獻的大月氏人關係密切，這

似已成為人們普遍的認識。

　　第十篇論文是由吉田仁撰寫的《蒙古高原 Sevrey 碑銘的歷史背景》。該文是對 1948 年在蒙古高原 Sevrey Somon 東南 6 公里處發現的一塊碑銘的進一步研究。該碑銘最初由蘇聯學者考察，斷定係由粟特文和突厥如尼文組成，因其殘損過甚，相關的線索十分模糊。本文作者曾於 1997 年參加日本科學考查團，專程前往該地進行踏查，遂再度對碑文進行解讀。作者認為，該碑銘正面由漢文構成，粟特和如尼文分佈在另一面。結合《新唐書・回鶻傳》李泌曾向德宗述及「回紇可汗銘石立國門曰：『唐使來，當使知我前後功』云」一事，作者認為這份碑銘就是其事的記載。如此看，Sevrey 一詞應係回鶻之「國門」，有「花門山」之意，坐落在回鶻通向唐朝的必經之地，它應建於 787 年，意在凸顯他們協助唐廷鎮壓安史叛亂之功績。

　　第十一篇論文是朱麗雙撰寫的《聖地于闐之王統：〈漢藏史集〉于闐一章的新譯》。成書於 1434 年的藏文本《漢藏史集》為蒙元與西藏的關係提供了頗為詳盡的描述，1886 年開始受到重視，1986 年出版了陳慶英翻譯的漢文譯本。以往學者關注該書展現的漢藏關係固然不錯，然而這裡涉及的古代于闐及其與吐蕃的諸多關聯被不同程度地忽略，但這對了解前伊斯蘭時代的西域尤其于闐卻頗為重要，朱文就是針對此點而展開。作者在前人研究的基礎上試圖為其中于闐一章提供一份更加精准的譯文，並伴以詳解，進一步闡明《漢藏史集》對了解這個佛教王國的不可或缺。與此前著眼不同的是，作者更多地參考了與于闐研究有關的文獻史籍和研究成果，所作的解釋也更加詳盡。鑑於吐蕃在中亞產生的重大影響，其文獻的記載對了解中亞歷史提供了值得關注的言息，這部《漢藏史集》對古代于闐歷史相貌的認識無疑具有重要的價值。

　　最後一篇是由茨默（Peter Zieme）撰寫的《突厥語文本中的迦膩色迦王（Kaniṣka）》。作為貴霜（Kuṣāna）時期一位著名的君王，迦膩色迦（Kaniṣka）在佛教文本中甚有名氣。作者借助出土於吐魯番綠洲的回鶻佛教寫本以及玄奘的傳記有關他，「棄惡從善」而走向佛國的經典

性樣本，試圖提供更為豐富的信息以清晰揭示出這位王者的風貌，並給出一個更令人信服的解釋。

二、文集的基本特色

上述由中外學者撰述的十二篇論文，其關注點從地域上講，聚焦於環塔里木盆地的西域綠洲及其東西兩翼，又涉及蒙古高原和青藏；從研究的文獻講，多集中於上述地區出土和發現的各種漢文以外的文書（文獻），即所謂胡語文本，譬如吐火羅文、粟特文、突厥如尼文、回鶻文和藏文等，間或漢文文獻；從考察的物件講，多半是這些文獻記載的活躍於上述地區的族群和個人。換言之，這部祝壽文集從內陸亞洲出發，關注諸種文本，並上升到文本所載內容，即它反映的那些漢系以外的各類人等及其活動，漢唐中央王朝的內陸和西域腹地這些地帶遂成為文集的聚焦所在，亦成為文集撰述的核心動力。這是我閱讀該書之後的初步印記。由此，我對該文集之特色的展現有以下兩點想法：

第一，本文集與《張廣達先生八十華誕祝壽論文集》前後兩部各有鮮明的特點。八十華誕紀念文集包含的內容既有中國古史、西域史地、敦煌吐魯番研究、東西文化交流，也有學術史的研討。撰述者以張先生的（學生）晚輩為主，外加中國臺灣和日本等地的學界同仁，幾近 50 人，他們提供的頗有數量的文章且含括廣泛的內容，與他們漢文學術領域的本業並以漢文為主的表述頗為契合。他們研究的中原之北部和西域腹地的內容，多以類似敦煌吐魯番出土的漢文史籍為核心，關注的是中原王朝在那些地區諸多活動呈現的統轄和治理的面向，其中原王朝推衍周邊的思維成為鑽研的核心理路，這一脈絡十分突出與此對應，這部英文祝壽文集，如上所述，關注的則是中原周邊的西域腹地和蒙古－青藏高原即所謂胡系（語）世界，那裡的人群亦以胡系（人）為主，討論的內容有他們自身的活動、他們與中原的關係，乃至中原王朝在那些地區

的經營管理，等等，顯然，這些地區及其人群活動的自身主體性，成為文集的一個焦點。由此，我將這種中原、周邊各自出發而又彼此交集的觀察思考，視作張先生兩種紀念文集的各自傾重。

　　第二，這種各自傾重的特徵之能形成，與張先生本人的治學領域密切關聯，更確切地說，是由張先生治學之領域導引而成，誠如張先生所說「我的教學和研究領域是隋唐五代史、中亞中古史、敦煌吐魯番出土文書與文物、中外文化交流史」。這一表述包括中外兩個不同的共時性術領域。研治中國古史的學者多以專家和通家稱著於其治學的領域。前者即專注於某個或某幾個特定的朝代，經過長期磨練而成為素有專攻的學者，如秦漢史專家、隋唐史專家者流；由此衍升為對古史的通透性把握，即可謂通家。就此而言，在分工明確、研治鑽精而於浩瀚的中國古史尚無通體把握的當下，雖說達不到特定領域專家的那般精透，但前後做一整體性的觀察姑且可在照應的掌控之內。若能做到這些，端賴研治者對中國古史前後沿承的諳熟，但它畢竟立基於中國古史的自身領域。可是要做到其時性的中外兼通，也就是在熟悉隋唐五代自身的同時，還要對中原王朝周邊乃至那個時代其他國家和人群的通徹了解，其難度隨著這些了解工具的增多而加重，其中最難得的是對這些國家地區人們使用語言的多方位把握，尤其是時人通行而今日不再的「死語言」。這方面，歐洲學者因其與中原周邊（尤其北方草原和西域腹地）的人群採用阿爾泰語系和印歐語系諸語言的關係更靠近而具有解讀和認知的優勢，諳熟漢藏語系漢語族的中國學者若要精准把握這些周邊、域外的動向，單就跨越古今中外語言的這道門檻，就令人望而生畏。然而這卻是張先生的擅長之道。他發表的一系列河西走廊和塔里木盆地以及由此伴生的中外交流的論述，就是建立在精通多語言的基礎之上。如果說中文版八十華誕紀念文集更多契合張先生隋唐五代史領域研究的話，那麼這部英文版頌壽紀念文集無疑是對他中外交流之「外」研討學問的因應，二者瞄準的是張先生的中西兼具，在紀念和祝壽的同時，也彰顯了他學術

研究共時性累積的特徵，這在中國學人中尚不多見。

本文原載於劉進寶主編：《絲路文明》第五輯（上海：上海古籍出版社，2020），頁 227-232。

《張廣達先生九十華誕祝壽論文集》篇目

傅揚　　〈「天長喪亂」──東晉南北朝歷史記憶的一個面向〉

趙立新　〈《沙州記》與中古前期正史〈吐谷渾傳〉的編纂與傳承──以《宋書》為主的考察〉

蔡長廷　〈九世紀前的鐵勒──以《隋書‧鐵勒傳》開始的考察〉

鄭雅如　〈胡漢交錯：北魏鮮卑諸王婚姻制度與文化辨析〉

鄭阿財、汪娟主編：《張廣達先生九十華誕祝壽論文集》（臺北：新文豐出版社，2021）。

《張廣達先生九十華誕祝壽論文集》導言

汪娟（銘傳大學應用中文系教授）

　　張廣達先生長年旅居海外，千禧年初次來臺訪問，2008 年起來臺定居，先後執教於臺大、政大，培育新秀，貢獻卓著。《敦煌學》編委會有感於先生享譽國際，望重士林，決議以第三十六期為「張廣達先生九秩華誕頌壽特刊」，預為暖壽，並邀集先生之門生故舊共同撰文聊表賀忱。復在新文豐出版公司高道鵬董事長的鼎力支持下，仍由鄭阿財、汪娟擔任主編，重新增訂，編為《張廣達先生九十華誕祝壽論文集》，計上、下兩冊。

　　本論文集依三大區塊編纂，各以作者姓氏為序。其一，新增相片集錦、先生簡介和論著目錄，並特邀國際著名漢學家巴斯蒂夫人、畢來德先生分別撰文，共襄盛舉。其二，繼以原本《敦煌學》「頌壽特刊」的全數論文為基礎，修訂增補。其三，新增八篇論文，主要是先生在臺培育的史學俊彥之作，以及一篇未及收入「頌壽特刊」的遺珠。今依內容略作分類，概述如下：

一、致敬張廣達先生

　　相片集錦，集錄先生伉儷在臺期間的若干相片，以近年參與的學術活動為主，兼及先生平日讀書、生活的剪影。先生簡介，介紹先生長期在世界各國知名的大學及研究機構講學，在唐史、中亞史及中外文化交流史等領域之研究，享譽國際，深受學人景仰。重要經歷如：1989 年法國亞洲學會授予榮譽會員，1993 年擔任法蘭西學院國際講席教授，

2008 年榮膺中央研究院人文組院士，2009 年起擔任國立政治大學歷史學系講座教授等。論著目錄，是以 2010 年榮新江、朱麗雙、林牧之所編目錄為基礎，並由蔡長廷、汪娟增補新作而成。

法國法蘭西院士巴斯蒂（Marianne Bastid-Burguière）夫人〈青縣和張廣達先生〉及瑞士日內瓦大學名譽教授畢來德（Jean François Billeter）先生〈一份深切的憂傷〉，皆以法文撰寫，由張寧教授協助譯為中文，並附法文原稿。巴斯蒂夫人是從中國地方志的視角出發，研究張廣達先生的故鄉青縣（在歷史文化和現代發展的方方面面）及其父祖的家世背景，對他的學術人格養成的影響。畢來德先生敘述了他和張廣達先生的結識和同事經過，也側面書寫了先生在瑞法邊境的教學熱忱和奉獻精神，以及代表中國當代知識分子的崇高人格的印象。

二、宗教文獻與信仰文化

本論文集所收論文，以宗教文獻與信仰文化為大宗，其中又以佛教相關論文為最多，亦有涉及摩尼教和道教的論文。

（一）有關佛教文化的傳播研究

方廣錩〈對中國佛教研究的幾點思考〉：本文從宏觀的角度，分別就「關於中國佛教的生存環境及其生存策略」、「中國佛教的學派與宗派」以及「關於中國文化的不同層面及其互動問題」等三點，論述作者對中國佛教史研究的若干思考，也對傳統觀點提出若干質疑。

榮新江、朱麗雙〈佛典在于闐的早期流傳——以傳世文獻為中心〉：于闐為西域大乘佛教的中心，某些佛教經典亦在于闐創作或集成。本文以中土所傳大乘佛教的幾部主要經典《般若經》、《法華經》、《大般涅槃經》、《華嚴經》為例，論述大乘佛典在于闐的早期流傳情況，兼及于闐佛典對中土佛學的影響，說明于闐在佛教從印度到中國的

傳播過程中，曾經起過十分關鍵的作用。

　　姚崇新〈漢地觀音信仰在西域的初傳──以高昌地區為中心〉：本文論述漢地觀音信仰始傳高昌約在 5 世紀前期，高昌國時期的觀音信仰兼有南朝、北朝觀音信仰的特點。唐西州以後，當地的觀音信仰逐漸轉盛，主要表現在內地新譯觀音類經典的即時傳入、西州觀音信仰內涵和造型藝術，皆與內地觀音信仰的發展和變化高度趨同。高昌地區不但作為漢地觀音信仰回傳西域、中亞地區的第一站，高昌地區早期的觀音信仰也為高昌回鶻時期的觀音信仰打下了堅實的基礎。

　　史睿〈唐代書法文化的東傳──以空海、最澄為中心〉：本文論述唐代書法文獻早在飛鳥時代就已傳入日本，佛教與書法一直具有非常密切的關係。空海、最澄的入唐求法，真實地記錄了唐代九世紀初期有關毛筆製作、書法樣式的發展，並將反映新書論、新技法的書法文獻傳入日本，作為自己佛教宗派的創立助力。而且兩人入唐的際遇不同，空海隨大使進入長安，獲得了系列高等級法書作品；而最澄僅在浙東求法，所得皆為石刻法帖拓本，反映了唐代不同地域書法文化的差異。藉由書法文獻的東傳綫路，也得以彰顯從大唐皇帝、書法名家、入唐僧人到日本天皇之間的人際關係網絡。

（二）有關佛教文獻與文學研究

　　梁麗玲〈敦煌寫本《如意輪王摩尼跋陀別行法印》研究〉：作者提出七件敦煌寫本《如意輪王摩尼跋陀別行法印》，旨在宣揚密教如意輪陀羅尼神咒具有淨除罪障、超越十地的殊勝功德。隨卷所附十七枚別行法印，不但保留符印的名稱、形製、施用與功效，並有與眾不同的三大特色：第一是印面書有「觀世音」、「世尊」等結合佛教名號的符印；第二是將密教「手結印契」的儀式，轉化成「尅符成印」或「書符作印」的方式；第三是以符印施用作為「解脫成佛」的修行目標，不同於用來治病驅鬼的一般符印。

　　陳懷宇〈試論敦煌出土 P.4518(10) 紙本畫頁之性質及其背景〉：本文根據一件十世紀左右的敦煌畫頁所繪四個人物的特徵，結合中心的摩尼寶珠作為主尊的地位以及傳世和出土文獻，將其比定為如來接受文殊菩薩的啟請，向聽眾講說摩尼寶珠為法身之事。作者認為兩位著僧衣的尊者應是已經漏盡的阿羅漢，而這一場景可從《如來莊嚴智慧光明入一切佛境界經》中的相關描述中得到印證。從此一經典的敦煌漢文寫本和在于闐發現的梵文寫本殘卷，也提供了理解畫頁很好的背景。

　　楊明璋〈敦煌本〈十聖弟子本生緣起〉、〈十大弟子讚〉、〈十哲聲聞〉考論〉：針對佛陀十大弟子的三種文本，透過其抄寫情形、與佛典的交涉，考察其用途。認為目前僅見提綱的 P.2344V〈十聖弟子本生緣起〉，其完整本應與 P.2655〈須菩提本生緣〉一樣，兼有散、韻的敘述。〈十大弟子讚〉於八世紀中以前即已編創，並於敦煌廣泛流傳，或為其他文本所援引，或與壁畫圖像的榜題有關，或為閱讀而抄寫。而 P.2885V〈十哲聲聞〉也是為閱讀而抄寫的文本。

　　鄭阿財〈敦煌寫本《靈州龍興寺白草院史和尚因緣記》研究〉：本文論述敦煌藏經洞發現的 6 件《史和尚因緣記》寫本，可據以補苴《宋高僧傳・唐朔方靈武龍興寺增忍傳》云史和尚增忍撰《三教毀傷論》的具體內容，並透過校錄、注釋來解讀文本，藉以探究佛教寫經功德觀與刺血寫經的流行所衍生的問題，以及在佛教論義的影響下，論難的體制及其文學特色，可資敦煌佛教文化研究之參考。

　　林仁昱〈敦煌〈和菩薩戒文〉抄寫樣貌與應用探究〉：本文論述敦煌寫本所保存的 48 件戒律儀式文書〈和菩薩戒文〉，不僅適用於戒會，更可能運用於不同場合，產生經常性與大眾化的特質。首先綜合論述〈和菩薩戒文〉的結構樣貌，並且透過逐篇敘錄舉證的方式，探討其與〈戒懺文〉、〈受菩薩戒疏〉、〈菩薩唱道文〉等戒會文疏聯抄，或是收入叢抄卷與雜抄的狀況，特別是與〈散花樂讚〉聯抄的情形，還有超過30 件散抄的多樣面貌，以確實顯現〈和菩薩戒文〉的應用意義與價值。

（三）西域民族語言與佛教研究

段晴〈買賣僧房舍契約〉：探討新疆和田地區策勒縣文物保護管理所保存的一件于闐語案牘殘片。透過底牘內、外各書寫了一件僧房舍的買賣契約，而且兩件契約所買賣的房舍客體相同，但參與買賣的雙方已經發生變化，考辨出底牘內契約的賣方來自俗界，買方是屋悉貴故地一座寺院的比丘；而底牘外側參與買賣的均是自稱歸屬阿毗達摩的比丘。從底牘外側勉強可以辨認出于闐王尉遲曜 6 年的紀年，而底牘內的契約必然早於這個年代。

荻原裕敏〈捨己濟人的自在王子—— Vessantara-jātaka 之梵、漢、龜茲、粟特諸本比較〉：針對西域地區流行甚廣的自在王子（須大拏）捨己濟人的本生譚，利用各種民族語言文本中相關人物、故事要素的變異，字體和語言特徵等方面進行考查和比對，推論各種語言殘片的來源及其綴合情形，以及不同文本之間各具特色的情節安排，似乎有其共同的原型，揭示西域北道流行敘事傳統的複雜性。

劉震〈月官之《懺悔讚》〉：藏文大藏經中收錄於語法家月官名下的作品頗多，但只有三部文學作品被認為是其親作。其中的《懺悔讚》新發現梵本一部，作者依據該梵本，對照藏譯，將《懺悔讚》譯成了漢語。並且發現，該作品中嵌入了大量唯識學派的詞彙，恰好可以印證在義淨和藏地文獻中所記載的月官的哲學傾向。

高田時雄〈藏譯本《大唐西域記》寫本中所見「今地名」注考〉：藏譯本《大唐西域記》成書較遲，清代中期方由蒙古學者工布查布根據「龍藏」漢文本譯為藏文，僅以寫本形式流傳。作者發現大谷大學所藏藏譯本《大唐西域記》寫本，行間屢見有「今地名」注。其中與中亞相關的地名注，產生的背景正是乾隆征服準噶爾後，社會對中亞地理知識有所關注與更新；然而其中的訛誤甚多。這一資料或可反映當時社會對中亞地理的普遍知識水準，因此仍然具有一定的價值。

（四）摩尼教與佛教關係等研究

　　汪娟〈漢譯《摩尼教殘經》的體式及其佚文的新探索：以佛經體式為參照〉：針對北敦 256 號寫本《摩尼教殘經》的體式進行考查，發現：敦煌本《殘經》的結構體式，明顯地取法佛經常見的三分科經法和四言格散文體。如果通過佛經體式的參照，藉以恢復《殘經》的體式，可以獲得以下結果：一則可以比對出《殘經》的某些對應性的段落，可能遺失、省略或錯置了若干文字；二則可以發現若干不合體式的衍文；三則可以嘗試找回某些紙張殘破之處的佚失經文。

　　吉田豐〈佛教與摩尼教的接觸──一件新刊粟特文本的再研究〉（山本孝子譯）：針對 O. Chunakova、Federico Dragoni、Enrico Morano 三位學者最近發表的〈一件被遺忘的粟特文摩尼教雙葉寫本〉一文所說，寫本內容描述了摩尼教僧侶在摩尼教寺院的生活及義務。經過作者重新整理釋文及解讀後發現，文中記載的其實是佛教僧侶在精神指導者去世後，每經過一百年逐漸墮落的情景。由於迄今為止，尚未找到摩尼教對佛教表示批駁否定態度的相關記載。或許該文只是選用佛教用語，表達的是摩尼教之外宗教的僧侶、寺院，那麼也未必是反對佛教的。

　　馬小鶴、邵符默（Mohammad Shokri-Foumeshi）〈xwd'wn（呼大渾）及其同源詞綜考〉：作者從近年發現的福建明教漢文文書中，考查接在「摩尼」之後的一個音譯詞彙「呼大渾」或「乎大渾」，雖流傳不廣，但可還原為中古波斯語 xwd'wn 的音譯。無論是粟特語 xwtyn 意為「女王、夫人、女主人」；巴克特里亞語 χoδδηo、波斯語 xidēv、粟特語 xyδyw、xwt'w、帕提亞語 xwd'wn、中古波斯語 xwd'wn 意為「領主、王、主」；均為伊朗語族的同源詞，音近義通。而奧斯曼土耳其文 ḫediv、阿拉伯文 xidīw、法文 khédive、英文 khedive，也音近義通（意為「副王」），但不是同源詞，而是從波斯語而來的借詞。唐代摩尼教徒將此詞音譯過來時，應該是知道此詞含義的。

（五）敦煌道教寫卷之性質研究

　　周西波〈敦煌道教寫卷 P.3021 ＋ P.3876 之性質與內容析論〉：本文以涉及道教齋會俗講的敦煌寫卷 P.3021+P.3876 為研究對象。首先，試圖釐清兩個編號的內容原始區分之處，藉以理解王重民先生當初將兩號寫卷判為「殘道經」與「佛經」的可能原因。其次，針對現今寫卷擬題與內容性質不符之處，加以補充論證。最後，從儀式、說法、解經等方面，討論道士對譬喻故事的運用方式，並兼及寫卷中有關趙簡子故事改編來源的考證。

三、儒家典籍與雅俗文化

　　有關儒家經典、文人著述、文學評論之研究，兼及雅俗文化、物質文化等方面，範圍雖廣而篇數不多，不另立標目。

　　李丹婕〈和田地區新出鄭玄《孝經注》殘葉考釋〉：本文從新疆和田地區近年出土的漢文文書中，比定出兩片殘葉的內容為鄭玄《孝經注》，並以此為基礎，重新考察唐朝統治于闐時期漢文典籍的傳播背景和使用方式，藉此繫聯相關史事，對若干既有的歷史認知進行再審視，可以體現此一寫本在文獻學、歷史學的重要意義，及以于闐為代表的西域多元文化互相滲透與交融下的社會環境和主觀條件。

　　王三慶〈從司馬溫公《書儀》看唐宋禮俗之變——以「表奏公文私書家書」及「冠婚儀」為例〉：本文立基於日本學者內藤湖南提出的「唐宋變革說」，張廣達先生亦曾撰文解說與深入評論。而在敦煌吐魯番文獻出土以前，六朝以迄兩宋編纂之「書儀」，僅司馬溫公《書儀》一書傳世，為「通古今之變，成一家之言」的壓軸之作。作者特從「書儀」中的「禮俗」角度切入，以證成唐宋變革之說，並補述論證。

　　朱鳳玉〈潘重規先生敦煌賦研究的特色與貢獻〉：本文是以潘重規先生〈敦煌賦校錄〉為考察對象，論述先生在敦煌賦研究發展史上的地

位，乃真正聚焦於「敦煌賦」為主題而開啟了有系統的校理工作，並得以確立敦煌賦的概念與範疇，呈現敦煌賦的文本風貌，闡明其「文辭好採口語、內容多寫實事」的特色。透過其利用目錄及辨識俗字的研究方法，以及領略當代語言風格與事物，仍可為當前的敦煌文獻整理者與研究者提供寶貴的研究經驗。

蔡忠霖〈雅俗文化視閾下的唐代漢字書寫〉：本文旨在釐清雅俗文化中漢字書寫的異同，聚焦於作為楷書定形關鍵時期的唐代，以《論語・子罕》作為研究材料，選用同一時期的官方刻本《開成石經》與民間敦煌寫本，並輔以當時的字樣書交叉比對、科學統計，為雅俗文字的異同進行深入而具體的對比和析論，藉以突顯自古以來漢字雅俗認定的衝突與書寫應用的複雜，並為漢字應有的正俗字觀提出合宜的解釋。

鄧文寬〈簡牘時代吉日選擇的文本應用——兼論「具注曆日」的成立〉：本文論述古人選擇吉日良辰，從簡牘時代所使用的文本，就是把「曆日」和《日書》分開抄寫，但是必須兩者結合使用，才能完成擇吉的目的。到了以紙張時代，「曆日」進一步朝向「具注曆日」演進。書寫材質由簡牘變為紙張，是「具注曆日」成立的物質條件。曆日和具注曆日的根本區別不在於「自題名」，而在於有無「曆注」。據此標準，對敦煌和吐魯番出土「自題名」曆本的性質進行了逐一辨識。

慶昭蓉〈融通文理，一以貫之：二十世紀初期魏思納（Julius Wiesner）庫車、和闐出土古紙研究撮述〉：本文介紹了魏思納（Julius Wiesner, 1838-1916，1898-1899 年間任維也納大學校長）在與卡拉巴瑟（Joseph Karabaced）、霍恩雷（A. F. R. Hoernle）、斯坦因（M. A. Stein）等專家學者的跨領域合作下，率先分析了庫車、和闐、敦煌等地出土的中國古紙之功績，其調查始終貫徹德奧學派一絲不苟的精神，進而形成古紙研究的理論。此外，作者也評議了桑原 藏對魏氏研究的誤解。

拉什曼（Simone-Christiane Raschmann）、慶昭蓉〈德國吐魯番探險隊檔案中的魏思納（Julius Wiesner）未刊手稿〈新疆的紙（吐魯番）〉〉（慶昭蓉譯）：本文作者整理了百餘年前德國吐魯番探險隊檔案中魏思納

1905 年鑑定二種吐魯番出土回鶻時期古紙報告手稿，並附錄德文整理原稿，可資讀者參考。

四、歷史地理與制度文化

有關歷史地理與制度文化等史學領域之研究，略依大陸學者、臺灣學者為次，不另立細目。

（一）大陸學者著作

孟憲實〈論漢唐西域軍政體制的繼承與發展〉：本文主要討論漢朝西域都護與唐朝安西都護府之間的繼承發展關係。有關西域都護的建立與西域各國的內屬，在西漢時期已逐漸取得發展。唐朝不但繼承西漢都護體制，又能根據時空環境設置不同制度，例如在邊方設置了四大都護府，不同時期還有其他都護府，都是進一步的發展與活用。安西都護府設在漢代西域都護的所在地，下轄四鎮；並於西伊庭三州施行州縣體制和府兵制度，成為唐朝經營西域的橋頭堡。雖然一度退出四鎮，後來四鎮各有鎮守使，反而比西漢的西域都護府更加強大。

趙和平〈東魏北齊尉景族系考——中古尉遲氏研究之四〉：《北齊書‧尉景傳》所載傳主形象鮮明，但其仕歷極簡，先世無考。本文主要依據三方出土墓誌與相關史料，討論尉景家族的流變興衰，並提出作者的幾點思考。尉景先世乃是西元 2 世紀隨拓跋氏南下的三十六國、九十九姓之一，因長期駐守六鎮，遂淪為下級軍官。因為和高歡的特殊關係，成為東魏北齊政權中的暴發戶。尉景官位顯赫，死後被追封為長樂王。但是整個家族，從北齊滅亡後也就式微至湮沒無聞。從家族名字的變化中反映了鮮卑入主中原後的漢化過程。

王小甫〈絲路運作與唐朝制度〉：本文主要是從絲綢之路的運作為視角，結合文獻史料記載和考古文物遺跡，討論唐朝有關制度的實施及

其作用，例如：關津制、羈縻制、市場制、幣制、商業稅制、館驛制、司法制，乃至國家觀念等。論述順序大致依據過境貿易開展過程，兼顧絲綢之路由東向西的進程。這些制度有的傳到了絲路沿途周邊國家，甚至受到這些國家的喜好和模仿，促進了他們的社會發展，或成為他們傳統文化的一部分，相當值得關注。

吳麗娛、楊寶玉〈關於 P.2968 書狀的再思考〉：本文重新解讀敦煌 P.2968 書狀，否定了前人關於書狀是歸義軍節度使發往甘州的看法。作者認為收書人「司徒、司空」應是曹元德和曹元深，而致書人則是瓜州刺史慕容歸盈。並進一步從書狀涉及的朝貢問題出發，討論了曹元德任使時期河西的道路交通和朝貢問題，以及書狀 生的時間和可能性，為曹議金身後的歸義軍朝貢史研究作了補充。

魏迎春、鄭炳林〈吐蕃佔領敦煌的東衙算會和斂牟使算會〉：吐蕃佔領敦煌後，不久就開始編制部落，清查人口，登記戶籍，清理土地資產以及部分資產的重新分配，從而核定賦稅標準，徵發賦役。負責的部門是瓜州節度使衙，瓜州在敦煌東部地區，稱之為東衙；而將這次接管清算資產活動，稱之為「東衙算會」。被派往敦煌負責此項工作的使者叫斂牟使，對敦煌地區的資產清查，稱之為「斂牟使算會」。本文對吐蕃在敦煌地區進行的東衙算會和斂牟使算會的過程、時間和算會的內容等，進行了全面的探討研究。

朱玉麒〈庫車丁谷山獻疑〉：由於龜茲佛教史的研究，致使當代研究論著中頻繁提及「庫車丁谷山」的說法。經過本文梳理近代西域文獻，認為最早是清代西域官員和寧編纂的《回疆通志》誤將吐魯番盆地中的柳中當作庫車的別稱，也把清初《西陲紀略》記錄的魯陳丁谷山誤植在庫車庫木吐喇附近的卻勒塔格山。經過祁韻士、徐松的先後沿誤，特別是《西域水道記》的權威性，使得後續的研究者輕信了「庫車丁谷山」的結論，於是吐魯番盆地「吐峪溝」的舊稱「丁谷山」及其佛教面貌，也被移植到了庫木吐喇石窟。

（二）臺灣學者著作

　　傅揚〈「天長喪亂」——東晉南北朝歷史記憶的一個面相〉：歷史記憶是人文學科經常使用的一種概念，具有集體性特質，並影響歷史當事人的政治想像和表述。東晉南北朝長期的政治分裂，戰爭頻仍，朝代更迭。作者以「天長喪亂」作為東晉南北朝歷史記憶的一個基調，是強調天下常處喪亂不安。文中嘗試捕捉二百多年間這種歷史記憶的發展，直到隋朝統一，是否確實終止東晉南北朝以來的喪亂？這樣的思考，期能為進一步分析中國中古思想和政治文化史提供張本。

　　鄭雅如〈胡漢交錯：北魏鮮卑諸王婚姻制度與文化辨析〉：北魏統治階層包括北亞游牧部族、漢人士族與寒人，以及部分少數民族，組成頗為複雜，研究其婚姻制度與家庭倫理具有相當難度。本文透過傳世史料及新出墓誌，仔細爬梳鮮卑諸王婚姻制度的演進和表相背後錯綜交織的文化脈絡，並以王妻稱「妃」與嫡庶之辨；皇子依「國風」賜妻；胡漢文化交錯的婚姻改革；北魏後期諸王婚姻倫理的變化與延續為主題，呈現胡漢交錯下婚姻倫理的折衝與交互影響，期能增進學界對北魏鮮卑貴族婚姻制度與倫理現象，乃至家族、政治、文化等面相的理解。

　　趙立新〈《沙州記》與中古前期正史〈吐谷渾傳〉的編纂與傳承——以《宋書》為主的考察〉：吐谷渾為中古中國與西北交通的主要途經地，吐谷渾政權更直接參與了南北朝的外交對抗，具有重要的研究價值。本文主要探究《宋書·吐谷渾傳》的取材與編纂，梳理了《宋書》與《沙州記》、《十六國春秋·前燕錄》、燕國舊史位於史源中的不同位置及諸史間的關係。此外，藉由吐谷渾西遷故事了解到正史的敘事模式與組成元素，這些材料和編纂方式自南北朝時期持續延用至唐初，也成為唐初撰述中古諸正史的基礎。

　　蔡長廷〈九世紀前的鐵勒——以《隋書·鐵勒傳》開始的考察〉：突厥系諸民族在古代至蒙古崛起時期，在北亞有舉足輕重的重要性，其影響力更是遍及中央歐亞；鐵勒諸部也成為當前某些民族的族源之一。

本文主要從《隋書・鐵勒傳》的分析切入，期能理解鐵勒部落的分布、流動狀況，並能藉由分析漢文史料與阿拉伯史料中對於史前至十世紀間的相關記載，了解到鐵勒聯盟的相關部落情況，以及北亞地域從突厥系民族到蒙古系民族的重要變化。

吳修安〈唐宋時期江西地區森林的分布與演變〉：本文首先介紹前人對歷史時期江西地區森林植被的變遷研究，認為周宏偉先生利用三幅宋刻地理圖的標示符號，復原了宋代中葉中國東部主要的森林分布，開創了研究的新途徑。其次，藉由傳世的文字資料，由北而南，由西而東，印證上述地理圖呈現的森林區域，後及其他森林區域，逐一論述。最後分別從氣候變遷制約下，造成森林組成的樹種變動；以及人類活動影響下，造成森林分布的範圍盈縮兩方面，進行森林植被演變的探討。

王一樵〈清代官方檔案文獻中所見北京城市水災防治與水資源管理案例介紹與綜述〉：近年來環境史的相關議題以及各國水資源管理情勢嚴峻的情況，引起廣泛注意。特別是 2012 年北京市於六、七月間暴雨成災，也讓人注意到北京在歷史上所發生的重大水災事件，以及水資源管理與應對洪災等相關政策的演變。若從清代檔案文獻來看，官方對於京城水資源管理，不僅是管理水源，防止水災而已，而是廣泛涉及水、火災害的預防，災民安置救濟，籌辦自來水現代化事業等等。對於北京雨量降水分佈情況，也有詳細登載的河川水文紀錄。

林謙仔〈近三十年來突厥史研究回顧〉：有鑑於突厥史研究涉及受突厥文化影響的區域與族群以及眾多語言，需要結合許多材料進行研究，而中國大陸、臺灣、日本學界多以漢文史料、突厥語碑文為主；歐美學界則從歷史語音學的方法研究突厥語與突厥史，因此本文從歐美學界開始介紹，也涉及其他學界的研究成果。至於議題，分別就族群溯源、國家型塑與禁衛軍、石刻史料與考證等方面進行論述，期能較完整掌握三十年來的突厥史研究。

　　總而言之，本論文集具有三大特色：

　　其一，參與本論文集的海內外學者：遍及中、美、日、臺、德、法、瑞士、伊朗。無論門生弟子或知交故友，不分著者及譯者，無不踴躍撰文，共同祝嘏仁者嵩壽，誠有感於先生之為人謙沖自牧，為學勤畾篤實，代表中國知識分子的人格典範，故能深受眾人景仰與愛戴。

　　其二，本論文集的內容涵蓋之廣：從中亞、西域、敦煌吐魯番、中原地區，一直東到日本，幾乎構建出一條古代的絲綢之路。一切撰者及譯者，人人殫思極慮，再三琢磨，無不思以最高水平的論文力追前賢，實欲表彰先生「學貫東西」之學術成就，及其在中亞文化史、東西文化交流史的功績。

　　其三，本論文集涉及的語種之多：本論文集收文 39 篇，其中包含 3 篇中西文對照的文稿。除了常見的日、英、德、法諸國語言之外，更涉及多種民族語言文本，諸如：梵語、藏語、巴利語、巴克特里亞語、于闐語、粟特語、帕提亞語、據史德語、龜茲語、回鶻語、焉耆語等等。有單一語種的文本研究，也有多語種文本的對照研究。正好可以呼應先生注重將漢文資料與非漢語民族語言資料進行對勘分析，而能細緻地掌握邊疆史地、族群互動及中外關係史等課題。

本文原載於《中國唐代學會會刊》第 26 期（康韻梅主編，2023 年 3 月），頁 269-278。

訪談

溝通世界的文化傳譯者：
張廣達教授訪談記事 *

傅揚（臺大歷史系）

樂將金針度與人：分享學思歷程

治學門徑

2009 年 3 月 10 日，我應黃俊傑教授之邀，做了一次「我的學思歷程」的演講，主要談的就是我的求學和生命經歷。

我的求學過程，可能和很多老師不一樣，尤其不能和我的生活過程切割。之所以這麼說，原因是我從 26 歲一直到 48 歲這段期間，不管生活還是讀書治學，受到大陸的政治干擾太嚴重了，使我的讀書過程不是很正常。我在 1957 年就被劃成了右派，成了一個政治敵人。這一點影響非常大。

關於如何建立知識樹的問題，我想我自己談不上什麼知識樹。因為我該建立知識樹的時候，正好受到外界政治干擾。再者，即便做為一個讀書人，被政治高層「控制使用」時，我能做的也僅僅是根據他們所佈置的任務，充其量準備些資料而已。直到 1978 年，我真正上課之前，一個是政治因素造成的耽誤，一個是只能按照佈置下來的方針做些基本的學術工作，為政治需要準備些資料。這些因素造成我的求學和學術生活很不正常。

---

* 此訪談原為傅揚採訪整理，原載於《臺大歷史系學術通訊》3（2009 年 5 月）。傅揚時為臺大歷史學研究所碩士生，現為臺大歷史系助理教授。

　　假如讓我談一下我的學習門徑，首先，我比較早便開始擔任我父親（張錫彤先生）的助手。或許家父也有心引導我做些練習，所以在查找資料方面，我可以較早熟悉、進入狀況。再者，我的老師也比較好，有許多國寶級的先生，我在〈我和隋唐、中亞史研究〉一文中提過了。他們對我最主要的影響，是要我注意基本功的重要。

　　比如說我很早就聽聶崇岐先生告訴我，應該找些白文無標點的書，自己從頭至尾點讀一遍。清代杭世駿課徒，要學生掌握「三通」——《通典》、《通鑑》、《文獻通考》，聶先生也很早就要我在暑假時，找本《通鑑》白文來自己練習標點，遇到困難點不下去時，尤其要勉力為之。後來鄧廣銘先生教學生時，提及中國史研究有四把鑰匙：年代、地理、職官、目錄，也是這一道理。我的老師們強調的基本功，實際上就是要我們熟讀幾部經典，紮實地把握住這四把鑰匙。

　　以目錄學來說，當年我這方面的老師是著名的孫楷第先生，我很早就在本科時聽過他的目錄學。他授課時，根本不用準備講義，從不帶片紙隻字，拍拍腦門便一連串地講了起來。與其說我們從他那裡「學」了點什麼，倒不如說從他那兒「感受」了些什麼：人家唸書竟然可以精熟到這個地步。而且他講的都是經驗，他告訴我們《四庫提要》的大序、小序都得念，還要我們到圖書館找他提到的書，借出來翻一翻，以後再提到這本書，便能回想起它的具體模樣。這些顯然都是他的一些個人體驗。

　　所以我想我的求學過程有很多巧合。既有耽誤這方面，但又有一些因為耽誤而成就我的一方面。我比較早動手做一些學者的助手，也就因此早一些知道怎麼找材料、寫論文。這些事我覺得越早著手越好。其次，老師很早就叮囑我們要注重基本功。要建立基本功，就是不要泛泛去讀書，應

張廣達老師於下課時間回答學生提問。（攝於臺大文學院外研三教室）

先找幾本重要的書，精思熟讀，唸成自己的看家本領。儘管我當年《通鑑》沒有真能從頭至尾點讀完，但那時較早地透過讀《通鑑》、練標點，還是對我很有幫助的。

現代學者的知識結構

我經過這些年的不斷思考和總結，所謂知識結構，大概應包含以下幾方面。首先，根據我二十多年飄蕩海外所見，感受最深刻的是他們的多學科訓練，特別是理論性的思考。在海外，不管做哪個專業，你總得要有些理論的思考。像在法國，中學畢業會考的作文題目，好多是哲學性的題目。大家應該加強與自己領域有關的理論思維的訓練。像王國維，他假如不前後攻讀四次康德的著作，縱然可以在許多地方勝過當代讀書人，但本質上跟乾嘉時期士大夫不會有什麼太大差別。他鑽研了西方文學、美學，尤其是哲學，應用到研究上，才讓他境界與一般人不同。

知識結構的第二部分，是專業領域。為自己選定並累積一個專業知識領域，越早越好。我回想起來，專業知識其實就是老師們叮嚀的基本功。基本功不要多，有個兩三部看家的著作就可以了。像《通鑑》，跨越了從周威烈王到五代的一千三百六十多年，從頭到尾點下來固然好，只點讀幾個朝代也是必要的。通過這幾個朝代，把年代、訓詁、職官、地理等問題真正地下一番硬功夫，絕對會有很大收穫。我的老師指導的這種路子，早建立起基本功，從標點、句讀、訓詁下功夫，再於職官、年代上做些必要的準備。今天我們關於年代，只能查找對應的記載。我有幸親炙鄧之誠先生，提到中國古代紀年，六十甲子他就直接掐著手指頭來算！那個時代過去了，但那基本功的道理並不過時。余英時先生也有文章講到，當代人應回到朱子〈讀書法〉中的一些基本要領。所以我想建立基本功，掌握自己領域幾部基本的、重要的著作，當作自己的看家本事，這道理仍然站得住腳，並不過時。架籬笆要先打好、立好樁

腳，而後編織就易於為功了。

　　面對現代的學術要求，知識結構的第三部份就是掌握工具了。一個工具是多學科性訓練。念歷史的人，要有些社會學、文化人類學的知識才好，像吉爾茲（Clifford Geertz）的厚敘述（thick description），或是默頓（Robert Merton）講的某些功能理論，都是一種工具。

　　另一個工具是語言，這又分兩部分。過去在乾嘉時代，學者只要掌握文字學就夠了，今天外語的要求比古代人要高得多。現代的學術語言，我把它稱做工具語言，是用來吸收知識的必備工具。現代人會了英語也不見得有優勢，但不會英語肯定處在被動不利的位置。英語以外，法語、德語、俄語、日語，這些現代語言都是重要的工具語言。

　　另一種語言工具可以稱作專業語言，例如中亞地區、塔里木盆地周圍的一些死文字。過去這些文字解讀不了，現在日本就有幾個新一代的學者，在這方面達到了世界水平。我想大陸、臺灣早晚也會有人趕上去的。又比如你若要研究中國古代，也得熟悉金文、甲骨文。現在又出了許多簡牘帛書，想要認字，文字學、音韻、訓詁等，也都屬於專業語言。

　　工具的第三部分就是現在的電子檢索和資料庫。過去談到電子資源和研究的關係，還只是強調如何操作電腦。現在不同，各地都有數據庫（database），臺灣就有好幾個數據化的資料庫。這對於年紀大的一輩，不禁感嘆它可望不可及。但即便是年紀大的人，他要是不甘心落後，能追多少便追多少。對年輕人來說，資料庫的運用更成為一個基本的技能了。檢索和資料庫這種工具，在現代學術研究中所佔的比重，比我唸書時要大得多了。

　　第四點要注意的是表達能力。我唸書時，有些老一輩的先生不怎麼善於表達。但我們看一看西方，從古希臘時就非常注意修辭（rhetoric），現在西方史學家也非常重視敘事。Narrative 著重的不僅僅是怎麼把話講出來，還有一系列關於 presentation 的要求：它要求你思考，如何把史料證據融合至敘事結構中？這又產生一個問題：這樣的寫

作和文學的區別在哪裡？歷史雖說不能脫離過去的實際，但過去事情這麼複雜，怎麼挑選敘事對象，又怎麼去 present？我們對這些問題，應該要思考得比過去更深刻才行。

　　文字表達外，口頭表達也很重要。將來大家無論做記者、老師或從事其它行業，總得了解如何向你的聽眾、交談者表達，使他們按照你的想法去理解你的話。也就是說，口頭表達的目的，是要使對方能正確的了解自己。這方面，西方如德里達（Jacques Derrida），也提出了許多見解。無論是哪種表達，只要做得好，都會有很大的效果。有些老師表達能力好，就有感染力。像余英時、李亦園、許倬雲幾位先生，說一句是一句，毫無廢話，邏輯之嚴密，思考、回覆、對應問題之敏捷，分析之深透，都值得大家學習。當然，他們能有這麼好的表達能力，都是建立在前面打下的基礎上，又和有意識的訓練有關。

　　總結來說，知識結構可分成四部分。首先是要有理論的素養。理論訓練讓我們能反思專業領域的方法問題，在處理材料時，能夠深入地進行分析，並提出有啟發性的綜合判斷。其次，專業知識的基本功，越早建立越好，以幾個看家本領的著作為點，再由點到面，對自己的專業領域有通盤理解。第三方面是掌握各種工具，包括多學科性訓練、工具語言和專業語言，並注意全世界的電子資源，這些可以幫助大家吸收和運用知識。第四部分是加強表達能力，包括文字和口頭的表達。由於受到許多耽誤，我無法按照心意讀書學習，故我算不上有自己的知識樹、知識體系。但經過許多年的思考，我想這幾方面共同建構了我的知識結構，提供給大家做個參考。

語言學習二三事

　　關於語言學習，我請教過周一良先生。他認為想學外語，第一種外語一定要下大苦工，認真學好，別只從專業領域入手，最好從文學進入一個語言。語言的本質是交流的載體（vehicle），最基本功能是講話、

溝通，所以周先生建議從讀小說入手。現在
有很多光碟與學英文的資源，是按照情境
（situation）來學英文，也是個入手的好地
方。特別是西方這種變格變位的語言，沒有
捷逕，一定要熟，要熟到很自然張口便能說
的地步。

張廣達老師講授「二十世紀
漢學研究」上課情形。（攝於
臺大文學院外研三教室）

　　按照自己的專業，找一本相關領域的
重要著作進行翻譯，也是精進外語能力的好
方法。我自己從翻譯工作中受益非常多，
二十五、六歲時還當過俄國人的課堂口譯。
我覺得翻譯很重要，筆頭的翻譯是必要的，最好還要有機會做口頭翻
譯。口譯的重要性在於，口譯過程講究快速、準確，可以訓練並逼使你
得完全用外語的方式思考。

眼界和用心

　　關於眼界問題，最重要的是自己書讀得夠不夠。我在大陸帶了一、
兩屆學生，我告訴他們，選定了某個領域，就要掌握該領域世界最主
要、最重要的期刊雜誌，這是我很強調的一點。看雜誌時先重點看書
評，與你有關的專題研究當然也要看。書評評介的都是最新的書，看書
評可以使你不脫節，得以了解全世界的同行在做什麼，這些基本的信息
非常重要。今天我們不能再窮守一個小題目了，要了解自己領域中那些
有代表性、主導地位的 leading journals，並且定期翻閱。另外，書評往
往凝聚了書評作者的學思所得，他們提出的意見經常很深刻、很有啟發
性，也值得大家參考。

　　我來臺灣感到比較可惜的一點，就是因為忙碌，沒法定期至圖書館
翻閱雜誌。我不大能運用網路資源，但現在年輕朋友可以透過網路來接
觸那些期刊雜誌。眼界的提升，取決於自己的內涵，定期翻閱雜誌對此

絕對有幫助。你翻閱多了，眼界自然也會提昇；讀久了，自然會產生鑑別能力。

所謂「學術前沿」，主要也可以透過閱讀書評來了解。「前沿」不是一、兩個人在進行研究就算前沿了。前沿是相對的，是一批人、尤其是重要學者們近期的用心所在。對於所謂的學術前沿，我們可以透過書評來了解其他人正著手的課題，因而得到一個印象。我們不一定要追趕前沿，但也不能對它有隔閡。

關於讀書，我還想提醒大家，要做好整理的工作。大家讀書，要趁著記憶力還新鮮的時候，歸納幾個要點，記下來之後再離開。假如當時不積累，不做些整理，讀的東西一過去就忘了。甚至於遇到讀過的東西，還恍恍惚惚覺得似曾相識呢！所以定期整理的工作非常重要，念兩個小時有兩個小時的歸納，然後積累到一個月或三、四個星期的時候，再做些歸納、分類的工作。每次歸類、分類，對自己讀書狀態都是一次提高。我到臺灣，住處的設備不是我習慣的，但分類的工作還是要做。按中國古人要求，三年一小成，五年一中成，十年一大成，講的無非是一個積累的道理，而積累的基礎是自己按部就班，隨時做起。電腦裡儲存的東西也得定期分類整理。某種程度上來說，這就是在建立自己的知識樹。

述古論今話中西：漫談文化交流

縱橫歐亞

從宏觀分期來看，中西文化交流的第一個階段最重要的課題，毫無疑問是上古民族、語言的形成及分布。現代人已可利用 DNA 基因鑑定來判斷民族屬性，如針對骨骼進行分析；又或者利用科技來判斷金相成分及其來源，進一步斷定新石器時代各文化類型的交互關係。拜科學技術進展之賜，這些方面現在都有了許多便利的工具，大大有助於我們的

研究。

　　對於上古時期，我們尤其應該著眼於民族語言文化的分布。語言分類的問題，至今仍未得到徹底解決。學術界有把握的，只是幾個主要語系，其他如臺灣南島語系範圍的問題及澳大利亞早期住民語言的問題都還沒有解決。日本語、韓國語無法歸類，歐洲高加索一些語言沒法歸類，阿爾巴尼亞、古代義大利半島伊特拉斯坎語（Etruscan language）也沒法歸類。這些都是重要的問題。

　　就中國而言，我想兩漢時期的阿富汗和塔里木盆地，絕對可以獨立成一個篇章，做為中外文化交流的第二個大階段。以具體問題為例，邢義田教授的研究我便很佩服。他透過殘留下來的象徵符號和形象描繪，追溯了赫克力斯（Heracules）的形象如何自西方流傳至中國，進而說明了中外文明許多要素的傳播和相互影響。將來隨著材料不斷增加，我們便可能進一步透過這些材料，來建立當時文化交流和互動的面貌。

　　兩漢時期的阿富汗和塔里木盆地，不僅是部派佛教以至大乘佛教滋生發育的溫床，也是中國與希臘化文明、羅馬文明交流互動的主要場所。一個具體例子是有關玻璃的問題。傳到東方的羅馬玻璃不在少數，特別在阿富汗地區，即可以發現這方面交流的例子。透過對阿富汗地區本身及其做為媒介的研究，我們今天要理解玻璃在中外交流中的角色便容易多了。阿富汗的重要性，無論如何是應該更進一步強調的。我們可以把阿富汗視作中亞的一部分，但我覺得一般說的中亞，在古代還沒那麼重要，而阿富汗肯定是非常重要的。

　　隋唐時期是中外文化交流史篇章的第三個階段。這個時期，中國的西方有大食的阿拉伯世界，北邊有突厥人、回鶻人，南邊的吐蕃也很活躍。此時正值歐洲的中世紀早期（early middle ages），基督教文明發達。過去認為這是個暗淡的時期，現在看來，這種說法不怎麼準確，但當時歐洲確實沒有一個重要的強權。拜占庭相對來說算是個強權，但地位遠不如過去的羅馬帝國。總的說來，阿拉伯世界的力量要勝過歐洲的基督教文明，這就埋下了中亞地區伊斯蘭化和中亞語言突厥化的種子。

　　蒙古人興起後，建立了大帝國，打通歐亞，中外文化交流進入第四階段。蒙古人促成的文化交流也為未來明末清初的地理大發現、基督宗教東來打下了基礎，那可以算是第五個重要階段。第六階段始自十八世紀末，西方完成了工業革命後再東來，當時西方的政治體制、科技文化和多科性學術都發生變化了。於是清末中國人、東方人再與西方接觸，便產生了西化的問題。在日本，這個問題以「脫亞入歐」的口號被提出來。中國人不講脫亞入歐，講的是要「現代化」，但其實現代化的本質也就是西化。

　　這個學期在臺大歷史系講漢學，實際也就是談比較當代的文化交流問題。我沒有泛泛地鋪敘這中間的轉變，而是拿羅振玉、王國維做為轉折時期的代表人物，深入分析他們的治學方法和思想意態，說明他們的代表意義。海外方面，我選了日本的內藤虎次郎，也選了法國、普魯士到德國、俄羅斯階段的幾位名家。儘管有些地方仍不夠細緻，但這應該可以用來解釋說明當代文化交流的一個層面。

　　關於中外文化交流史宏觀分期的問題，我已考慮很長一段時間了，上個學期開設的「中西文化交流史」，實際就是用以上所論的體系做為課程綱領。未來如果有年輕朋友願意跟我一同合作，也許這個分期架構可以更進一步、更細緻地加以發揮，並正式發表成果。

中外文化今昔

　　我在「我的學思歷程」演講的末了，歷史系的客座教授田浩（Hoyt Tillman）先生給我提了個問題。他問我現在看中外文化交流，中國學外國，最值得學的是什麼？外國學中國，最值得學的又是什麼？對於這個問題，我有些基本的想法。

　　嚴格說來，中國從先秦諸子百家開始，對客觀世界就不像西方人，如希臘人那麼重視。希臘從畢達哥拉斯（Pythagoras）時就開始注意以數學語言來描述宇宙。相對來說，從先秦開始，中國思想家重視的就是

人本身。道家比較注重人的解脫，所以一直發展出養生、求仙等面向。儒家則比較重視仁、義、禮、智、信的人際關係。

　　子思「仁、義、禮、智、聖」的五行學說，由於簡帛〈五行篇〉的出土，受到了我們的重視。五行說到了孟子，又形成了四端的學說。儒家重視人的自身發展，到了秦以後，形成內省、修身養性、齊家治國的思想傳統。今天看起來，儒家的政治學說和倫理思想的某些部分，如三從四德，無論如何是得揚棄了，它不符合人類尊重每個人意志及個體發展的方向。但內省的工夫仍是極為重要且珍貴的，我個人假若不是靠著中國的這些東西，我也活不到今天。像司馬遷的〈報任安書〉、王陽明的〈瘞旅文〉，這些關於人在被動的時候如何保持正常心態的思想內容，可以說是中國人對人類的重要貢獻。

　　我便感覺，在我看來不成問題的一些事，西方人就非得看心理醫生，給心理醫生做分析、引導不可，他們自己沒法排解。不過西方人表裡一致，無論孩子、中年人還是到了老年，他排解不開就是排解不開，排解開就沒事了。中國人表面很客氣、周到，但遇到不愉快，兩個人的關係就可能永遠緩和不來了。這是中外很不相同的地方。

　　西方人客觀在哪裡呢？張灝先生曾引用一位德國馬丁路德派的牧師尼布爾（Reinhold Niebuhr）的話，他對人性的看法比較符合實際。他認為人心裡頭有陰暗的一面，有做惡的可能性，所以民主是必要的。民主可以提供互相箝制，提供輿論以及制度面的約束。他也主張，人心也有向善的一面，將其發揚，民主才成為可能。簡單的說，因為人有性惡的可能，所以民主成立是必要的；人有向善的一面，所以民主有成立、落實的可能。我認為這些話比較中肯、深刻、接近實情。

　　我認為人應該按照柏林（Isaiah Berlin）說的，只有消極自由，不能想怎麼做便怎麼做。沙特（Jean-Paul Sartre）說他人是你的監獄，這走到極端了。但無論如何，只要活在社會上，你就不能全按自己心願生活，就得照顧到他人。如此一來，這中間就需要某種自我約束。從子思、孟子，再到宋代濂、洛、關、閩，特別是程朱一系的學說，以及

陸、王，到後來以王艮等人為代表的泰州學派，裡頭有很多強調如何先從調理自己、修養自己做起，再應用到人際關係上的深刻見解。我想這絕對是東方文明、中華文明的一個重要貢獻。

　　西方的貢獻，就是提醒人們要注意，人的思維是可以做為一個客觀對象來進行研究的。當然，對客觀的強調，也表現在他們對自然的研究上。西方人在這方面建立了一套思維方法和研究工具，值得我們接受、吸收。按照牟宗三先生的坎陷說，過去中國的注意力沒有集中在自然科學上，所以這方面是落後的。無論接不接受他的論證，中國在這一方面確實有必要加以補強。

臺灣印象

　　我對臺灣充滿許多感情，有些意見也許不怎麼客觀。我老伴不願意離開臺灣，我也想留下來了。我第一次來臺灣，是 2000 年時應中研院史語所之邀，並在臺大兼了一次課。那次授課也留下了點影響，就是刺激了一位女同學開始學習吐火羅語。她今年博士論文應可順利答辯，如此的話，她就是臺灣第一位學習死語言有成的學者了。

　　我沒去過新加坡，而在香港待過幾個月，在城市大學開了兩門課。香港在英國統治下，法治觀念建立起來了。那裡的人際關係，可以說有一個遊戲規則，強調自我約束，法制觀念良好。從這個意義上來講，香港有秩序，有說理講理的地方，也有相互無形的監督，這點比較好。不過一旦和臺灣相比，人情間的相互關照，我覺得香港比不上臺灣。香港有很多人過得有錢有閒，但缺乏人際間那種關懷和熱誠。我的一個想法是，臺灣人的熱情與可愛，和臺灣基層中有法鼓系、佛光山系、慈濟等組織，有很大的關係。這些組織在陶冶百姓、勸人向善做慈悲等方面，做出了很大努力，也影響到臺灣人的特性。總的來說，我對臺灣寄予很大希望。

　　拿國家劃界，也許是人類最終走向大同的一個過程罷了。看看現

在世界，蘇聯瓦解後，東歐、中亞各國紛紛獨立，以西歐為主的國家反而要聯合起來。聯合是肯定有利的，所以過去的歐共體、現在的歐盟越擴越大。主權概念是歷史的過程，國家、國界也都是歷史的過程。很多東西放在全球不同文化、不同政治發展程度來看的話，自然就有不同訴求。這種訴求可以辯論，但也要抱持基本的尊重。

這可以說是未來的一個展望。而華人世界呢？

我認為本地青年學子將來學成後，未必要在臺灣教書。將來大陸若真有一天政權性質有所轉變，她絕對迫切需要人才。有人認為臺灣亂，但這實在是一種活力的表現。臺灣經過政治改革後，在華人的幾個世界裡，可以說是最「先進」、主客觀條件最完備。未來若說要承繼、發揚中華文化，臺灣一定是最重要的基地。所以我對臺灣寄予很大希望。

如果我身體狀況許可，各方面條件又能配合，我很樂意在臺灣大學繼續兼課。當然，前提是要考量身體情況，畢竟我已經 78 歲了，不得不慎重些。

我和我老伴都很喜歡在臺灣的生活。跟法國相比，在這裡過得可以說是優裕得多。而且臺灣物產多，又多是自產，不像香港要依賴進口。臺灣飲食文化也很豐富，臺東有許多美食，臺南又有不同的一批美食。這裡的人非常熱情。我跟我老伴受成功大學中文系、東華大學中文系朋友的招待，以及清華大學、中正大學、嘉義大學歷史系的邀請，一同到了新竹、嘉義、臺南、臺東等地，也去了野柳、阿里山、太魯閣等景點。來到臺灣後，事情

張廣達老師在臺大客座期間，亦入境隨俗，以單車代步。（攝於歷史系側門前）

約會不斷，平常稍微清閒時，我們最喜歡的便是和年輕朋友來往或通通電話，這一點無論身處法國、美國或日本，也都是如此。

未來展望

這學期臺大的課程結束後，6 月底我會先回法國一趟，一方面處理那邊的一些事，一方面也是想避避臺灣的暑氣。回到法國後，我也會繼續與當地的一位華裔社會學家合作，分別從歷史學與社會學的觀點，整理翻譯沙畹（Édouard Chavannes）的著作。一來做為答謝臺灣大學人文社會高等研究院聘我為講座教授的一份學術成果，二來也想提供學界一個更深入認識、評價海外漢學的管道。

8 月底回到臺灣，我會在政大歷史系為大學部同學和研究生各開一門課。這兩門課基本上重複我在臺大的課程，也就是一個學期講中西文化交流，一個學期講海外漢學。哪門課給研究生、哪門給大學部同學，現在還不確定。重複的好處是，我可以稍稍節省體力，也有助於改善整個課程設計，無論架構或內容都可以進一步提升。

政大的課程，以大學部來說，我希望能帶給政大的同學一些啟發。不僅著眼於實際的具體知識，更要引領大家一條治學的路子，讓他們看到這個領域的前景。方法和思考的啟發與訓練，也是我想帶給他們的。這樣的話，儘管將來不治歷史，對大家還是有好處。以上說的，哪怕只能帶給班上百分之十、甚至百分之五的同學一些啟發，我想我晚年到大學本科授課的目的也算達成了。對研究所的學生，我則會要求大家多翻閱期刊雜誌，早點設想學期報告的課題，師生間便可以有更多互動交流討論問題的機會。

再下一步，我想做的是整理出幾本書。前面已經提到，我打算整理翻譯沙畹的著作。我到政大開的課，基本上與臺大的兩門課重複，但我想提高課程的水平，並做出讀本之類的著作，做為這個專業的兩本入門書。除了這三部書，我還打算出版回憶錄。我們那一代的經歷，現在的人也許很難體會，我想透過回憶錄，留下一些應當被記住的事。我在臺灣做過好幾次演講，演講最大的難處在於時間有限，如果時間拉長，每次演講便可以周全許多。講詞內容都存在電腦裡了，但要把敘述文字、

圖片以及註腳等鎔鑄在一起，還是挺費功夫的。我希望這些內容，可以整理成一篇篇專論，每篇文章都能把該課題的既有成果和研究現況加以結合，提供讀者一個綜合性的認識。這是日後的一個努力方向，如果能得到年輕朋友的幫助，進度也許可以快些。

勸勉青年朋友

　　對有志於史學研究的同學，不管個人遇到什麼不愉快，在我看來，都還不是致命的問題。年輕朋友一定要知道，順境對自己未必有利。我身處逆境後，也覺得逆境不全是壞事。當然，有時無妄之災、有時逆境的代價太大，那另當別論。但人生不如意事十有八九，挫折毋寧說是正常的現象。年輕朋友不管將來打算從事什麼，至少在唸書階段，一定要勵志向上。遇到一些挫折，要把挫折認為是鍛鍊的機遇。唸書則要講求方法、講求效率。現在要我們從口袋裡扔出十元、二十元，我們絕對不願意。可是一小時、兩小時的時間，要浪費掉卻很容易。實際上，這些時間不是比十元、二十元重要得多嗎？所以我主張，同學該鍛鍊就鍛鍊，該玩便玩，玩的時候特別要放鬆的玩，但玩完後一定得振作起來。做正經事時，如生出各種欲望，便要試著約束自己。許多美國人幹起活來，我們常說是工作狂（workaholic），他們是拚了命在做的。這一點，臺灣孩子的拚勁就不如美國了，大家可以多思考這個問題。

後記：這次訪談及文稿最終得以趕在張廣達老師臺大聘期結束前完成，李文良老師的督促功不可沒；在構思訪談內容及訪談過程中，好友王一樵、蔡松翰等人提供諸多協助，在此一併致謝。筆者有幸擔任張廣達老師在臺大期間的課程助理，從老師的學養、風采及謙和溫厚的態度受益無窮。謹以這份文稿，紀念一段師生因緣，並為老師在臺灣的足跡心影留下一份見證。

整理者按：

張廣達教授 1931 年出生於河北，在燕京大學（1949-1952）、北京大學（1952-1953）歷史系受教育，研究領域為隋唐史、中亞史地及海外漢學，學術成就享譽國際。1989 年離開中國後，任教於瑞士日內瓦大學、法國法蘭西學院、美國耶魯大學及普林斯頓大學等多所世界著名學府及研究機構 2008 年，張廣達教授榮膺中央研究院院士，同年應臺灣大學人文社會高等研究院之邀，來臺訪問講學，於本系開授「中西文化交流史」、「二十世紀漢學研究」課程，並與臺灣學者及研究機構進行廣泛的學術交流。

本文原為筆者與張廣達教授之訪談紀錄，徵得張教授同意，將對話形式改成自述體裁。全文約分為兩部分，第一部分記述張教授的學思心得，第二部分則涉及中外文化交流史課題。如欲進一步了解張廣達教授的學術成就和心路歷程，可參閱廣西師範大學出版的《張廣達文集》，或張教授為臺大「我的學思歷程」系列所做的演講。

張廣達教授提攜後學一向不遺餘力，希望透過這篇文章，讓張教授的學術研究經驗與智慧啟發並鼓勵更多讀者。

逆境中的磨練：張廣達教授專訪 [*]

史薈編輯小組

　　張廣達教授於 1931 年出生河北，先後在燕京大學與北京大學歷史系就讀與任教，研究領域為隋唐史、中亞史地及海外漢學。1989 年離開中國後，任教於瑞士日內瓦大學、法國法蘭西學院、美國耶魯大學及普林斯頓大學等多所世界著名學府及研究機構。2008 年，張廣達教授成為中央研究院院士，在同年受邀至臺大開設課程。2009 年受邀成為政大歷史系講座教授至今，開設課程有「海外中國史研究」與「中外文化交流史」。

一、生平經歷

（一）童年記憶

　　我生於 1931 年的河北，從出生至大學都在北京生活，九一八事變那年日本人佔領東北，我父親也在同澤中學 [1] 當教員。

　　1937 年，我上了小學，同年爆發七七事變，日本人正式佔領華北。日本佔領北平時期的記憶依然相當深刻，那時有城牆，出入城門還得向日本人鞠躬。到了 1945 年，日本戰敗投降，正值我國中三年級。當時，國民黨仍在四川重慶無法過來接收，美軍便代國軍接收北京。美

---

[*]　此訪談原載於政治大學歷史系《史薈》47（2014 年 5 月），由史薈編輯小組採訪。
[1]　同澤中學是由東北將領張學良為了軍官幹部的子弟所設立的中學，有分男生部與女生部，女生部人數很少，男生部的校長是齊邦媛的父親齊世英。

軍來時我也去歡迎，大家看著美軍所開的十輪大卡車，比起日本人的軍備更加威風，因此有了「大老美，小日本」之語，讓我清楚感受到當下那種民族情緒。後來，國軍來到北京之後，身材不比美軍高大，穿的軍服是用梔子樹染的土布衣服，大家看到盼望已久的國軍怎是如此？民族自豪感便難以建立，孩子們也議論紛紛。之後，國民黨來接收敵產，跟日本人合作的便是敵、偽，當時沒有一個統一的經濟機構，分別有資源委員會、中央信託局，那些接收人員來到敵占區就亂搶一氣。所謂「國軍到北平，五子登科」，這五子乃金子、銀子、房子、車子、女子，國軍來了就把這「五子」占為己有。敵偽產業到處被打封條，接收員來一次便打一次封條，還把裏頭的東西清洗一番，誰搶到就是誰的。

過了將近一年，蔣介石到北平故宮太和殿召集學生開了一次會，表示要把國家交給未來的青年。由於中國當時是戰勝國，與美英法蘇並稱五強，但現實與五強的稱號卻有相當的差距。那時的學生比較早熟，不得不思考「甚麼是未來？未來在哪裡？」。眼見國民的腐敗、五子登科、官員回來後又陸續娶新媳婦，抗戰前的叫淪陷夫人、遷都重慶時稱抗戰夫人、重返淪陷區又娶勝利夫人，這些都造成許多輿論。另一方面，當時國民黨允許共產黨發行地方報紙「解放小報」，被國民黨戲稱為「解散小報」，但學生看了這些東西，對比現實，民心很快就被共產黨爭取過去了。由此可見，民生的問題是個重點，當時的貨幣是法幣，戰爭結束後沒有恢復生產，只靠大量印鈔票，導致物價飛漲。我父親掙點錢回來以後，我母親必須趕緊去買玉米麵（北平稱棒子麵），在這個攤上就得趕緊買，否則走到下一攤便又是另一個價錢。記得當時黑市上有人手裏頭拿著銀圓，很熟練地在手裏敲著響，聽到後便得趕緊拿法幣換銀圓。[2] 而母親是來自舊社會纏小腳的女性，由於行動不便，我得陪

---

2   辛亥革命以後，袁世凱為使國內政局穩定，發展經濟，於是在全國實行統一幣制。1914 年制定了「中華民國國幣條例」鑄造袁世凱頭像銀幣，'上有袁的頭像，所以又稱「袁大頭」，全國通用，逐漸取代了「大清銀幣」等銀幣。

她去買棒子麵、幫忙提，一次都買二、三十斤，這些是我記憶中最為深刻的部分。

1948年，為了在政治上搶先共產黨，盡快從訓政過渡到憲政，蔣介石開了第一次的國民代表大會。在經濟方面，國民黨推行貨幣改革，推行金圓券，[3] 但共產黨卻全力抵制國民黨的幣制改革，種種原因導致了金圓的失敗，這是國民黨經濟戰線的徹底潰敗。正在這個時候，共產黨的組織能力和情報系統完善了，他們的情報人員打入國民黨核心，包括蔣介石身邊親信陳布雷、其女陳璉都是共產黨員，蔣介石那兒有甚麼消息，好多都進共產黨人裡了。

在我的成長過中，有很多事情同時發生，包括國際的、國內的，使得一個年輕的孩子沒什麼童年、少年可言，因為家裡經濟上的困難，很難不體會到，況且這些都是很現實的。我母親除了買玉米麵，還得省點錢來買澳洲麵粉。她用麵粉給我父親做飯吃，我是男孩兒，把麵粉裡頭摻點玉米麵給兒子吃，以玉米麵為主，再摻點麵粉給我姊妹們吃，而母親自己就只吃玉米麵。那時候，也沒有煤氣，得用劈柴生煤球爐，賣劈柴的為多賺一點還往裡頭加水分，有水分生的不著，還得在煤爐邊烤劈柴把水分烤乾，每當點不著一次就浪費了那些劈柴，這些東西不經歷還真不知道。假若你不知道這些最基層的社會、經濟原因，單就政治面來看，是不會了解共產黨為什麼會這麼快就把國民黨給收拾掉了。

這些對我來說影響很大，後來共產黨來了以後我連著犯錯，共產黨你自己原來說得那麼好，怎麼現在也這樣了？那時年輕人追求進步，共產黨又提出很好的一套理論系統——「解放全人類、消滅剝削」，說得頭頭是道又理想，使得年輕人，包括敵人，那時候也傾向進步，也想到前方去參加革命，為革命犧牲是實現自我的價值。年輕孩子不知深淺、

3　金圓券是民國時期中華民國政府在中國大陸發行的一種貨幣。由1948年8月開始發行，至1949年7月停止流通。金圓券發行的初期，政府以行政手段強迫民間以黃金、外幣兌換。由於沒有嚴守發行限額，造成惡性通脹。

不知政治利害，說了一些話，以致於後來被打成右派。

　　總地來說，我在 1949 年考入燕大物理系以前，也就是人生的第一個階段，是真正跟著時代一起動盪的。

（二）大學生活

　　1945 至 1949 年間，就是從高三到考入大學之間，由於成長於動亂的年代，我與同輩學生是比較早熟的，時常議論著與年齡不相稱的議題，內心中一方面有著對未來的憧憬，一方面還是存著一分稚氣，面對共產黨掌握政權後的現實與理想口號之間的矛盾，哪個年輕人會沒有想法呢？那是個想法得不到實現，又遭遇阻撓的時代。

　　我大三那年，共產黨接管燕京大學，1952 年進行院系調整，教會學校如燕京大學、輔仁大學都併入新北大之中。由於 1948 年的戰亂破壞了許多基礎建設，仍有民生社會需要關注，加上美國在東亞的行動，共產黨政府無暇有整肅讀書人的想法。1950 年抗美援朝，除了有政治問題的知識份子之外，僅止於要求其他知識份子支持蘇聯，反對美國帝國主義，與美國劃清界線。當時我在燕京大學洋派環境中的經歷，看到教授們精通日語、美語、法語等，對年輕的學子特別地有吸引力，共產黨後續也提倡學習俄語，讓我擁有較佳的外語掌握能力，因此被老師留在歷史系外國史繼續教學與進行學術研究。在當時的情況中，有些人是自主的選擇，有些人是不自主的，總之，我就這樣繼續留在歷史系。

（三）打成右派與下鄉勞改

　　共產黨制度下的階級敵人也就是反革命分子，還有地主、富農，就是「地富反」，另外有一些出身貧下中農，但是做了共產黨忌諱的事情，難以從階級上區分，就打成「壞份子」，是壞人，也是階級敵人。我在 1957 年被批判，1958 年正式被戴上右派帽子，經過 22 年才返回人民內部，階級敵人和人民是兩個對立的政治概念，階級敵人是要受到

人民鎮壓的。

　　共產黨反右派之前，從毛澤東以降，各個黨組織都動員，鼓勵老百姓給黨提意見，幫助整黨風，說「有則改之，無則嘉勉」一再聲明絕不會秋後算帳，這才讓有些不懂深淺的人犯錯，所以後來真正背信棄義的不是右派，而是共產黨。因此在 1957 年，我對現狀提出了質疑，被打成右派。打成右派之前是人生的第一個階段，二十二年的右派讓我認清客觀事實。二十七歲被打成右派不是戴個帽子就算了，開會時你也得上一邊去，人民在政治學習，你右派的、階級敵人的有的會議不能參加，中央有人來做講演，你們這些人都得到邊上去，就像地、富一樣，開會不能跟貧下中農一起開。

　　1958 年，歷史系開全系大會，正式宣布我們要在群眾中戴起帽子來，共產黨把我那些右派言論都列出來，我得在上面簽字認帳。我那時從北大跑到民族大學找我父親，我父親根據他過去的經歷叮囑我：「說你什麼你就是什麼，不要反駁，難道你對了共產黨錯了嗎？說你什麼是什麼，簽字低頭認罪，接受批判。」父親這是在告訴我：小不忍則亂大謀，得像蜥蜴斷尾求生。在這個巨大壓力下，我思考我有沒有必要做為政治祭壇上的一個犧牲品？大概經過了四年都很難服氣，尤其一個年輕的學生更不容易接受。我究竟有什麼罪過了？怎麼我犯了什麼？我逆天了？但是後來證明，父親給我一個明智的建議，如果我當時跟他們拚了，也只是白白拚掉一條命。現在回頭來看，那時死的人不計其數，在它的供桌上正要擺祭品的時候，你難道要把自己變成祭品嗎？

　　那個時候不懂得甚麼叫做勇敢。我經歷過勞改，先後到過工廠、農村和山區，後來在摘下右派帽子後，還到軍隊接受再教育，四十八歲回復教職，當正是青壯年時，應該做事業的時候，我接受了勞改。在勞改過程中，特別有印象的是，我到農村裡頭三年，正逢毛澤東大躍進後的飢荒，沒有糧食吃，我背著柴去勞動，一起勞動的人屬於人民內部，所以我得多去砍柴勞動。我的腿細，身體又弱，肚子又吃不飽，從山上背著那些柴下來時，幾乎死於非命。勞動兩個月後給我三天假期讓我進城

回家，回到母親身邊，我母親把節省下來的糧食給我吃，結果吃完後就到廁所裡都吐出來了，因為胃長期沒定時吃糧食，突然讓它吃飽，它不接受，全吐出來。因此，在這種情況下，我並非立即就能懂自己為什麼被打成右派，只要一提出質疑，共產黨馬上就認定你是反攻倒算的敵對政權。我用了五、六年的苦思苦想，明白了這就是個政治行為，共產黨的無產階級專政就是鎮壓反動派，需要這麼一批人殺雞儆猴，警告民眾不能亂說亂動，否則就要給你處罰，這時候我知道這並不是自己的錯，心裡便舒坦多了。

那時候，還是有一些老師對我很好，雖然當著群眾的面，他們都不理我，要劃清界線，可是當周圍沒人的時候，人家微微笑一笑，你就會得到很大的安慰。我後來明白，人都是求全身遠害的，誰願意給自己身上找麻煩？我自己又何嘗不給自己、家裡找麻煩？所以在文革的時候，我絕對不做寫大字報揭發人的事。

1976 年 9 月，毛澤東過世，毛澤東在世時當然不可能承認幾十萬右派打錯了。他一去世，馬上爆發接班人權力鬥爭的問題。1979 年，共產黨中老幹部的權力就幾乎集中到鄧小平身上，當時鄧小平是共產黨第一代中權威最高的，文革風波在鄧小平掌權後而逐漸平息。鄧小平也開始為右派知識份子摘帽子，否則誰敢否定毛澤東的權威呢？而且當年幫毛澤東主持反右運動的就是鄧小平，鄧小平自己不能否定自己，所以鄧小平就講成右派擴大化了，認為右派沒打錯，只是範圍擴大了。我認為，假若一個政治家真正有氣魄，錯了就是錯了，反而能收拾民心，但礙於共產黨的傳統，上有辮子下有尾巴，就怕別人抓住你的尾巴辮子，掌權者一旦認錯，就有可能落到被清算的下場。

1979 年，我恢復教職，四十八歲第一次上臺講學，我太太看我緊張，便也一同跟著去了，回去後我太太對我說：「你怎麼這麼個拘謹啊？」由於實在沒經驗，當時不像現在可以和學生們侃侃而談。往後在美國、法國見到外國教授的上課方式，如何把課題提出來、如何引導學生，才意識自己年近五十，講課卻仍是問題多多，我現在講課仍然不擅

長引導學生，有許多地方還是需要學習。

（四）避難海外

　　拿破崙說得對，你自己出了問題別賴人家，要看看有沒有盡到自己的責任。誰是最大的敵人？往往是我自己。所以在學術道路還有立身做人的道路上，多從自己的身上找轉敗為勝的因素。

　　1978 年我第一次上課，1989 年就是六四天安門事件，我又不記取我 1957 年的教訓，去看了同學。看到他們開槍了以後，我想，我五十八歲了，我二十七歲被劃右派的時候，我能夠花二十二年下鄉下廠到部隊，但是五十八歲時再來二十二年，我招架不了，所以六月四日開槍，我六月二十五日便離開大陸，至今到海外二十五年半。之所以能夠在短時間內離開，是因為我法國朋友的幫助，法國友人幫忙送來簽證，因為我就要去法國參加聯合國教科文組織 UNESCO 中亞史的編輯委員會。到了法國，有些香港支援這些流亡的人，讓我也去領一些生活費，我跟法國朋友說我不去領這個錢，因為我不是 dissident。我是一個教員，我不能贊成政府對手無寸鐵的學生和老百姓開了槍之後，還得承認學院派是錯的，我做不到。由於我年歲大了不能再勞動了，也沒有那個勇氣去向當局表示抗議，所以我決定離開，到法國教書和工作。法國給了我榮譽博士，讓我到法國最高學府法蘭西學院當講座教授，使得我離開了北大後仍能繼續教書。假如沒有這些，後來美國和日本也不會找我去。總之，二十二年的逆境使我認識人生，而出國這二十五年，就是自己克服困難的二十五年。

二、旅外感受

(一) 語言

　　這是我的經驗，外文必須念得好。假如當初我在大陸上，在老共底下，不注意到學好外文，儘管我到外頭去，那也很有問題。到外頭學的外語起碼可以表達出來啊，口語表達是很重要的。在外面受刺激後，我就主張「理論學習」，重要的一個是紮實的理論。別以為這跟你沒關係，恰恰是這些東西會在你遇見困難時，考驗你是否可以解決問題。另外，我們不是 哲學而哲學，是要鍛鍊我們的思維條理，然後可以表達。你懂了之後，要懂得如何用口語或文字表達，否則沒辦法吸引閱聽人的注意力，你的所知所學當然也呈現不出來。

(二) 多元思維與反思

　　避難是我當年離開大陸的動機之一。況且，我四十八歲才恢復教職，到了五十八歲，教書還是有點不習慣，畢竟共產黨數十年不重視教育，有好多的不自然，不僅是我個人，整個形勢就是那麼不自然。再者，自己也感覺到知識結構有問題。時至二十世紀末，對於歷史應該怎麼教、怎麼研究，心裡有了疑問。雖然中國歷史綿長，時間長、紀錄長、歷史書也多，但現在不是過去司馬遷、司馬光的時代，二十世紀的歷史究竟該怎麼做？為共產黨服務是個作法，它說甚麼便聽，可以不動腦筋，順著講它還可以給你獎勵，但畢竟做學問還是得反思。那時在大陸念歷史要求大家背年代、地理，目錄、職官，這是學習歷史的四把鑰匙，強調的是博聞強記。像是兩漢史的老師余遜，漢書全背了下來，而目錄學的老師孫楷第，講課時一個紙片兒也不帶，忘了就拍拍他的腦袋，就想起來了。老師這種擅長背書的形象對當時的學生影響相當大。

　　到了海外教書，講課時學生都會積極提問題，讓我對做學問有了

不同感受。美國學生的問題即便幼稚，亦勇於發問，法國學生的問題較有中心，特別著重在人的問題上。海外給我的印象便是同學能夠運用思想。另一個關鍵差異是國內學生考試大多回答一些記憶性的東西，而海外學生的回答不單限於典章制度面，也會涉及「人」的面向。這些呈現出東西方的差異，東方學問好便是博聞廣記，知識相當多，放在口袋裡一掏就有，但不大推論。東西方培養學生能力的作法也不完全一樣，西方啟發學生思考問題，學了些問題，自己也動腦筋要怎麼樣對待問題，與已有的說法有何不同。雖然國內的齊思和老師[4]的教學方式也重思考、提問出了幾個 W（who, what, when, why, how），但總地來說，大多數老師還是以重記憶為主要的教學模式。相對於此，我認識到西方他們重視提問題以及如何邏輯性的回答問題。

在大陸時，我的老師佩服法國研究中國史的學者——伯希和（Paul Pelliot，1878-1945），[5] 懂得外語多，與國外有關民族的名稱都了解，研究邊疆史、民族史、遼金元清等外族建立的國家，漢文翻譯的原文是什麼也都做了考證，當時中研院史語所的傅斯年、蔡元培皆相當佩服他。離開大陸後，我來到伯希和的國家，得到了一個莫大的啟示，便是伯希和不那麼受當地的重視，認知到東西方對學者的看法能有如此大的差異。至於伯希和在海外不受重視的原因，我發現有一批學者認為念歷史是在瞭解人類進化的過程，要問人怎麼回事？人從哪來？歷史從哪來？雖然現代化帶來豐富的物質文化，但也出現了不少問題。我們念歷史的人不是僅將過去發生的事實記得很清楚，問什麼知道什麼，當然，爭取這樣也沒有甚麼不對。但我出去以後便知道，海外如西歐和美國，畢竟

4　齊思和，山東人。1931 年畢業於燕京大學歷史系。1935 年獲美國哈佛大學哲學博士學位。專為先秦史、中外關係史、世界古代中世紀史。著有《中國史探研》、《匈奴西邊及其在歐洲的活動》等。

5　伯希和（法語：Paul Pelliot，1878 年 5 月 28 日 -1945 年 10 月 26 日），法國語言學家、漢學家、探險家。精通多國語言：英語、德語、俄語、漢語、波斯語、藏語、阿拉伯語、越南語、蒙古語、土耳其語、吐火羅語等。

他們經過十七世紀人類的啟蒙運動，他們有些價值追求，不是就學問論學問。現代化對人類而言用處是甚麼？社會結構是甚麼？社會結構的功能是甚麼？為什麼這些功能原來有效現在卻沒效？人類應該怎麼走？之所以會如此是因為社會學和歷史學弄在一塊兒了，所以他們不大像先前我的老師那樣推崇伯希和。

伯希和最拿手的是「審音勘同」，中國人對此相當佩服，但另一些人卻不認為這是歷史學家的責任。人類學研究人、社會、組織的結構功能，研究出這些後，某些歷史事實便是給社會學的考察提供證據，為今天應該怎麼做提出論據。他們研究一些基本人類社會的價值觀，怎麼給這些價值觀提出論證，他們自己這麼做，也往往帶動他們教的學生這麼做。在這點上，第二次世界大戰後的五六十年代，西方有一批歷史學者，當時稱為青年漢學家，不同意把歷史僅僅就事論事、死念書，認真對待史料得從能夠說明中國歷史發展的那些史料下手，他們多半從二十四史裡頭的志，如經濟志、食貨志下手，我出國後學到最重要的就是這些概念。中國學者不是不注重宏觀，但是要把宏觀注意力集中到那些問題上，這點西方人就走在我們的前一步了。所以同學們選歷史系沒選錯，但是怎麼學歷史，以及如何把自己培養成一個有見解、有宏觀眼光，但抓問題又能抓得細緻，就是自身要努力的部分。念書是為了懂世事人情，懂社會學、歷史學的道理，我們中國教育制度的研究和其他的借鑑都還不大夠，我出去以後，知道了應該參照系統以鍛鍊思維；假若我不出去，我的知識結構便是念外文、多記憶，這並沒有錯，但與法、美課堂上常發問，重分析綜合的模式很不相同。

（三）中西史學環境的差異

中外的不同就在於中國念歷史的人側重於記憶、背誦，過去秦漢如何、魏晉南北朝如何、隋唐如何⋯⋯，偏重於記憶，要求你史料熟，典章制度、地理、年代、典籍目錄精通，這也都是對的。若是研究所畢業

後準備教歷史，講究記憶也是必要的。

中外的不同是史學環境決定的，如果你不教歷史又要用歷史學吃飯，就是要通過鑑古知今，讓古為今用，使過去的研究能夠用在你今天所從事的工作上。念過歷史和沒念過歷史是不一樣的，比如說 Angus Maddison 研究今天的世界經濟，就不忽略中國的宋代。又如今天企業面對金融風暴，金融風暴經歷過好幾次，每次金融風暴的特點都在哪裡，看金融大鱷[6]怎麼透過操縱某些國家的外匯來掀起金融危機，有歷史背景的你可以研究這個，對你任職的企業提供意見。

西方史學家非常注重現實，從現實出發以研究過去。十九世紀末，Renan[7] 寫的《耶穌傳》（The life of Jesus），是基於當時十九世紀末法國的現實來寫耶穌，他寫的耶穌傳並無捏造，但反映出的耶穌人性是當代謀求的思想解放，表現人的自由主義和自由觀的態度。

我五十歲第一次出國，到荷蘭的萊頓大學（Universiteit Leiden）。原本我也想照著國內學來的模式進行，所以當時萊頓大學漢學院院長許理和（Eric Ziircher）問我來了之後打算怎麼做，我還以為自己準備得很充分，說我就是想多多接觸那些原卷保留在海外的吐魯番寫卷、敦煌寫卷原卷。他聽了就告訴我，可以用一部分的時間來做這個，不過也可以利用到海外的機遇，觀摩外國人怎麼研究中國。這便是我到海外學習的開始。

我發現在海外念歷史的人，最大的不同便是他們能從現實生活中提出問題。法國的《五十年來的歷史學和歷史學家》，經常在回顧百年來的歷史學，我在外頭就開始注意這個，到今天我還是注意這方面，所以

6　指金融殺手喬治‧索羅斯（George Soros，1930-），美國籍猶太裔人，著名的貨幣投機者、股票投資者，利用購買與拋售貨幣的手段，造成 1990 年代亞洲金融風暴。

7　約瑟夫‧歐內斯特‧勒南（Joseph Ernest Renan，1823-1892），是法國研究中東古代語言文明的專家、哲學家、作家，以有關早期基督教及其政治理論的歷史著作而著名。

我也在研究所開了一門西方漢學研究的課。

中國人把漢學家伯希和吹捧得很高，但西方人對伯希和的評價並不高，認為他老是在史書裡做對證。比如說契丹這個名詞是從哪裡來的，西方為什麼叫中國都叫 Chin / China，其實 China 是從秦來的；而俄國和中亞叫 Khitai，Khitai 是從契丹（Khitan）來的──這是伯希和「審音勘同」的能力。但是 2013 年底出版的《保羅・伯希和：從史學到傳說》這本書就對伯希和提出問題，儘管學問很大，但這到底是不是歷史？不同意伯希和派的學者們推崇的代表有白樂日（Etienne Balazs，1905-1963）。[8] 他在二戰之後大力推進中國中世紀和早期近代經濟史、政治史的研究，他的著作非常少，其中一本就叫《傳統中國的政治理論和行政現實》（*Political Theory and Administrative Reality in Traditional China*）。白樂日的壽命不長，他過世之前曾到過日本，日本京都大學便想和他合作。他認為中國文獻真正多起來的時候是宋，唐朝的文獻不多，誠然，敦煌出了很多文書，但這些文書並不等於歷史文獻，真正歷史性質的記錄是從宋朝開始的。印刷術的發達是原因之一，且宋朝政策重視文治，不注重武功，種種原因造成宋代文獻突然豐富了起來。白樂日和日本的京都大學決定從宋朝文獻下手，研究中國的政治、經濟、社會三大領域，為中國人立下了文獻史的基礎。他在歐洲組織了幾次青年漢學家會議，同時推進《宋史計畫》。美國的費正清（John King Fairbank，1907-1991）[9] 和耶魯大學的芮沃壽（Arthur Wright，1913-1976）聽說了，就邀請白樂日到美國，請他協助在西方替中國寫一部中國的通史。當時正在劍橋留校任教的青年漢學家杜希德（Denis

---

8   白樂日（Etienne Balazs，1905-1963），法國著名漢學家、社會學家、經濟學家，主要研究領域為中世紀中國唐、宋社會經濟史，在 1955 年推出國際合作研究項目──宋史研究計畫。

9   費正清（John King Fairbank，1907-1991），美國漢學家、歷史學家，美國中國近現代研究領域的領銜人物，終生致力於中國問題研究，著作絕大部分是論述中國問題，著有《美國與中國》、《劍橋中國史》、《觀察中國》。

Twitchett，1925-2006），[10] 與費正清當了十幾卷《劍橋中國史》（*The Cambridge History of China*）[11] 的主編，啟發他們完成《劍橋中國史》的正是白樂日的《宋史計畫》。

　　我出去了就發現，歷史不只是記憶性的歷史，更是強調理解的歷史，要從現實著眼提出問題，講的是理論和現實的關係，並不是藉比對、湊證、據寫論文。我現在研究的海外漢學就是從這個角度介紹美國、英國、俄國幹了些什麼，讓大家了解西方人研究中國的做法、和中國的不同。我擺出來的證據不是一些瑣碎的事實，而是能說明一些人類和中國進化有關的課題，這些課題寫出來後對別人也有啟發。

　　中國傳統史學過於強調記憶，過於就事論事，做的考據文章未必有什麼現實意義；西方學者從經驗、理性出發，再提出問題，考慮問題的現實意義，鑑古知今。

三、人生體悟

（一）懷念舊社會？

　　這個社會分成非常多的階級，每個階級都會有不同的利益和算盤。地主的算盤跟貧農的算盤肯定不一樣，所以蔣介石到臺灣之後，不也進行了土地改革嗎？現在臺灣中小企業老闆的祖父一輩，有非常多人都是在土改時分到土地的佃農。

　　對我而言，並不是非回到舊社會不可，舊社會的道德和要求不專屬於舊社會，而是一種人類的價值追求。大學裡的三綱八目有些話：

10　杜希德（Denis Twitchett，1925-2006），英國漢學家、歷史學家，主要研究中國隋唐史，與美國學者費正清共同編著《劍橋中國史》。

11　《劍橋中國史》（*The Cambridge History of China*），由費正清與杜希德主編，英國劍橋大學出版社出版，全書共 15 卷（17 冊），是一部影響外國研究中國歷史的重要著作。

「苟日新，日日新，又日新。」及「真心誠意，修身、齊家、治國、平天下。」這些東西是舊社會裡基本的價值追求，這些都是尋求兼善天下的途徑；另外，宗教信仰、道德價值也促使人回饋社會。

不過共產黨把這些東西一股腦兒地全部拋棄了，因為毛澤東和黨都追求絕對的權力，要把妨礙自己的價值觀一概摧毀，這樣他們才可能隨心所遇，胡作非為，讓底下的人都變成他們的工具。如果我沒有經歷過意想不到的打擊，認為自己好就是一切，我怎能知道，大陸現在對人的真心誠意已經難以看到了。

西方就把上述的基本價值講得很清楚，有位尼布爾（Karl Paul Reinhold Niebuhr，1892-1971），他是馬丁路德教派的學者。他在哈佛大學開了一門「自由民主的實質」的課。現在在香港教書的臺灣教授張灝，就是尼布爾的學生。尼布爾的觀點是，雖說民主並非盡善盡美，也不能解決一切的社會問題，因為人可能因誘惑而做出不正當的事，不過人性有趨善的一面，所以民主成為可能；人性中有趨惡的部份，所以民主成為必要。因為民主會限制人的惡，發揚人的善。這樣來研究歷史和社會，就可以借鑑人類學和社會學的道理。

（二）逆境的體悟

我的經歷讓我早早接受了人生的教訓，反倒成就了我做人處事的道理，知道「要先從做人開始，再唸書」。不然，我一個年輕氣盛的人不瞭解人生是怎麼回事，去看那些理學、歷史念得懂嗎？若是我沒有經歷被打成右派的事兒，我不會念懂歷史。這也讓我重新思考人生，意識到假如一個人不懂做人的道理，書不會念得好，或者書念得好跟你不是結合在一起的。念文科的學生，更應該懂怎麼做人做事，這點對我而言是個關鍵。這時候，再來念中國兩宋的理學理念，無論是程朱還是陸王的，特別是陸王的心學，使我瞭解理學的修養身性的真諦。

有時候外國人問起這些，我回答：「你們外國人遇到什麼問題就

找心理醫生，我們中國人去哪找甚麼心理醫生？全都靠自己修身鍛
鍊出來，特別是在逆境裡頭磨練來的。」張載〈西銘〉裡頭說了八個
字：「生，吾順適；沒，吾寧也。」我就我這些年的經驗，將這句改
成「生，吾逆適；沒，吾寧也。」之所以能夠活到今天，就是從逆境
中悟了做人的道理，然後再把張載的〈西銘〉具體地運用在自己的
individual case 裡面，便懂了一個 generalized 的道理。

四、勉勵青年學子

（一）放眼世界

　　我來到臺灣後觀察到，臺灣太關心自己這塊寶島了。不是說臺
灣不應該關心自己，而是比重太高了。臺灣雖然小，但臺灣人應該學
猶太人，在以色列本國的猶太人也就四五百萬，而全世界的猶太人有
一千四五百萬，其他猶太人分布在世界各地，尤其在美國，猶太人到哪
兒就掌握住哪兒的經濟命脈。我個人所欽佩的第一是猶太人、第二是德
國人和日本人。

　　我說得具體點，我父親也佩服日本人啊，雖然說是敵人絕不合作，
但日本來到北京之後（指 1937 年盧溝橋事件後），沒兩三年沒有被徵調
入伍的日本人的家眷就來了，因為日本要在華北蒐集棉花等等這些戰略
物資，所以他成立什麼華北棉紡織資源株式會社。日本人來了滿處開書
店，現在在北京王府大街的社會科學院的圖書館，接收的就是日本人的
近代科學圖書館。當年，我們去北京琉璃廠的商務等大書店，給你拿書
的都是走動很慢的、年長的店員，你要哪本他慢慢給你拿過來交給你，
不買了再交由他拿回去。日本人來開的書店卻是開架的，我父親就說：
「這有出息！」我的哈日還是從父親那邊來的呢。所以我父親就讓我念
日文，結果我到班上去，同學就說：「幹嘛啊張廣達，你想當漢奸啊。」
我當然就不能把日文學好啦，孩子還是比較缺乏長遠的考慮。

　　我覺得還是看你學它哪面了。日本的大的書店都是開在最繁華的地方，北京東單、西單一帶也有日本人開的舊書店，當時日本的小孩下了學，也背著皮做的、方形的小書箱去書店，翻看圖書。

　　日本的幼兒冬天露著兩條腿，凍得紅紅的，穿得很少，在北京的三九天由母親背著。早上起來日本人都集合在一起做操，雖說是有點軍國主義，但可以看出他們的奮發，到現在日本人還有這股勁呢。

　　大家應該學習他們的精神，一定要把大家有效的時間和精力投放在今天你所了解的世界上。畢業後可以考慮到國外工讀，從現在起立志怎麼為未來打下語言基礎、知識基礎，現在就應該有這樣的雄心壯志，以海外世界的先進標準來要求自己。雖然人生在臺灣，但眼光和思考要放到世界。

（二）學術風氣的推動

　　至於如何推動學術風氣，我建議可以組個小讀書會，找一本書來讀來討論，就會知道如何腳踏實地有次序地吸收知識，按部就班地培養能力。如何挑選讀物非常重要，既能與專業聯繫，同時又能對現在東亞學者的研究問題有聯繫。找這些讀物來讀來討論，並非能一氣呵成，但持續到一個階段時，大家心裡就有譜了。

　　一旦注意力被喚起，就會培養出 sensitive，一種靈感。另一方面，多方面接觸各個學科，例如社會學，這個學科與歷史學有什麼差異，研究領域有哪些，有的研究社會運動也是社會學，有的研究企業內部的關係，有些研究學校的方面，如校長、行政與學生的關係、學校要怎麼興辦、課程的開設，這些後來演變成教育學，又有分成六、七大支，所以必須瞭解各學科的發展現況。

（三）歷史系學生的出路

　　如果以後不是很希望當教員的話，那你怎麼讓你學的歷史成為文

化投資以應付社會，這點在西方很早就被注意了。常常有人說畢業就是失業，不過為什麼有些人失業，有些人就不會？為什麼失業會輪到你頭上，別人就不失業呢？大學質量下降，未必是下降，假如你思想方法多元，借鑑的東西豐富，就不是下降。歷史學鍛鍊的是你的思維，未來你到了工作崗位上，一個難題來了，可以從歷史中尋求借鑑，你的思維使你可以更完善的解決這個問題，沒有完全完美的事，但你的老闆一定重視你，身為下屬能夠解決問題，有自己的見解，這種磨練就是文化投資。從環境變化來看，我們不是質量下降了，而是社會提出的問題使得老師到學校必須考慮現實的發展、多元的問題，來培養學生有本事來應對社會變動，學本科，就幹本科，這是原來的想法，現在西方哪有學本科就只幹本科的事，就電腦專業的加州矽谷，也發展了多角化事業，跟不上就失業啦，可矽谷的事業照樣興盛。

再訪張廣達教授[*]

史薈編輯小組

第一部分

一、請問家庭環境對於老師的學習、思維有什麼影響呢？

　　我認為家庭對小時候的影響非常重要。它刻在腦海的深度是後來即便到了國高中、大學，乃至出社會得到的影響所不能比擬的。即便我現在八十三歲了，小時候的記憶現在回想起來依舊清晰。比如說家裡要求生來就得好好幹，要正幹、苦幹；至於正幹、苦幹意味著什麼並不了解。至今回想起父母親所教導待人接物的道理，對我仍影響很大；尤其回顧自己不順利的時日，就容易想到小時候的經歷。所以家庭環境對我的影響是很重要的，雖然我後來走的不完全像家裡教導的那樣，但是「人之初」的時候灌注做人的道理還是起作用的。

　　我的教育受父親、大學的老師很多的影響，因為我父親先是大學的講師，後升教授，所以來往的很多都是教育界裡的老師，通過老師再認識其他不同系的老師，當時還有一些洋人在燕京進修。我小時候在這樣的環境下也是有好處的，那時候認識的不是一些在政治場合很紅火的人物，而是一些真正老老實實做學問的人。人能在年輕的時候碰到真的有學問、對人生有一套想法的人，從他們身上得到指教，那真的是幸運。

　　我現在有意寫個回憶錄，表彰一下我父親和那些老師們，是他們怎

---

*　此訪談原載於政治大學歷史系《史薈》47（2014 年 5 月），由史薈編輯小組採訪。

麼使得我經歷了不同的階段，邁過一些患難。即便我碰到一些災難，像是因為年幼無知被打成右派，也是由於他們的言傳、身教，使我從逆境裡緩了過來。從當初天地玄黃不知是怎麼一回事，慢慢到看到前程走出一條道路，這是靠了老一輩人有形無形的指點、鼓勵走出來的。

二、老師的學生時代經歷過日本、國民黨、共產黨統治。請問老師在政權的更替之下，學校生活與學習內容有沒有受到影響呢？

我確實有這個幸運。我七歲入小學時正是 1937 年，當時盧溝橋事變，日本佔了華北，國民黨當然就不甘心。1937 年底是上海戰爭，實際上中日全局性戰爭的開端就是 1937 年。我在日本統治底下度過八年，之後 1945 年到 1949 年是國共內戰，共產黨把權力從蔣介石的手裡拿過去。在政權更替之下，生活與學習內容也受到影響。當然地，學習內容每次改朝換代都要通過文教來宣傳對自己有利的東西。

猶太學者 Amitai Etzioni [1] 講一個政權在統治的時候，會運用三種模式的權力。第一個是鎮壓權力，你不聽我就鎮壓你，或者說是沒道理也要強行（coercive），這在英文叫 Repression，壓制。近代民族國家形成過程中最重要的就是暴力。馬克思也是，到列寧、史達林、毛澤東就更不在話下，第二個權力運用的模式是 remunerative，就是給你好處、收買你。在中文裡，過去王朝時代它也叫作「恩威並施」的恩。還有一個是 normative，它的詞根是 norm，就是正規；不正常為 non-normative，離開了 norm。所以有一種權力運用 normative，辯證自己是正統，要證明自己就是對的。

比如說看現在的立法院，同學們有一個辯論，實際上就是憑著 normative，認為自己是有道理，是對的、是正的；至於警察也自稱有權執行自己的職權。回到問題本身，當然不一樣，在政權交替中學習與生

---

[1]　Amitai Etzioni（阿米台・齊翁尼，1929-2023），美國著名社會學家。

活都受到影響，政權都按著自己的標準來要求。其實在核四問題上可以看出來，在宣揚核能有哪些好處時，他就不太強調核廢料該如何處理的問題。法國能源百分之九十八都是靠核能發電，它最早意識到能源如不自給自足就得聽別人的，別人開多少價你就要給多少錢，所以他們開始自己開發能源。他們考慮到自己領土的面積太小，要是核洩漏就招架不了，因此他們非常小心地處理。到現在法國基本上不曾出現核洩漏、放射性洩漏的問題。這說明了對待一件事情、擬定一個政策時，一定要盡可能的周全。與其考慮好處，不如把壞處放到首要考量因素，以便將來有備無患，先有思想準備。

三、請問老師在大學的時候學校裡的氛圍如何？平常同學間會討論政治嗎？

討論政治啊，年輕人就是年輕人，所以中共就對這些人打擊越重。我不否認這些年來大陸建設的成果，因為資源全掌握在他手裡，它可以集中用。在這裡就靠一些工商企業的老大，怎麼跟共產黨那些國營企業比呢？臺灣怕也就怕在這裡，共產黨是一個誰當家，誰一句話就說了算的人，它要打垮你，可以把手上的東西全部集中了對付你。它動員能力和掌握的手段是臺灣沒法比的，在這點上，臺灣一定要防範。不能因為它讓利了就想當然爾接受了，它為什麼要讓利啊？

中共把注意力都集中在有頭腦的人的身上，對付的就是那些對它有潛在威脅的人，思想改造也是這樣來的。當時談這些當然還是會加以小心的，只是小心不夠，當時年輕又很有理想。一次大戰後有個法國總理說：「二十五歲以前不左傾代表你沒理想；三十歲以後還在左傾代表你不成熟。」年輕人有理想必然要表現出來，三五個想法比較一致的聚在一起就容易議論這些，共產黨注意的也是這些。年輕人的問題也在這，你老把理想和現實混在一起，「應然」和「實然」混在一起。理想和現實總是有距離，沒有距離還有文學家嗎？有詩人嗎？他們不就是要有所

追求嗎？太現實就沒前途沒希望，但你要有希望，又不懂人生險惡，這總是要吃虧的。

四、假如老不回歸哲學思維，啟蒙運動帶來的人類思維成果，容易停留在幼稚的階段。你運用哲學名詞歸納某個現象時，就會對現象與實質容易分清了。

在我們的觀念裡，知識份子應當是理性、具有獨立思考能力的。

請問老師在中共 1951 年推動的思想改造運動中，知識份子的「思想」真的會受到影響嗎？

即使不是知識分子，理性與獨立思考能力也是必要的，這是理所當然的。在 1951 年，共產黨掌握權力，毛澤東正式對知識分子、大專院校教師提出：要為新的政權好好服務，就有必要進行思想改造。他還把思想改造說得更具體，說你們資產階級出身、受封建時期思想影響，所以要以無產階級、為人民服務的思想改造你們資產階級圖名圖利、專有的個人主義，這些都是有針對性的。

至於知識分子真的會受影響嗎？知識分子在高壓下難免會分化。有些人從自己利益出發，靠攏黨組織、爭取入黨；換句話說，為自己的利益考量而變成當局所要的，最好的方法就是加入黨的隊伍，成為一個共產黨員。一些知識分子往往從自己的利害出發，考慮接受它的這一套可以有什麼好處、躲開什麼壞處。還有一些人確實受了舊的影響比較多，認為人應該堅持自己的理念。假如受了程朱理學以理、以氣為主，和陸王講心學，以心為主，萬物皆歸於我的影響，也有些受了一些民國時期的理學家影響，他們就有自己的定見，對共產黨也有分析，知道他們以解放全人類、消滅剝削，特別打著解放勞動人民的旗號，以很高的理想來動員一些沒什麼思考能力的年輕人和自食其力的勞動人民。真的會有影響嗎？我認為真的會受影響，從現實來看，對淺層次思考個人利害的有影響，決定他們的行為要向黨靠攏。對已經有一定主見的、學術造詣

的，對古往今來人類發展有自己的見解和主張的不太會有影響，但口頭上還是會順從。

　　從 1951 年思想改造到現在經過一個甲子，你看 1951 年的思想改造對大陸人究竟有什麼效果啊？這就證明人往往在高壓下也不得不展示屈從，真正取消了壓力，人往往該怎麼回事還是得怎麼回事，就不會再受那一套的影響。不過那時思想改造入黨的也沒得到什麼好處，文化大革命他們黨內整黨內。在國民黨時代，死在國民黨手裡的多過死在共產黨手裡的；到了共產黨掌權時代，他們自己黨員被害、死於非命的絕對遠遠超過死在國民黨手裡的。這就是政治鬥爭，特別是沒有完全擺脫封建思想色彩的地區比如像現在泰國的紅衫軍、黃衫軍的鬥爭全都是利害，常常是受到傳統影響而來的。總之，知識分子真正具有理性的，真正具有獨立思考能力的不大受影響；真正受影響的是那些沒有超脫出塵網的，或是有所貪圖的。

五、老師提到過六四天安門事件之後，沒什麼影響到家人。請問在老師被打成右派時，老師的家人有沒有受到影響？

　　反右運動時，只要有人家裡出現「右派份子」，人家來往時總是謹慎小心一些。在那時，每一星期都會組織學習，這是中共的章法，就是每週各個工廠、學校、商業部門，甚至是街道居民委員會，相當於這裡的鄰里，都會有管理，但是職能不一樣，性質也不一樣。這裡的鄰里會照顧自己的里，或是各家各戶不便出面處理的事情；而中共的街道組織就是中共的基層單位，中共透過這樣的組織單位來加強對老百姓的控制。如果鄰里來了一個生人，都要向街道委員報告，要是這個人來歷不清，就通知公安。所以在中共的統治下，老百姓為什麼這麼畏首畏尾、顧慮重重，因為它管得嚴厲。在中共底下，如果一個人犯錯還好說，但是如果三個人聚在一起嘀嘀咕咕，它就會認為這會不會是小集團，是不是有反動的意圖。中共絕對會打擊三個人以上、比較要好的集團。所以

你我要好，咱們也得要在這當中，別讓人特別對黨團組織秘密匯報，被說莫名其妙地要幹不明秘密活動，當時就怕這種事。所以在 1957 年的時候，誰家出了事、出了右派，周圍的人都知道，這時來往就得小心了，這麼做的原因倒不是說他們對你像共產黨所說的一樣，對你有階級仇恨，所以嫉惡如仇，而是要跟你劃清界線、分清立場，原因其實就是免得給自己找麻煩。一個人變右派了，還跟他來往，代表你覺悟不高，立場劃不清界線。總之，1957 年時因為共產黨剛取得政權不久，那時候還沒有犯下什麼大過錯，可以說反右鬥爭是第一次對知識分子開打。知識分子真正與黨有隔閡、結下冤仇，就是在 1957 年。至於後來 1966 年至 1976 年的文化大革命，是因為毛澤東和劉少奇在做內部鬥爭，要將之表現為路線鬥爭、階級鬥爭，跟 1950 年代不一樣。50 年代黨的聲望很高，也是因為在朝鮮的戰爭中打敗了美國。在反右、開罪知識份子以前，它基本上做得都還可以，所以那時候誰家出事，別人就不會跟他家多來往。有的時候人這麼做也不是因為要自己躲個清靜，免得別人說我不劃清界線、覺悟不高，有的時候是也別給對方找麻煩，所以那時候還是有人情世故。在周邊無人時還是會表示關懷、安慰對方，但是當面都是官話官說；所以在 1957 年的劃清界線，也只是受到當時的政治氣氛導致的。

　　到了 1989 年六四事件的時候，我去探望絕食的同學，在天安門廣場也接受路透社的採訪，那時候學生上街主要就是反對官倒。在 1980 年，鄧小平提出改革開放，開放一些行業，人可以做點買賣、經商；而政府當局就利用自己管理的權力開始倒賣，老百姓看在眼裡，反映到學生那裡。為何學生要到天安門廣場？就是主張政治要改革；另外，最主要還是打著經濟的旗號，這樣既容易動員群眾，也不容易馬上遭到打壓。那些各部門的大型國營企業它們一直倒賣，賺得比底下老百姓多了，它壟斷開放後的成果，一般的老百姓資金不夠，而溝通的網絡也傳不上當局，所以反官倒得到了很多老百姓的呼應，贊成學生。當政府開槍鎮壓，說這群學生以及背後的知識分子是在反革命，當時連中共一些

幹部，特別是讀過書入黨的念書人，也不見得都能毫無保留地贊同。在這種情況下，我為什麼能走掉？是因為別人說我已經惹禍了，57年就是右派了，這回已經58歲，再被整肅的話會招架不住，同情的還願意讓我走呢！

　　簽字過程很順利，在大陸出境都得經過簽字才行，我順利地離開以後，有些共產黨裡的幹部，見到我太太還會說：「替我問候張先生。」逐漸地，人的是非觀念和理性，只要允許他按照自願表現出來，還是可以表達，這一點57年家裡還受到影響；到了89年，就沒有受到影響了。大陸這些老共的幹部什麼時候開始轉變的？是在羅馬尼亞的Ceauşescu [2] 被手底下的人審判槍決。那時候，老共把這些影片找來放給幹部看，這時候有些幹部就都轉過來了。在當天剛放槍的時候，學生的壓力只是在官方的字面上，官方因為發生分裂，所以有些黨員也受到處分，但也有些黨員藉此想表現堅決的立場，所以跟著當局李鵬以及北京市的共黨高幹要反對學生運動。

第二部分

一、有人說「史家無祖國」，請問老師的國家認同為何？對此有什麼看法呢？

　　「史家無祖國」這句話是套用馬克思在1848年發表的《共產黨宣言》，原句是「工人無祖國」，因為工人是無產階級，他們之間沒有利害，不會因為有國籍之分而有對立。這書發表至二戰結束已有近一百年，再到今年已經超過一百五十年了。實際上，在二戰以後，誰真正沒有祖國？是資產階級沒有祖國。真正賺錢的大老闆們，像香港的李嘉

2　尼古拉・西奧塞古（Nicolae Ceauşescu，1918-1989），羅馬尼亞社會主義共和國國家元首，其政權在1989年國內爆發的革命所推翻，本人遭到槍決。

誠，哪賺錢就往哪兒，臺灣有些工廠不也移到大陸了嗎？真正沒祖國的人是賺錢的人，哪兒有錢賺哪兒就是祖國。工人一無所有，那這祖國意味著什麼呢？它不是一個利害的體現。對於念書人而言，他們往往都在認識道理，從理性去判對是非，比如說讀書人念笛卡爾的《方法論》、康德的《什麼是啟蒙？》，雖然知道人物的國籍，但其思想並不會受到國界的影響。

對我來說，從1989年6月25日，我離開中國之後就再也沒有回國，這25年來我一直拿著法國難民證，請求了法國的政治避難，我的考慮就是我是個中國人，是否有必要在法國的國旗底下宣示入法籍呢？但是在還沒來臺灣之前，我已經跟我太太考慮咱們得在這養老，是不是得入法籍呢？所以國籍對我而言完全是現實生活的考量，現在我們有了中華民國國籍。對念書人來說，生活的歸宿是很重要的考慮。假如在政治的觀念上不能苟同，惹不起大陸的老共，但能躲得起，躲得起以後，就得要找一個能吃飯的地方、有病能看的地方，有房子能住的地方。對於讀書人而言，在知識上沒有國界，但是在政治認同上、倫理道德的前提解決後，還有個生活的問題，這是我對國家認同的一個回答。首先，念書人需要有自己的見地，在咱們的宋明理學，在念中國史時要繼承它；在近代文明，特別是啟蒙運動以後，西方啟蒙運動的理論、一些哲學的著作，咱們得學，這是為了咱們做為讀書人，總得接受人類思想文化成果，另外生活上的考量往往會影響到國家的認同。

二、老師在過去的演講曾經提到，若早料到歷史學即將成為政治的奴僕，在大學時就會選擇繼續待在物理系，不會轉入歷史系。請問在老師的經驗中，政治力如何干預史學？而老師認為歷史學的功用應該為何呢？

真正想讓歷史學成為奴僕的是一些專制主義者，但是如果真正念通了歷史的話，就會知道歷史學家與歷史學是不會成為奴僕的。歷史學正

好把人類歷史上的成功與失敗、正確與謬誤的經驗告訴歷史學家。

　　我的經驗中，中共當局會審查你上課的教材，給你提綱，上課要照著提綱走。同學裡有黨團組織，當年在大陸是三民主義青年團與國民黨員，中共那裡是共產主義青年團與共產黨員，它哪兒都有，它要匯報、管理。如果你有問題，就會成為打擊、清理的對象。政治力量在大陸干預史學，就是透過團組織、黨組織，設置種種條條框框來控制你、干預你。

　　至於歷史的功用是什麼？這個問題很簡單，歷史學與社會學都一樣，就是使得人類如何在這個社會的進化過程中，不斷地開拓道路，這一點歷史學的功能很大，所以我們可以念歷史，但不一定非得研究歷史，只是做歷史方面的寫作，歷史給你打下基礎。它的研究對象是社會，社會學就是從哪些角度、哪些方面研究社會；歷史側重從經驗出發，從過去走過的經驗出發來研究社會。所以歷史學的功能就是鑑古知今，這是不同於社會學的。社會學是今天的歷史，歷史是過去的社會學，它們是角度不同，互相為用的；而為了鑑古鑑得準，你們要念哲學、人類學、社會學，在你們大學選課時，要跨系選這些，目的要幫助你念好歷史。

三、老師提到在反右運動前曾以「民主既是手段又是目的」之言建議共產黨。請問老師在當時是希望共產黨進行民主改革的嗎？老師認為現在中國有沒有民主改革的可能性呢？

　　是，我真的希望。我覺得老毛就是一個湖南佬，他除了 1949 年取得政權之後去過幾次蘇聯，其他人怎麼請他出國他都不出國。他在長沙念書，知道的就是衡陽書院，那為什麼他可以成功奪天下呢？因為在中國打天下還是《水滸傳》那套，他比水滸傳裡的王倫、晁蓋都強，歷史條件造就他的成功。想在西方出個毛澤東是不可能的，西方的政治家也是要經過一系列的訓練，知識結構只是其中一個方面。

至於說當時是不是希望中國民主改革，我根本不存此想。1957 年百花齊放、百家爭鳴，既然提出要求要人民充分表達自己的意見，幫助黨整風，把中國建設得更好，那我就可以提出一些意見。既然你老毛說「民主不是目的，只是手段」，我是不是在百家爭鳴的時候也可以提出自己的意見？這就是我書生氣太足了，聽他的，結果自己招了倒楣。我根本不存中共還能進行民主改革的幻想，假若要存我也不離開了。現在像習近平那些檯面上的紅二代、紅三代，他們積累了統治六十幾年以來好多的問題，卻沒有勇氣正面對待這些問題。習近平現在一個人身上兼了這主任、那主席，所有的七八個，根本不考慮分權，也不考慮多元政黨。為什麼提反腐呢？主要是要用這個來收攏人心。所以論中國改革的可能性，在我個人看來，沒有。只要這一批共產黨的後代眼光就在保權，有權就可以貪污、腐化，在這樣的前提下，沒有進行民主改革的可能。

四、老師經歷過中國的諸多政治、社會經歷如反右運動、文革、六四天安門事件等，老師對臺灣目前的社會運動有什麼看法呢？

當時我要趕四月應該交出的東西，之後又要回法國做一個法文講演，在這種情況下，立法院的靜坐等等的我就沒空去。大家知道我在老共底下，自己還不自量力投進去那麼多運動，就知道我念歷史不是就書本道書本，我也很注意現實生活中的歷史；再者，我來到臺灣也很關心臺灣的民主進程、社會運動、藍綠分歧等，所以我很想去看看。但那時我得幹活，所以沒去成。去了以後我很想看看老師在那邊講課都講些什麼，還有同學說去到那了後不妨礙自己的學習，在那裡讀書，我就想看同學們都念些甚麼書。因為要從這裡來了解，這些事實反映了什麼，一個歷史學家研究歷史和一般人研究歷史的差別在哪裡。藉由蒐集這些史實，我怎麼理解這些史實，和報刊上、一般人的區別在哪裡？畢竟年輕人其實也不是一個完整的整體，裡面有一些人可能要走從政的路，現在

就開始為從政打基礎；還有些同學關心國家大事，對於大陸這樣一個龐然大物要來臺灣，如何頂得住，思考臺灣的對策在哪裡。我就希望看看同學在這些方面有哪些思考，從這些思考了解臺灣同學的知識結構。

　　總地說來，我的看法是同學這個時間最重要的事是鑑古知今，根據經驗來解讀現實，這個磨練是最重要的。同學要用人類既往的經驗，特別是西方三百多年來，從啟蒙運動至今天的全球化道路，以這樣的歷史背景解讀臺灣社會運動中的某些事實，看看自己在知識結構上還有哪些不足，在求學時期還應該添補什麼。透過立法院的活動、凱道的聚會，數十萬人晚上按時到場、晚上按時解散，這些史實說明了臺灣群眾的民主素養進展到什麼程度？走到下一步的反服貿、反核四，智慧該怎麼發揮？對於服貿和核四問題，如何注意潛藏的負面因素？關鍵是你的知識結構夠不夠硬，將來如果成為部長，夠不夠應付這些事情，我覺得這是最基本的。